minerva
社会福祉基本図書
12

新 社会福祉方法原論

21世紀福祉メソッドの展開

改訂版

編著者——硯川眞旬

ミネルヴァ書房

はしがき

　社会福祉教育の現状やレベルは，その国の社会福祉実践（援助活動）の形態と水準を映しだしていると言われる。
　日本にあっては，人口の高齢化や介護需要の増大等にそくして，かつての「一般教養としての社会福祉教育」志向や「理論重視のアカデミズム」を学ばせるタイプの社会福祉学校が今日，「職能教育」を重視する実務家養成の型へと次第に変わりつつある。
　こうした傾向は，福祉ニーズの変化に対応した結果ではあろうが，ややもすると，「即戦力」の習得のみを志向するあまり，実践の基底にある社会福祉の「本質（目的）」の認識の大切さが忘れられ，あるいはまた，「人間」としての自己教育や倫理の重要性が影をひそめ，「ものの仕方」である技能の偏重になりがちである。さらには，「資格・免許」さえ取得すればいいという考え方が出現することもまた大変危惧される。
　こうした傾向は社会福祉研究の動向とも直接に関連しているようにも思われる。例えば，一時期ほど社会福祉史やソーシャルアクションの展開に関する研究が活発でない。また例えば，関連学会の研究発表内容等をみても，生存権的人権視点が脆弱で，かつ社会改革的志向や社会科学的認識が弱く，何の疑いももたない対症的研究が多々みうけられるようにさえなった。「このようなことでよいのであろうか」とわたしはおもう。
　本書発行のきっかけは，こうした問題意識から出発している。
　大切なことは，社会福祉の「本質」の確実な理解によって，確かな福祉思想・哲学的基礎を身につけ，あわせてこれらの把握に立脚した社会福祉実践の科学的な「方法」を体得することである。そのような一貫した学習のかなめになるのがこの「社会福祉方法原論」である。
　言わば，利用者（援助対象）中心に働くことのできる社会福祉援助活動担当者（ソーシャルワーカー）へ成長しうるかどうかは，こうした学習過程のあり方

次第であることを忘れてはならない。

本書は，このような一貫した学習をすすめる21世紀に向けての社会福祉方法原論の『テキスト』として新たに執筆したものである。

願わくば，社会福祉の「本質」に基づき，まず援助活動（実践）の目的を明確化し，あるべき専門的な「方法」を理解・体得し，そのうえで，そこに活用される専門技術のすすめ方につき具体的に理解されたくおもう。

そこで，本書では実践事例をもとに方法・技術のすすめ方について解説をし，実践のあり方（様式）についてジックリ考えることのできる書物になるよう努めた。また，社会福祉の専門職としてのアイデンティティが得られるような，「方法」の理解ができるよう随所に工夫をこらした。そしてまた，福祉士国家試験受験や保育士課程の基本的な教材にもなるよう種々配慮した。

なお，事例の中に出てくる人名は，すべて仮名であることをお断りしておきたい。

願わくば，本書が読者諸氏のお役にいくらかでも立てれば幸甚におもう。あわせて，忌憚なきご教示を切にお願い申し上げたい。

最後に，本書出版に際し，格別のご助言をいただいた大塚達雄先生，上田千秋先生，並びに特段のお世話をいただいたミネルヴァ書房五十嵐靖氏に心からの御礼を申し上げたい。

　1996年4月1日

硯　川　眞　旬

改訂版はしがき

2000年6月の社会福祉法への法改正をはじめとする近年の法令改正をふまえて，本書第2章を中心に最新内容に改め，改訂版とする。

（2001年1月10日　　編者）

新 社会福祉方法原論
21世紀福祉メソッドの展開
[改訂版]

目　次

はしがき

第1章 ❖ 社会福祉の方法
 1 社会福祉の方法と援助活動 …………………………………………………… 1
 2 社会福祉の方法の学習意義と学習内容 ………………………………………… 5

第2章 ❖ 社会福祉の概念と援助活動（ソーシャルワーク）
 1 社会福祉のとらえ方 ……………………………………………………………… 14
 2 社会福祉の対象と新しい視点・動向 …………………………………………… 18
 3 社会福祉の主体 …………………………………………………………………… 24
 4 社会福祉援助活動（ソーシャルワーク）の意義と領域・分野 ……………… 29

第3章 ❖ 個別援助技術（ケースワーク）
 〈直接援助技術①〉
 1 ケースワークの基礎理論 ………………………………………………………… 40
 2 ケースワークの援助過程 ………………………………………………………… 45
 3 ケースワークの面接 ……………………………………………………………… 55
 4 ケースワークの課題 ……………………………………………………………… 60
 5 事例研究：精神障害をもつ母子家庭の自立援助事例 ………………………… 62
     ──生活保護ケースワーク──
 6 Ｑ＆Ａ ……………………………………………………………………………… 66

第4章 ❖ カウンセリング
 〈直接援助技術②〉
 1 カウンセリングの基礎理論 ……………………………………………………… 69
 2 カウンセリングの援助過程 ……………………………………………………… 70
 3 カウンセリングの課題 …………………………………………………………… 72
 4 事例研究：自閉的傾向児をもつ親への援助事例 ……………………………… 76
     ──接近困難な夫に対するカウンセリング──
 5 Ｑ＆Ａ ……………………………………………………………………………… 78

第5章 ❖ 集団援助技術（グループワーク）
 〈直接援助技術③〉
 1 グループワークの基礎理論 ……………………………………………………… 80

2　グループワークの援助過程 ……………………………………………… 94
　　　3　グループワークの課題 …………………………………………………… 100
　　　4　事例研究：高齢者グループワークの援助事例 ………………………… 104
　　　　　──デイケア・センターにおける実践──
　　　5　Q&A ……………………………………………………………………… 110

第6章 ❖ 地域援助技術（コミュニティワーク）とネットワーキング
〈間接援助技術①〉　　　　　　　　　　　　　〈新しい援助技術①〉

　　　1　コミュニティワークの基礎理論 ………………………………………… 115
　　　2　コミュニティワークの援助過程 ………………………………………… 120
　　　3　コミュニティワークの課題 ……………………………………………… 127
　　　4　ネットワーキングの基礎理論と技術過程，課題 ……………………… 131
　　　5　事例研究：コミュニティワークの実践事例 …………………………… 136
　　　　　──社協による父子家庭への援助──
　　　6　Q&A ……………………………………………………………………… 137

第7章 ❖ 社会福祉調査法（ソーシャルワーク・リサーチ）
〈間接援助技術②〉

　　　1　社会福祉調査法の基礎理論 ……………………………………………… 141
　　　2　社会福祉調査法の技術過程 ……………………………………………… 144
　　　3　社会福祉調査法の課題 …………………………………………………… 151
　　　4　事例研究：ソーシャルワーク・リサーチの活用事例 ………………… 152
　　　　　──養護老人ホームにおける調査を活用した処遇改善──
　　　5　Q&A ……………………………………………………………………… 155

第8章 ❖ 社会福祉運営法（ソーシャルウェルフェア・アドミニストレーション）と
〈間接援助技術③〉

　　　　スーパービジョン
　　　　〈関連援助技術①〉

　　　1　ソーシャルウェルフェア・アドミニストレーションの基礎理論 …… 158
　　　2　ソーシャルウェルフェア・アドミニストレーションの技術過程 …… 161
　　　3　事例研究：ソーシャルウェルフェア・アドミニストレーションの
　　　　　　活用事例 ……………………………………………………………… 162
　　　　　──児童養護施設における福祉効果の高揚──

4　ソーシャルウェルフェア・アドミニストレーションの課題……………………*167*
　　　5　スーパービジョンの基礎理論と技術過程，課題……………………………*169*
　　　6　事例研究：スーパービジョンの実施事例…………………………………*173*
　　　　　　　──保育所における主任保育士の役割──
　　　7　Ｑ＆Ａ…………………………………………………………………………*175*

第9章❖社会活動法（ソーシャルアクション）
　〈間接援助技術④〉
　　　1　ソーシャルアクションの基礎理論と技術過程………………………………*181*
　　　2　事例研究：ソーシャルアクションの展開事例………………………………*185*
　　　　　　　──「誰でも乗れる地下鉄にする運動」の教訓──
　　　3　ソーシャルアクションの課題…………………………………………………*187*
　　　4　Ｑ＆Ａ…………………………………………………………………………*188*

第10章❖社会福祉計画法（ソーシャルウェルフェア・プランニング）
　〈間接援助技術⑤〉
　　　1　社会福祉計画法の基礎理論と技術過程………………………………………*192*
　　　2　事例研究：ソーシャルプランニングの実施事例……………………………*196*
　　　　　　　──「福祉のまちづくり」とＡＤＡの視点──
　　　3　ソーシャルプランニングの課題………………………………………………*198*
　　　4　Ｑ＆Ａ…………………………………………………………………………*199*

第11章❖ケアマネジメントとコンサルテーション
　〈新しい援助技術②〉　　　〈関連援助技術②〉
　　　1　ケアマネジメントの基礎理論と技術過程……………………………………*202*
　　　2　事例研究：ケアマネジメントの援助事例……………………………………*213*
　　　　　　　──老人介護支援センターを舞台にして──
　　　3　ケアマネジメントの課題………………………………………………………*215*
　　　4　コンサルテーションの基礎理論と技術過程，課題…………………………*216*
　　　5　Ｑ＆Ａ…………………………………………………………………………*221*

第12章❖ソーシャルワークの生成と発展
　　　1　ソーシャルワークの源流と確立・体系化の時期……………………………*225*
　　　2　援助技術の統合化………………………………………………………………*238*

3　日本における援助技術の変遷 …………………………………… *239*
　　　4　ソーシャルワーク理論の国際的動向と課題 …………………… *244*

第13章❖社会福祉の思想と援助技術の共通原理

　　　1　社会福祉の思想と援助技術 …………………………………… *249*
　　　2　援助技術と共通原理 …………………………………………… *252*
　　　3　社会福祉援助思想の国際的動向と社会福祉援助活動の理論的課題 …… *257*

第14章❖社会福祉の方法と専門職

　　　1　社会福祉の専門性 ……………………………………………… *261*
　　　2　日本の専門職制度 ……………………………………………… *265*

資料　1　社会福祉関係資格 ……………………………………………… *274*
　　　2　社会福祉関係職種 ……………………………………………… *275*
　　　3　日本ソーシャルワーカー協会の倫理綱領 …………………… *277*

人名索引

事項索引

《著者紹介》（執筆順，＊印は編者）

＊硯川眞旬（すずりかわ・しんしゅん）　浄土宗報恩寺住職：第1章・第14章担当
　鬼崎信好（きざき・のぶよし）　福岡県立大学人間社会学部社会福祉学科教授：第2章担当
　山辺朗子（やまべ・さえこ）　龍谷大学社会学部臨床福祉学科教授：第3章担当
　宮田康三（みやた・こうぞう）　四国学院大学社会福祉学部子ども福祉学科教授：
　　　　　　　　　　　　　　　　第4章担当
　横山　穣（よこやま・ゆずる）　北星学園大学社会福祉学部福祉臨床学科教授：第5章担当
　瓦井　昇（かわらい・のぼる）　福井県立大学看護福祉学部教授：第6章担当
　川廷宗之（かわてい・もとゆき）　大妻女子大学人間関係学部人間福祉学科教授：第7章担当
　小尾義則（おび・よしのり）　梅花女子大学現代人間学部人間福祉学科教授：第8章担当
　谷口明広（たにぐち・あきひろ）　愛知淑徳大学福祉貢献学部教授：第9章・第10章担当
　杉本敏夫（すぎもと・としお）　関西福祉科学大学社会福祉学部社会福祉学科教授：
　　　　　　　　　　　　　　　　第11章・第12章担当
　安田　勉（やすだ・つとむ）　尚絅学院大学総合人間科学部子ども学科教授：
　　　　　　　　　　　　　　　　第13章担当

第1章 ❖ 社会福祉の方法

　社会福祉は，すべての人々が幸せ（健康で文化的）な生活をおくれるように，生活上の諸問題（社会的障害・社会的不調整・社会的必要の不充足状態）を予防・解決する社会的な手立てであり，これらの具体的実現のための制度・実践である（詳細は，第2章でとりあげている）。
　したがって，人間尊厳・人権視点に立脚した，かつ「自立」援助としての「社会福祉」が要請される。つまり，そのための整った制度と有効な援助活動・実践の展開が不可欠となるのである。特に，援助活動を有効にする実践「方法」のあり方は，人々（利用者）の問題解決の度合いを直接に左右する。
　このように「方法」は，社会福祉現場で働く専門職（援助活動担当者）が，ただの「ソーシャルワーク屋さん」としてでなく，科学的知識・科学的技術とあたたかい心に裏付けられた援助活動担当者として，より専門的な仕事を行っていくうえで不可欠なものである。「方法」についての学習意義と重要性はこの点にある（詳細は，第13章および第14章を参照されたい）。
　こうした方法に関する「原論」（本質論）をよくよく学んだうえでの実践・援助活動の展開が期待されるのである。

1　社会福祉の方法と援助活動

　一般に言う「方法」（メソッド）とは，目的の認識やその認識目的の達成などのための，「秩序正しい計画的・規則的な手段（手順・すすめ方・手立て）」の総体をさして言う。そして，もののすすめ方である「技術」を伴ったものとして性格づけられる。
　ここでは，社会福祉の方法の概念・意味についてまず把握し，方法と社会

福祉援助活動との関係，そして「もののすすめ方」としての援助技術の性格・体系について学習し，さらには，これら方法・技術の統合化についてまず概述をしておくことにしたい。

1　社会福祉の方法とは

　社会福祉の方法は，①社会福祉の目的を認識する方法と，②その認識した目的に基づいて利用者（援助対象）に対して実践主体が働きかける方法，言い換えると，社会福祉の実践機能を効果的に引き出す方法とからなる。方法とは，こうした社会福祉実践（援助活動）に活用される合理的な手段の総体をさして言う。

　特に，社会福祉の方法という場合，②の「援助方法」に限定して言うことが多い。すなわち，実践主体（政策・経営・運営・援助活動の主体）が社会福祉の目的を合理的に達成し，政策・経営・運営・援助活動の効果を高めるために用いる「手段」の総体である。したがって，それはまた利用者（援助対象）サイドから言えば，自らが抱える福祉問題の緩和・解決（福祉効果）のために利用者が活用する手段の総体のことでもある。

　さて，その手段は，おおむね次のような援助によってすすめられる。

① 　現物・金銭給付によるか，あるいは直接的な精神・心理面への援助であるか。
② 　施設入所によるか，あるいは居宅のままの援助であるか。
③ 　社会保険，またはこれを補完する社会手当によるか，もしくはこれらを補完している公的扶助によるか，あるいはこれらをさらに補完する社会的サービスの提供によるものであるか。
④ 　個別的な援助によるか，あるいは分類された各特定社会層ごとへの援助か。
⑤ 　米国流ソーシャルワークのどの技術によるか，あるいはこれらの諸技術の統合による援助であるか。
⑥ 　評価・調整・送致・開発など，社会福祉のどの援助機能によるものか。
⑦ 　そのほか。

以上のすべてを含めて、「社会福祉の方法」として位置づけるのが妥当であるが、日本においては、⑤だけをさして伝統的に「社会福祉の方法」と言うものが多い。それは、日本の社会福祉方法論が、米国ソーシャルワーク論に大きな影響を受けている証左でもある。

このことはまた、言い換えるとソーシャルワークの諸技術の効果がそれほど高く、重要かつ必要であることが具体的な実践現場において実証されてきた結果でもあろう。

なお、最近になって、英国のコミュニティケアや、カナダのケアマネジメント等、諸外国から、広がりをもった方法論の導入が図られている。

そこで本書では、⑤の米国を中心にして形成されてきたソーシャルワークの方法とその諸技術について重点的にとりあげた。

ところで、「方法」と密接に関連する類似概念として、①前述の「措置」や、②「処遇」、③「保護」、④「介入」などがあるが、このどれもが社会福祉の「機能」としての呼称である。これらはすべて、「実践」という概念のなかに包括できよう。なお、これらの機能を遂行（実践）する手段の総体が方法である。このように「方法」は、これら①～④に通ずる共通の概念である。

そこで、これら概念の無用の混乱・誤謬がないように、社会福祉におけるそれぞれの意味について確認をしておこう。

① 措置——制度に基づいて、行政権限・責任の発動をする金銭給付・扶助、事実行為などの行政行為の発生を意味する。日本の社会福祉の中心的な軸である。

② 処遇——「処置」や「治療」、「待遇」を包含する言葉であるが、利用者・援助対象へかかわる形態をさした概念であり、「サービス」と若干同じ意味合いをもつ。

③ 保護——生活能力・機能の低下、未熟な問題状況に対して、一定水準の維持・発展をめざした支持・支援・援護・育成行為を総称した言葉である。援護・指導・補導・教護・養護・療護・療育などを包括した意味合いももつ。

④ 介入——福祉問題の緩和・解決をめざして、利用者・援助対象へ専門

的にかかわる関係を基本とした過程をさして言う。
⑤ 援助──以上の①②③④や「助成」などを含む概念として理解できよう。そして，それは「サービス」とほぼ同じ意味のより民主的な概念である。さらに，③の「保護」が直接的な意味合いをもつのに比べ，側面的な自己決定・自立助長を前提にして行われる行為である。
⑥ 実践──以上のすべてを包含する概念である。社会的な解決を必要とする福祉問題・事柄への社会的・計画的介入を意味する。また，対症的・職業的な実際という狭義の意味もある。なお，このことをさして，本書では「社会福祉援助活動」もしくは「ソーシャルワーク」と称し，同じ意味合いで使用している。

2　方法と社会福祉援助活動

　社会福祉援助活動とは，社会福祉の実践とほぼ同じ意味で使用され，一般には「ソーシャルワーク」のことをさして言うことが多い。
　社会福祉援助活動は，制度を弾力性のあるものにし，社会状況や個人の要求に即応する機能である。つまり，個人・家族の努力では対応しきれない福祉問題の解決へ，社会的に対応する専門的な活動である。したがって，専門職としての科学的な方法の活用が必要とされる。
　このように社会福祉援助活動の方法は，通常，専門職による計画的・科学的な援助活動の方法をさすもので，利用者（援助対象）の性格やその存在性に立脚して展開されることが大切である（詳細は第12章でとりあげている）。
　ところで，社会福祉援助活動を支える原理である①人間尊重，②社会福祉の社会的責任性，③生活の全体性，④主体性への援助，⑤地域生活の尊重などについてよく認識した援助活動ができるよう，①～⑤についての十分な理解を深めておかねばならない（図1参照）。
　① 人間尊重──人間は誰でも，人格をもったかけがえのない存在として尊重されなければならない。人間として生きる価値は平等であり，こうした認識に立った援助でなければならない。
　② 社会福祉の社会的責任性──社会福祉は，国民の生活権を保障する（公

図1　社会福祉援助活動（ソーシャルワーク）の原理

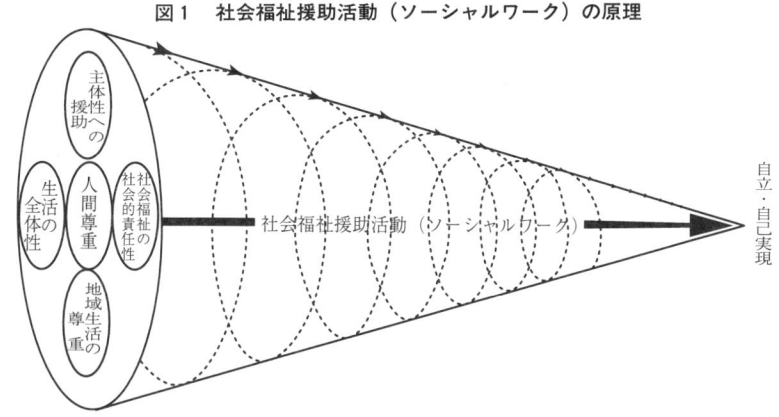

的責任）ために制度として具体化されたものである。福祉問題の緩和・解決は個人の努力の限界を越えた社会的な行為であり，こうした認識をもって援助にたずさわる。

③　生活の全体性——人間は全体的な存在である。その生活を全体的・統合的に理解して援助にあたる。

④　主体性への援助——社会福祉は，個人が主体的に自立して生きようとすることへの側面的な援助である。個人が自己決定し積極的に社会生活ができるよう，その人の「主体性」を重んじた援助として展開されるべきである。

⑤　地域生活の尊重——人間の正常な生活場所は地域社会である。社会福祉は，ここに問題解決の場を置くのであるから，地域社会で「あたりまえ」の生活ができるように社会福祉施設・保健医療施設などの生活条件が整備され，誰もが精いっぱいの生活ができるように努められなければならない。そこで，お互いに連帯しあい，「共に生きる」という理念に立った援助が不可欠となる。

2　社会福祉の方法の学習意義と学習内容

ここでは，社会福祉の方法の学習意義につき確認をしたうえで，方法に関する基礎科目「社会福祉方法原論」の必要性や学習内容について基本的な点

の学習をしておきたい。

さらには，方法の展開に必要なソーシャルワークの諸技術に関する「方法」各論の講義科目の学習内容についても概観する。

1 方法についての学習意義と「社会福祉方法原論」

社会福祉の「方法」について学習することの意義について考えてみたい。おおむね，次の4点をあげることができよう。

① 社会福祉の「本質（目的）」を認識する方法が習得できることである。

本質の認識は，社会福祉援助活動の基礎・出発であり，援助活動の指針を堅持し，あるべき価値・原則の設定を確実にする。

② 専門職としての効果的な援助活動をすすめるための，より科学的な方法を習得できることである。

科学的な姿勢は，利用者（援助対象）の危機に社会的介入をし，合理的な援助をすすめ，問題の緩和・解決の蓋然性・有効性を高める。

③ 専門職である自己を利用者（援助対象）に近づけ，専門的な信頼関係をもって，専門職としてのアイデンティティを築く方法が習得できることである。

アイデンティティは，福祉思想や哲学的な基礎から生まれる。専門的な「自己」としての認識と，専門職としての倫理をもって，「自己同一性」を確立することが不可欠であり，それが利用者（援助対象）の自己実現を助ける。

④ 福祉問題の複雑化・多岐化に対応して，より広い社会的視野に立った援助活動の方法が習得できることである。

より社会的な志向は，社会改変・弁護の役割の重要性を諭してくれる。また，共通の実践基盤に立った諸技術の有機的な併用・統合の大切さについても教えてくれよう。

なお，特に気をつけなければならないことは，職能中心の実務家志向に傾きすぎたり，あるいは技能的な「即戦力」の習得に懸命なあまり，いわゆる「専門的近視眼」的な発想を招くことになったり，いわゆる「資格・免許主義」

に陥るようなことがないよう十分な留意が必要である。

　以上のように，社会福祉の本質や，援助活動のあり方との関係において，「方法」の学習をすすめることが不可欠である。

　ところで，社会福祉の「方法論」（メソドロジー）は，社会福祉の分析・研究の方法や援助活動（実践）の方法，あるいはこれらの方法の妥当性の論理的反省，科学的な認識方法についての認識論・論理学のことである。したがって，「どのようにして，いかに効果的にすすめるべきか」が方法の課題であるのに対して，方法論の課題は「なぜ，効果的にうまくすすむのか」を説くものである。

　そこで，この方法論の基礎的な事柄について教示するのが「社会福祉方法原論」である。

　言わば，それは「総論」や「概論」のように入門的なことや概要だけを理解しようとすることにとどまらず，社会福祉の目的にそくした確かな実践（援助活動）の方法と，福祉問題の確実な認識・把握法など，その基本的な姿勢・視座を開発・育成しようとするものである。

　したがって，それら学習事項はすべて本書の内容そのものでもあり，おおむね次のような事柄である。

①　社会福祉の本質・目的の認識とその認識力・認識法の習得
②　利用者（援助対象）の性格・存在性に関する理解
③　社会福祉援助活動の構造やその実践指針，位置づけについての理解
④　方法の概念についての理解
⑤　活用される専門技術の性質に関する理解
⑥　その他，社会福祉の専門性の培養と，専門職としてのアイデンティティの体得

　なお，言うまでもなく，「社会福祉方法原論」は，社会福祉の哲学・倫理・態度・価値観を含む学科目として，社会福祉原論や社会福祉史などと関連させながら学習をすすめていくことが肝腎である。そのうえで，各領域・分野論，専門技術論，現場実習などの学習をすることがのぞましい。

　関連して，厚生省が示した社会福祉士養成施設における講義科目「社会福

祉援助技術総論」の目標としては，次のような事柄があげられている。参考までに掲げておく。
① 社会福祉サービスと援助活動の関係について理解。
② 社会福祉専門職と専門援助技術について理解。
③ 社会福祉援助活動の目的，価値・原則および諸過程の体系とそこにおける共通課題について，老人や障害者を中心とする具体的事例に基づき，介護との関係に十分留意させつつ理解。
④ 社会福祉援助活動における専門援助技術の体系について理解。
⑤ 社会福祉援助技術に由来する倫理について理解。

なお，これら①～⑤を前述の「社会福祉方法原論」の学習内容と比較した場合，社会福祉の本質（目的）の認識や，利用者（援助対象）の性格・存在性に関する理解が十分にできそうもないシラバスとなっており，こうした理解を確かにせぬまま，唐突に援助活動・技術の理解にはいっていることに気づくであろう。

2 方法と専門援助技術の性格・体系

次に，方法を具体的にすすめる援助技術の性格と体系について，その概要を紹介しておく。これらは，講義科目で言えば，「方法各論」である。詳細

図2 援助技術の体系

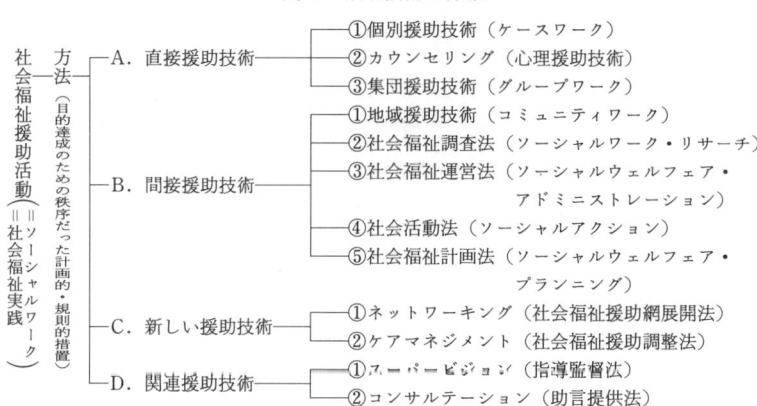

は，第3～11章を参照されたい。

さて，その援助技術としては，一般にはソーシャルワークの諸技術があてられており，図2のとおり，A.直接援助の技術と，B.間接援助の技術，そしてC.新しく，最近特に活用されるようになった援助技術，D.関連援助技術，などに大別することができよう。

なお，A-①～D-②をすべて並列して「技術」と呼称できるかどうかの疑問は残る。特に，B-⑤，C-①については，「方式」と呼んだほうが適切かとも思われるが，本書では並列的に同じ「技術」と呼称し取り扱っている。

A-①　個別援助技術（ケースワーク）

　　ケースワークは，さまざまな悩みや生活問題を抱えている人（利用者）が専門家のいる機関を訪ね，あるいは専門家の訪問を受け，その場所で，利用者が専門家に援助を求める。それに対応して，専門家はこの利用者（援助対象）との専門的対人関係（信頼関係）を通して，ある一定の過程をともに歩みつつ，悩みや生活問題の緩和・解決をはかる側面的な援助技術である（第3章で詳述）。

A-②　カウンセリング（心理援助技術）

　　個人の心理・性格，適応上の諸問題について，面接による問題解決への援助を行う技術である。ケースワークと類似しているが，カウンセリングは具体的なサービスの提供や社会資源の活用，社会環境の改善・改革をともなわない（第4章で詳述）。

A-③　集団援助技術（グループワーク）

　　グループワークは，個人がグループ活動に加わると，その個々人の思考・行動が徐々に変化をみせることに着眼した援助技術である。集団によるプログラム活動において，仲間関係の相互作用（力）に影響され，効果的なグループ経験を通じ，メンバー一人ひとりが変化（問題解決，成長・発達）する機会とするためにグループを利用する（第5章で詳述）。

B-①　地域援助技術（コミュニティワーク）

　　地域社会に生じるさまざまな福祉問題を住民参加によって，組織的に予防・解決し，望ましい地域社会へと改変することを目標にする（第6章

で詳述)。

B-②　社会福祉調査法（ソーシャルワーク・リサーチ）
　　社会調査技術を用いて，福祉ニーズを明らかにしたり，援助効果の測定をしたり，また，社会福祉援助活動の計画立案や問題解決手段を合理的に，かつ科学性をもった有効・精確なものにするための客観的資料を得る，などを目的とする（第7章で詳述）。

B-③　社会福祉運営法（ソーシャルウェルフェア・アドミニストレーション）
　　地域社会のニーズに即した社会福祉行政・施設などの合理的運営・管理の技術である。運営・管理の過程の分析と改善を中心に，機構の改善，人事・建物・設備・事務・財務管理の整備などに焦点をあて，それらを総合的に実施することで効果があがるとされている（第8章で詳述）。

B-④　社会活動法（ソーシャルアクション）
　　地域の組織化を基盤にして，これに連結した「福祉のための改良運動」活動を援助する技術である。地域住民が抱えている福祉ニーズを客観化し，住民自らその緩和・解決のために手をたずさえ一丸となって運動を展開するよう，専門的立場から援助する。

B-⑤　社会福祉計画法（ソーシャルウェルフェア・プランニング）
　　社会の動向や住民の要請にこたえて，社会福祉を望ましい方向へと計画的改変をしていくために，社会福祉の理念・目的に基づき指標を作成し，現状の分析・把握をし，それに基づいて今後を予測・展望しながら具体的な目標・方針を計画する援助技術である（第10章で詳述）。

C-①　ネットワーキング（社会福祉援助網展開法）
　　サービスやサポートのための「援助網」を計画的に組み立て，利用者・援助対象を中心に連携して，この社会関係網によって効果的な援助を展開する技術である（第6章で詳述）。

C-②　ケアマネジメント（社会福祉援助調整法）
　　利用者（援助対象）への援助活動をコーディネートすることによって，利用者（援助対象）が必要とする最適で能率的なサービスを受けられるように，適切な時点に，的確な形で確保するための援助技術である（第11章

で詳述)。

D-①　スーパービジョン（指導監督法）

　　能力を向上させ職務を有効に遂行するために，専門的能力に優れた熟練者が教育をしたり，初心者が正しい処理ができるように，行政的・管理的指導をしたり，あるいは自己の癖・性格などをよく知って（覚知），コントロールできるよう指導をする援助技術である（第8章で詳述）。

D-②　コンサルテーション（助言提供法）

　　役割を効果的に遂行していくために，一定の専門家が助言したり，情報を提供したりする援助技術である（第11章で詳述）。

以上の諸技術は，特に米国において，福祉問題の緩和・解決を効果的にすすめるためのソーシャルワーク技術として発展し，それぞれの技術に専門分化していったものである。

そして，これらソーシャルワークの諸技術をさす概念として「メソッド（方法）」の成立をみる。日本において，ソーシャルワーク＝社会福祉方法とされることが多いのもこうした経緯を反映してのことであろう。

3　社会福祉方法・援助技術の統合

1960年代の米国では，福祉問題の複雑化・多様化に対応して，より広い社会的視野に立ったソーシャルワークの展開の必要性が叫ばれてくる。つまり，社会的適応や成長・発達への援助（治療）だけではなく，環境の改良や社会の変革の重要性である。

また，各技術の性質に従って援助対象・問題を限定したり断片化するような傾向への疑問が出されるなど，ソーシャルワークの伝統的な技術がややもすると陥りやすい傾向に関する自己診断・内省や，自己懲罰的な考察がなされるようになった。

こうした動きが背景となり，「伝統的ソーシャルワーク」を改変する具体的な表れとなったのが，援助技術の「統合化」の動きである。

援助技術の統合は，①諸技術の有機的な併用，②直接援助技術と間接援助技術の総合的な活用，③ソーシャルワークの本質・原則・範囲など「実践基

盤の共通」という考え方に基づいた諸技術の統合化などである。

　その後，一元的な方法・技術の確立に関する理論が盛んに提出されるとともに，制度の再編成に応じて，統合への関心が一層高まっていった。詳細については，第12章で述べることにする。

　よく考えなおしてみると，福祉問題は個々人だけに，あるいは集団・地域社会だけに生起するのではなく，これらが絡み合って出現するものである。また，人びとが抱える福祉問題はその部分部分を分割できるものではなく，不可分割な性質の問題であり，それは全体として把握されるべきものである。したがって，総合的な視点に立ったアプローチの統合化は不可欠であることがわかる。

　ところで，今日では，次のような「方法の統合化」をめざす3つのアプローチを基本にして，新しい実践のあり方や方法のとらえ方が模索されている。

① 問題状況に応じて，伝統的な技術を使いわけたり，あるいは適宜組み合わせて併用する。
② 伝統的な諸技術に共通する原理・原則・価値を摘出し，これを共通の基盤として，それらを一つの統合体として再構成し，方法を組み立てる。
③ 新しいアプローチとして，解決すべき福祉問題への計画的変革・専門的介入等。

　以上の観点から，システム理論の導入によって，方法の再考がなされている今日である。

　なお，統合化の流れと関連して，ケアマネジメントの登場についてふれておく必要があろう。

　ケアマネジメントは，有用な対人サービスを一貫して供給するうえで重要となる戦略的役割を果たすための不可欠な調整技術であり，利用者（援助対象）の立場に立った統合的なすすめ方であると言えよう。

　さて，「方法」の見直しに関する今後の重要な課題としては，社会福祉実践における「パラダイムの転換」についての検討である。例えば，人間発達に関する個人主義的視点から「生態学的視点」への転換，フォーマルな援助だけで対応しようとする在り方からインフォーマルな援助の重要性への認識の

転換等である。また、これら統合の基盤である「社会福祉」理論との絡みがとかく忘れられがちであり、このことに十分留意をしたい。

その他、「方法論」関係の講義科目においては、社会福祉の専門性や、専門職としてのアイデンティティの培養になどついて学習することが不可欠である。

以上、本章でみてきたような「方法」や「方法論」の基礎的事柄について、本書では詳しく学習する。

なお、方法（論）に関する専門文献としては、下記のようなものがある。広く学習されることをのぞむ。

●引用・参考文献──────
① 重田信一編著『社会福祉の方法』川島書店、1971年。
② 大塚達雄編著、井岡勉・木内正一著『社会福祉の専門技術』ミネルヴァ書房、1975年。
③ 大塚達雄・沢田健次郎・小田兼三編『社会福祉の方法と実際』ミネルヴァ書房、1982年。
④ 岡村重夫・高田真治・船曳宏保著『社会福祉の方法』勁草書房、1979年。
⑤ 仲村優一・小松源助編『社会福祉実践の方法と技術』有斐閣、1984年。
⑥ 小松源助著『ソーシャルワーク理論の歴史と展開』川島書店、1993年。
⑦ 仲村優一監修、野坂勉・秋山智久編『社会福祉方法論講座 Ⅰ 基本的枠組』誠信書房、1981年。
⑧ 太田義弘・佐藤豊道編『ソーシャルワーク』海声社、1984年。
⑨ 高橋重宏・宮崎俊策・定藤丈弘編著『ソーシャルワークを考える』川島書店、1981年。
⑩ 福祉士養成講座編集委員会編『社会福祉援助技術総論』中央法規出版、1992年。
⑪ 岡本民夫・小田兼三編著『社会福祉援助技術総論』ミネルヴァ書房、1990年。
⑫ 岡本民夫編『社会福祉援助技術総論』川島書店、1995年。
⑬ 岡田藤太郎著『社会福祉とソーシャルワーク』ルガール社、1977年。
⑭ 小野哲郎著『ケースワークの基本問題』川島書店、1986年。
⑮ 岡本民夫著『ケースワーク研究』ミネルヴァ書房、1973年。
⑯ 硯川眞旬著『現代社会福祉方法体系論の研究』八千代出版、1995年。
⑰ 硯川眞旬著『入門社会福祉方法論』八千代出版、1980年。
⑱ 硯川眞旬編著『新 高齢者ソーシャルワークのすすめ方』川島書店、1996年。
⑲ 硯川眞旬編著『高齢者の生活相談援助』中央法規出版、1997年。

〔硯川　眞旬〕

第2章❖社会福祉の概念と援助活動（ソーシャルワーク）

　21世紀における本格的な高齢社会の到来をむかえて，社会福祉のパラダイム（思考の枠組み）が急激に転換し，社会福祉制度も大きく変わろうとしている。社会福祉のパラダイムの転換が意味するものは，第2次世界大戦後において構築されてきた社会福祉制度の全体的見直しと新たなる制度創設につながる。

　すなわち，地域社会での対人福祉サービスの体系化と福祉コミュニティの創造を目標に，①福祉サービスの普遍化（「福祉の措置」の見直し，福祉サービス利用者の拡大，受益者負担の進行等），②分権化（地方自治体への権限移譲，地方自治体における財源と人材の確保等），③多元化（福祉サービス提供組織の多様化と工夫等），④計画化（サービスのネットワーク化，サービスのパッケージ化，福祉サービスのみから保健医療サービスなどを含む幅広いサービスへ）の過程を経ていくことになる。

1　社会福祉のとらえ方

　社会福祉，社会保障のとらえ方（概念）は，その国の歴史的・文化的・経済的な基盤等によって規定されているため，必ずしも一様ではなく，現代社会にあっては多義的な意味を含む場合が多くなっている。

　さて，「社会福祉」を英語で表現すると，social welfare になる。social（社会の，社交的な）はラテン語の sociālis またはフランス語の social（同盟の，仲間の）を語源としており，welfare は11世紀から15世紀頃の中英語で well（うまく，よく，十分に）＋fare（やって行く，暮らす）の合成語で「幸福，福祉，繁栄」の意味があり，well-being と同じ意味である。

第2章 社会福祉の概念と援助活動（ソーシャルワーク）

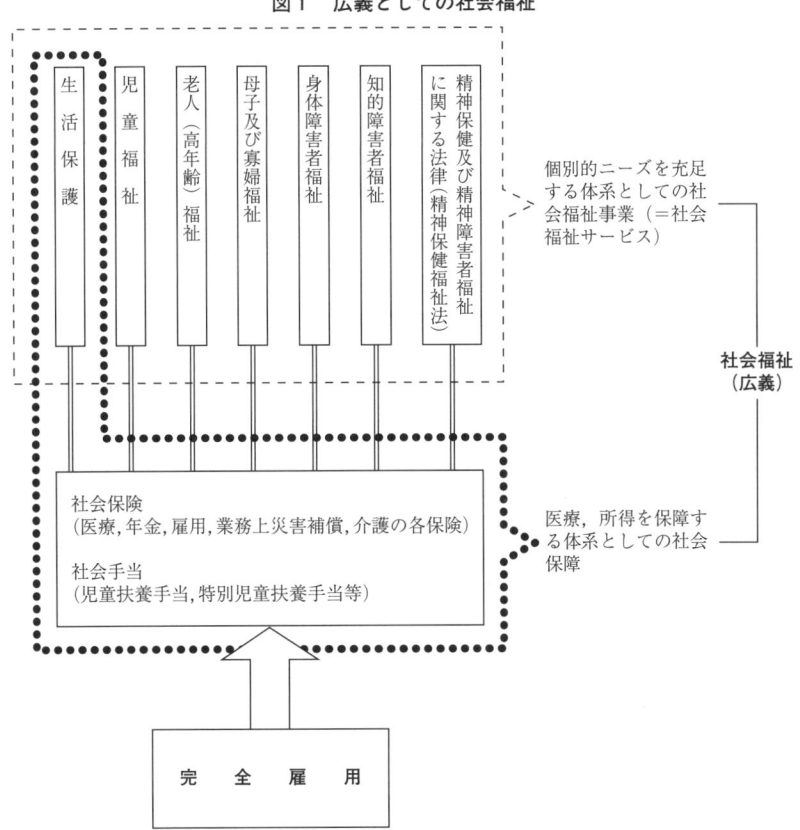

図1 広義としての社会福祉

歴史的には，社会福祉は施与（alms-giving），慈善（charity），博愛（philanthoropy），救済（relief）の系譜を持ちながら発展してきており，現代社会にあっては，社会生活を営む上で直面する生活上の困難に対応する社会的施策の総体として理解することができる。

さて，ここでは社会福祉を3つのとらえ方で整理してみよう。わが国では社会福祉を最も広くとらえる場合（最広義），広くとらえる場合（広義），最も狭くとらえる場合（最狭義）とがある。

1 最広義としての「社会福祉」

目標概念（人間一般の福祉の実現）として社会福祉をとらえる立場である。しかし人間の福祉（＝幸福）とは一人ひとりによって中味が異なるため、このとらえ方は観念的または抽象的といえる。

2 広義としての「社会福祉」

最広義のとらえ方よりも具体的であり、社会福祉を社会保障の上位概念としてとらえる立場である。すなわち、完全雇用を前提として、医療と所得を保障する体系としての社会保障と個別的ニーズを充足する体系としての社会福祉事業（社会福祉サービス）とから構成されるとするとらえ方である。これに近いとらえ方はイギリスの social services であるが、これは広義の社会福祉よりも広いものであり、社会福祉プラス医療プラス住宅等を含めたものである。

3 狭義としての「社会福祉」と社会福祉援助活動（ソーシャルワーク）

援助を必要とする人を限定して社会福祉をとらえる立場であり、社会保障が社会福祉の上位概念になる。この代表的なとらえ方は1950（昭和25）年の社会保障制度審議会の勧告で示された定義である。すなわち、「社会福祉とは、国家扶助の適用をうけている者、身体障害者、児童その他援護育成を要する者が自立してその能力を発揮できるよう必要な生活指導、更生補導その他援護育成を行うことをいう。」としている。

当時は敗戦後の厳しい経済状態であったし、法律も福祉三法（生活保護法、児童福祉法、身体障害者福祉法）だけしかなく、正に社会福祉の対象者であり、社会福祉の対象を限定的にとらえる考え方である。したがって、この場合のとらえ方は図2のようになり、実際的には行政の予算費目上の区分けともなっている。

いずれにしても、わが国における第2次世界大戦後の社会福祉は、日本国

図2 狭義としての社会福祉

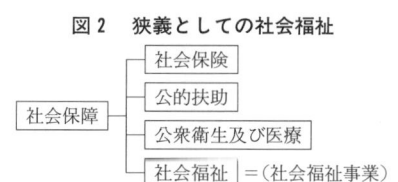

第2章 社会福祉の概念と援助活動（ソーシャルワーク）

表1　社会福祉事業法第3条の改正

(1) 1990年6月改正前の社会福祉事業法 （社会福祉事業の趣旨） **第3条**　社会福祉事業は，援護，育成又は更生の措置を要する者に対し，その独立心をそこなうことなく，正常な社会人として生活することができるように援助することを趣旨として経営されなければならない。
(2) 1990年6月改正後の社会福祉事業法 （基本理念） **第3条**　国，地方公共団体，社会福祉法人その他社会福祉事業を経営する者は，福祉サービスを必要とする者が，心身ともに健やかに育成され，又は社会，経済，文化その他あらゆる分野の活動に参加する機会を与えられるとともに，その環境，年齢及び心身の状況に応じ，地域において必要な福祉サービスを総合的に提供されるように，社会福祉事業その他の社会福祉を目的とする事業の広範かつ計画的な実施に努めなければならない。 （地域等への配慮） **第3条の2**　国，地方公共団体，社会福祉法人その他社会福祉事業を経営する者は，社会福祉事業その他の社会福祉を目的とする事業を実施するに当たっては，医療，保健その他関連施策との有機的な連携を図り，地域に即した創意と工夫を行い，及び地域住民等の理解と協力を得るよう努めなければならない。
(3) 2000年6月改正後の社会福祉法 （福祉サービスの基本理念） **第3条**　福祉サービスは，個人の尊厳の保持を旨とし，その内容は，福祉サービスの利用者が心身ともに健やかに育成され，又はその有する能力に応じ自立した日常生活を営むことができるように支援するものとして，良質かつ適切なものでなければならない。

憲法第25条にうたっている「国民の生存権，国の保障義務」を基軸に展開することになり，実体としては一般法としての「社会福祉事業法」と特別法としての「福祉六法」に基づき社会福祉（厳密には社会福祉事業）が発達することになった。

社会福祉事業法は社会福祉事業の全分野における共通的基本事項を定めた法律であるが，1990（平成2）年6月改正前の同法第3条では「社会福祉事業の趣旨」（改正後は「基本理念」）として「社会福祉事業は，援護，育成又は更生の措置を要する者に対し，その独立心をそこなうことなく，正常な社会人として生活することができるように援助することを趣旨として経営されなければならない」と規定していた。なお，2000年6月に社会福祉事業法は社会福祉法と改正された。

以上の条文に含まれている意味は，援護・育成・更生の措置を要する者と

は正常な社会生活を営むことができていない人であり，その人を正常な社会生活を営むことができるように援助することが社会福祉事業に他ならず，結果的には社会福祉事業の対象を長らく限定し選別することになったのである。

なお，前章でも述べたように，「ソーシャルワーク」は，最広義の「社会福祉」の実現・達成を目ざし（目標概念にして），広義の「社会福祉」（実態概念）の範疇で展開する，より実際的・具体的な「（社会福祉）援助活動」のことであり，それは「（社会福祉）実践」という総称でとらえることができる。詳細については，第12章を参照されたい。

2　社会福祉の対象と新しい視点・動向

今日においても，社会福祉が経済的貧困とこれに起因する生活問題を対象としていることにかわりはないが，わが国における経済の高度成長過程において社会福祉の対象が広がるようになってきた。さらには，人口高齢化に伴う介護等の問題も社会福祉の対象となってきた。

1　社会福祉の対象とその拡大

古典的貧困，新しい貧困という用語がある。前者は3つのD (Destitution 貧窮, Disease 疾病, Delinquency 非行) に代表される古くから存在している社会的問題を総称している。後者は急激な都市化による社会的共同消費手段の不足，人口移動による家庭生活の破綻，人間関係の稀薄化等の必ずしも金銭面でとらえきれない問題を意味しており，1960年代以降の高度経済成長期から用いられるようになった言葉である。その意味では，社会福祉の対象も広がりがみられることとなった。

しかし，社会福祉の対象が拡大するようになった切っ掛けは，人口高齢化に伴う介護問題が顕在化するようになってからである。

社会福祉が貧困とそれに伴って生起する生活困難を対象としている場合，社会福祉の対象は一部の国民となる。つまり，社会福祉制度（社会福祉サービス）の活用要件は経済状態（低所得）がもとめられることになるのである。

ところが，人口高齢化の進行によって，低所得という経済状態に関係なく，加齢に伴って心身機能が低下し身辺自立ができなくなり介護を必要とする高齢者が増えてくる。家族が介護を担うことができれば，社会的問題として顕在化しない場合もあるが，同居率の低下や扶養意識の変化等にもよって，従来のような家族のみに頼る介護から，社会制度としての介護サービスへと転換せざるをえなくなってくる。

高齢者の介護問題がクローズアップされるにつれて，福祉ニーズの拡大・多様化が一段と強調され，生活保護に代表される選別的に援助を行う方式（選別主義サービス）から，経済状態を問わない方式（普遍主義的サービス）への転換がもとめられるようになった。「いつでも，どこでも，誰でも」というキャッチ・フレーズは普遍主義サービスを象徴するものといえよう。

ただ私たちが忘れてならないことは，自分の身内に介護を要する高齢者がいるので，自分もいずれ高齢者になるので，という理由だけで，社会福祉を考えることは不十分であるということである。確かに，高齢者が増加しその中でも要援護高齢者が増えることは社会全体で検討しなければならない課題といえる。しかし，より重要なことは，数が多かろうが少なかろうが，自分自身や家族の力だけでは社会生活を営むことができない人々を社会的に支えていくこと自体が社会福祉であり，社会福祉援助活動といえる。

2　社会福祉の新しい視点

昭和61年版の『厚生白書』で初めて"社会サービス"という言葉を用い，以下のように解説した。すなわち，社会サービスとは「国民生活の基盤を成すサービスで，公的部門が供給主体となり又は何らかの制度的な関与を行うことによって，民間部門における供給と併せ，サービスの安定的供給や質の確保を図っていく必要のあるサービスを指すものとされており，代表的な社会サービス，高齢者や障害者の就労やまちづくり，などが挙げられる」とし，保健，医療，福祉サービスという観点が必要であることを指摘した。

また，昭和62年版の『厚生白書』では「サービスを受ける側に対する配慮（受け手志向）が大切である」ことが記された。

以上のような新しい視点を,『厚生白書』という公式報告書に盛り込んだこと自体がきわめて画期的なことであり，新たなる厚生行政の胎動と考えることができる。

　また振り返ってみると，1981（昭和56）年の「国際障害者年」，1990（平成2）年の「老人福祉法等の一部改正する法律」（いわゆる福祉八法改正），1995（平成7）年1月17日の未明に発生した兵庫県南部地震等を契機に，従来の社会福祉の考え方が大きく変わるようになってきている。これらは以下のように5つの点に整理できる。

　①新しい福祉思想の普及と具現化——ノーマライゼーションに代表される福祉の考え方・哲学が広まるにつれて，従来の施設収容中心主義から在宅福祉サービスなども含む社会福祉サービスが取り組まれるようになっている。

　②自立と共生を目指す福祉文化の創造——生活保護法が当初意図していた狭い意味での自立—経済的自立にとどまらず，経済的自立，身体的自立，心理的・精神的自立を含む「社会的自立」の必要性が認識されるようになってきた。また，障害者自身による自立生活運動に象徴されるような当事者グループの主体的な活動が展開されるようになってきており，正に障害を持つ者と障害を持たない者とが「共に生きる社会」を創造していくことがもとめられるようになってきている。

　③生活の質（QOL）の追求——単なる物質的な側面から量的にとらえる生活水準という尺度ではなく，安全・安心・快適さを保障する住宅や交通等のハード面でのバリアフリーの促進，ふれあいのある豊かな人間関係等を含む快適な生活権の保障とその具体化が必要とされてきている。

　④福祉活動への主体的な参画——兵庫県南部地震を契機に，ボランティアとボランティア活動に対する国民の意識が大きく変わりつつあるように考えられる。時間と労力を提供できる人は現地に飛んで支援活動を行い，そうでない人は募金活動を行ったり，とりあえず被災地の人々への救済募金に応じるという光景がいたる所でみられた。これらの動機は人によって異なるようであるが，重要な点は「問題の共有化」または「共感的理解」がみられたことである。その意味では，行政依存の体質を克服し，さらに行政の取り組み

を超えた主体的な関わりがみられるようになってきた。

⑤ 地域社会におけるサービスの総合化——福祉八法改正によって，最も住民に身近な地方自治体である市町村を拠点に施設福祉サービスと在宅福祉サービスが実施されるようになり，しかも保健医療サービス，社会福祉サービスそして住宅サービスなどの供給体制の確立がもとめられるようになってきている。

　もちろん，以上のような視点を含んだ事業が全国各地で十分に取り組まれているわけではなく，多くの自治体レベルではこれからスタートラインにつくぐらいであり，一部の地方（先進地）で努力が重ねられているといえよう。しかし，ここで大切な点は従来のようにサービス供給側の都合によって福祉ニーズを規定したり，縦割り的にサービスを提供するのではなく，住民の福祉ニーズに応じてサービス供給量を決められることにならなければならないのである。

3　社会福祉改革の動向

　次に，一連の「福祉改革」の動きを確認しておきたい。

(1)　「社会福祉士及び介護福祉士法」（1987〔昭和62〕年5月）

　介護などの社会福祉ニーズの増大，多様化・高度化に対して，専門的に対応するマンパワーの確保にねらいがある。生活構造の変化と社会福祉ニーズの多様化など，今後の21世紀に向けて大きく変化していく高齢社会に柔軟に対応できるような社会福祉専門職の中核的役割として，専門的知識および技術をもって相談，指導にあたる社会福祉士，介護に関する専門職として介護福祉士を位置づけた。

　社会福祉施策について国民からの理解を得るためにも，また公的・民間のシルバーサービスにおける質の維持を図るためにも，社会福祉専門職の養成が急がれており，国民からの一般認識を得やすい国家資格制度の創設が行われた。

(2)　福祉関係三審議会合同企画会意見具申「今後の社会福祉のあり方」
　　（1989〔平成元〕年3月）

これまでの社会福祉改革の意見を集大成し，今後の社会福祉の方向を示したものである。基本的な考え方は次のとおりである。
　①市町村の役割重視，②在宅福祉充実，③民間サービスの健全育成，④社会福祉と保健・医療の連携，⑤社会福祉援助活動の担い手の養成と確保，⑥サービスの統合化・効率化を推進するための情報提供体制の整備。
　(3)　高齢者保健福祉推進十か年戦略（ゴールドプラン）(1989〔平成元〕年12月)，新ゴールドプラン（1994年12月），ゴールドプラン21（1999年12月）
　ゴールドプランは，21世紀の超高齢社会に備えた高齢者の保健福祉の分野における公共サービスの具体的な数字をあげた基盤整備目標であり，1999年度までの10か年での達成計画のことである。内容は，①市町村におけるホームヘルパーやデイサービスの数の確保など在宅福祉対策の緊急整備，②「ねたきり老人ゼロ作戦」として，機能訓練，脳卒中や骨折予防教育などの展開，③在宅福祉等拡充のための「長寿社会福祉基金」の設置，④特養やケアハウスなどの施設の整備，⑤高齢者の生きがい対策の推進，⑥長寿科学研究の推進，⑦高齢者のための総合的な福祉施設の整備などである。
　なお，1994年12月にゴールドプランの見直し（新ゴールドプランの策定），1999年12月に2000年度以降の5か年計画（ゴールドプラン21）が策定された。
　(4)　「老人福祉法等の一部を改正する法律」(1990〔平成2〕年6月)
　前記(2)の意見具申の内容にそい，新たな社会福祉の運営実施体制の構築等を実現するための関係各法の改正による法的整備の達成が，緊急かつ現実的な課題となった。そして行政改革審議会への対応，「ゴールドプラン」の初年度の推進などの関連から，「高齢者，身体障害者等の福祉の一層の増進を図るため，これらの者の居宅における生活を支援する福祉施策と施設における福祉施策とを地域の実情に応じて一元的かつ計画的に実施する」ことなどを理由に，改正法案が一括して国会へ提出され，6月22日可決，29日公布された。
　改正された法律は，①老人福祉法，②身体障害者福祉法，③精神薄弱者福祉法，④児童福祉法，⑤母子及び寡婦福祉法，⑥社会福祉事業法，⑦老人保健法，⑧社会福祉・医療事業団法の八法で，社会福祉関係八法改正と言われる。

主な改正点は，㋐老人及び身体障害者の施設への入所決定等の事務の町村への移譲など地方公共団体の福祉の事務の再編，㋑ホームヘルプ，ショートステイ，デイサービスなどの居宅生活支援事業の社会福祉事業としての位置づけ，㋒老人保健福祉計画の作成，㋓社会福祉・医療事業団による社会福祉事業助成策の強化，㋔共同募金の配分規制の緩和などの措置を講ずる点である。

(5) 21世紀福祉ビジョン（1994〔平成6〕年3月）厚生大臣私的懇談会

21世紀社会に向けて，少子・高齢化の進行，家族の小規模化，共働き世帯の増加の予測から，とりわけ高齢者介護と子育てに関連する環境が変化する福祉社会の建設への展望をとりまとめた。すなわち，経済的低成長下においてどのような福祉政策を選択していくのか，年金・医療・福祉の財源配分および給付と負担の推計についても含めて広く提言している。①公正・公平・効率的な社会保障制度の確立，②介護・子育て等福祉対策の飛躍的充実，③自助・共助・公助による地域保健医療福祉システムの確立，が21世紀には必要であるとしている。

(6) エンゼルプラン（1994〔平成6〕年12月），新エンゼルプラン（1999年12月）

高齢化の一因である少子化の進行に対して，子どもを持ちたい親が安心して生み育てることができるような環境を整備するために策定された。

なお，1999年12月にエンゼルプランを見直し（新エンゼルプランの策定），保育サービス，相談・支援体制，母子保健，教育，住宅等の分野で，重点的に施策を実施することになった。

(7) 障害者プラン——ノーマライゼーション7か年戦略（1995〔平成7〕年12月）

1995（平成7）年12月に開催された「障害者推進本部」の会合で決定された総合的な障害者施策に関する国の新長期計画（いわゆる「障害者プラン——ノーマライゼーション7か年戦略」，1996年度を初年度とする7か年計画）であり，障害者施策の総合計画としては初めて具体的な目標数値が盛り込まれたものである。

すなわち，このプランでは障害者のリハビリテーションの理念と障害者が障害を有しない者と同じように生活し活動する社会を目指すノーマライゼー

ションの理念をふまえ，障害者の保健，福祉，教育，雇用，住宅等の7つの視点から施策の推進方向を定めている。さらには，厚生省関係分の具体的数値目標として，①住まいや働く場所または活動の場の確保（ⅰグループホーム・福祉ホーム 2万人分，ⅱ授産施設・福祉工場 6万8,000人分，ⅲ小規模作業場への助成措置の充実），②地域における自立の支援（ⅰ重症心身障害児（者）の通園事業 1,300か所，ⅱ精神障害者生活訓練施設（援護寮）6,000人分，ⅲ精神障害者社会適応訓練事業 5,000人分，ⅳ精神科デイケア施設 1,000か所，ⅴその他），③介護サービスの充実（ⅰホームヘルパー 4万5,000人上乗せ，ⅱショートステイ 4,500人分，ⅲデイサービス 1,000か所，ⅳ身体障害者療護施設 2万5,000人分，ⅴ精神薄弱者更生施設 9万5,000人分，ⅵその他）などが示されている。

3 社会福祉の主体

どのような組織が，また誰が社会福祉を担っていくのだろうか。社会福祉の主体については，対象規定と深く関連して大きな論点となってきた。ここでは，政策主体，供給主体，実践主体，運動主体の4つに分けて整理していくことにする。

1 社会福祉の政策主体

私たちは，人生のあらゆる発達段階においても，人間としての尊厳を保つことが保障されなければならない。同時に，私たちの一人ひとりが生活の主体者としての権利と責任を共有することになる。ここでいう社会福祉に関する権利とは，社会生活を営むすべての人間にとって，その生活が物質的にも精神的にも充足されていることを意味する。

以上のような私たちが有する社会福祉の権利を保障し具体化する主体は，国と地方公共団体であり，これらを政策主体ということができる。国は，日本国憲法第25条の理念に基づき，社会全体の視野から，社会福祉関係法律等を定め施策を展開していく。地方公共団体は，法律に基づいて国から委任さ

れた事務（これを委任事務といい，機関委任事務と団体委任事務とがある）を担い，また独自の視点から福祉施策（これを単独事業という）を展開することもある。

　第2次世界大戦後，福祉行政事務の多くは国からの機関委任事務（地方公共団体の執行機関の長，すなわち知事または市町村長に委任）として位置づけられ，地方公共団体が処理してきた。しかし，1987（昭和62）年4月1日から，いわゆる行革一括法に基づき，生活保護関係事務を除き，施設入所等の福祉関係事務が団体委任事務化された。また，1990（平成2）年6月22日に「老人福祉法等の一部を改正する法律」（いわゆる福祉八法改正）の成立によって，在宅福祉サービスの法定化，特別養護老人ホームなどの措置権の町村への移譲，老人保健福祉計画策定の義務化等の制度面の変更がなされた。

　なお，2000年（平成12）年4月1日から改正地方自治法の施行に基づいて，機関委任事務は廃止され，地方公共団体の事務区分は自治事務と法定受託事務とに区分されるようになった。

　以上のような法律改正等の前は，国が政策主体の中心であり，国の指揮監督の下に知事と市長が委任事務としての機関委任事務をとり行っていくという構図があり，町村長にいたっては保育所入所等のごく一部の事務を委任されていたに過ぎなかった。

　しかし，福祉八法改正を機に，必ずしも十分に条件面の整備がなされていないにしても，市町村（特に町村）にも住民の生活に密着する基礎的自治体として独自の観点から福祉施策を推進する役割が期待されるようになってきている。

2　社会福祉の供給主体

　供給主体とは，福祉制度を具体化し福祉サービスを供給する組織のことである。社会福祉法第2条で，社会福祉事業を「第一種社会福祉事業」と「第二種社会福祉事業」とに分けている。前者は，経済保護事業や入所施設等を経営する事業であり，事業の性格上経営主体は原則として国，地方公共団体そして社会福祉法人に限られている。後者は，生活相談事業，通所施設等を経営する事業そして在宅福祉サービスなどを経営する事業であり，経営主体

は特に制限されていない（ただし，社会福祉法で規定している内容と福祉六法に規定している内容とがくい違っている場合は，特別法としての福祉六法の規定が優先する）。

　保育所などでは設立時の経緯から個人や宗教法人が経営主体となったままの施設があるが，現在のところ民間の立場から新しく社会福祉事業を営もうとすると現実的には社会福祉法人でなければ困難である。そして行政からの委託に基づいて施設を運営しているのである。

　ところが，1980年代以降における在宅福祉サービスの展開に伴って，社会福祉事業の経営主体や供給主体が多様化するようになってきた。

　特に1990（平成2）年6月の福祉八法改正を機に，在宅福祉サービスの実施主体である市町村がその事業を委託する場合，委託先が幅広く認められるようになった。例えば，ホームヘルプサービスがその典型である。従来の代表的な委託先としての社会福祉協議会ばかりではなく，特別養護老人ホーム，民間事業者等も認められるようになってきている。また，近年において行政からの委託によらず，住民参加の自主的な福祉活動が展開されるようになってきていて，これまでとは異なる動きが徐々にみられるようになった。

　以上のような新たな動きは1980年以降の在宅福祉サービスの展開に伴って都市部を中心にみられるようになってきた。例えば，1980（昭和55）年に設立された「武蔵野市福祉公社」が典型であり，従来の公的福祉サービスで対応できない階層を対象に在宅福祉サービスを提供するようになったのである。それ以来，地方公共団体が設立に関与した「福祉公社」が各地に設置されるようになるとともに，行政の援助を受けずに独自の財源で活動する福祉生協等の組織も設立されるようになったのである。

　ともあれ，かつては①「公的福祉サービス供給システム」（行政または社会福祉法人とこれが運営する施設によって提供される福祉サービス）だけであったものに，新たに②「非営利の自発型・参加型福祉サービス供給システム」（住民同士の助け合い・相互連帯等の理念に基づいて非営利的な形で提供される福祉サービス，または会員制・互酬性・有償性をもちつつも非営利を旨として提供される福祉サービス）と，③市場型サービス供給システム（営利を目的とする企業によって提供され

る福祉サービス）がみられるようになってきている。

3　社会福祉の実践主体

　社会福祉援助活動（サービス利用者に直接的に対応する活動や社会資源の整備や調整等に対応する活動等）は，主として福祉機関や団体等に配置されている専門職員によって展開されていく。この意味では，専門職員が実践主体となる。しかし，社会福祉援助活動（実践）をもう少し広くとらえると，ボランティアも実践主体に含めることができるし，ピア・カウンセリングなどを行っている障害者（当事者自身）も実践主体として位置づけることもできる。

　厚生省によると，社会福祉施設職員，ホームヘルパー，社協職員，福祉事務所等の社会福祉従事者は1998（平成10）年度末現在，118万人となっている。いつの時代においても社会福祉従事者の量的確保と質の向上が必要となることはいうまでもない。そのための方策として，一方では1987（昭和62）年5月に「社会福祉士及び介護福祉士法」が制定され，社会福祉従事者の国家資格制度が導入されることになった。他方においては，1992（平成4）年6月に社会福祉事業法と社会福祉施設職員退職手当共済法が改正され，社会福祉事業に従事する者の確保の促進のための基本指針や福祉人材センターが位置づけられた。

　社会福祉援助活動（実践）はサービス利用者の暮らしと生命に深くかかわり，またサービス利用者の基本的人権を擁護しなければならない職責があるだけに，専門性を高める努力がもとめられる。秋山智久はフレックスナー（Abraham Flexner）やグリーンウッド（Ernest Greenwood）らの諸説を参考に社会福祉専門職が成立するための条件として，①体系的な理論，②伝達可能な技術，③公共の関心と福祉という目的，④専門職の組織化（専門職団体），⑤倫理綱領，⑥社会的承認を整理しているが，これらは社会福祉援助活動（実践）を社会的に意義あるものにするために重要なポイントといえる。

4　社会福祉の運動主体

　わが国の社会福祉を向上させるためには，政策主体との良い意味での緊張

関係が必要である。社会福祉の水準を維持し高めるための営み（運動）を担う者は，福祉サービスの利用者であり社会福祉従事者であり，さらには国民（地域住民）一人ひとりであると言える。

政策主体が展開する社会福祉施策は，単に体制維持・社会改良的な性格ばかりではなく，①法令主義（行政が福祉施策を展開するには根拠となる法令が存在することが前提となる），②公平主義（施策を展開していく前提として，国民の合意をえることが必要となるとともにサービスを利用する者としない者とのバランスを常に考慮することになる），③予算主義（行政が推進する福祉施策の財源は各年度ごとの予算によっているため，具体的サービスの量は有限である）に基づいているため，国民（地域住民）の福祉ニーズに柔軟に対応できないという限界を本来的に有している。

したがって，サービスの供給量・サービスの種類と国民（地域住民）の福祉ニーズ・要求との間に，ズレがみられることになる。ここに，利用者の権利を護り，権利として要求し，代弁する福祉運動が生じる契機があるのである。

従来の福祉運動はややもするとサービス利用者自身によるというよりも，周囲の社会福祉従事者等によって進められる傾向がみられた。もちろん，この方式も代弁的機能を有しているので，運動そのものに意味があるともいえる。

しかし近年，障害者自身（当事者）による運動が各地で展開されてくるようになり，これまでとは異なる視点を含むものとなってきている。これは，「自立生活運動」(Independent Living Movement)といわれるものであり，1970年代にアメリカを中心に展開されてきている運動である。すなわち，障害者自身が施設で一方的にサービスを提供されるのではなく，どのような重い障害を持っていても「自己決定の原則」に基づき，自らの力で地域社会の中で生活していこうとする運動である。

障害を有していない人がそれぞれの家で生活しているのと同じように，障害者も自らが選んだ場所で生活する。それがノーマルな状態であり，自らの力で生活を営むことを志向することになる。そして，その場合，段差等のバリアーを除去したり，自分でできないことを社会が応援して欲しいという考

え方を含む運動であり，新たな進展が期待されていると言える。

以上のような自立生活運動を展開するための拠点として，自立生活センター（Center for Independent）が各地に設けられるようになり，障害者自身が中心となり障害を有していない者の協力をえながら，住宅紹介，介助者紹介，交通サービスそしてピア・カウンセリングなどの事業を進めてきており，社会全体に問いかけるひとつの試み（運動）として理解しなければならない。

4 社会福祉援助活動（ソーシャルワーク）の意義と領域・分野

1 社会福祉援助活動の意義と基本原則

社会福祉の目的は，人びとの社会生活上の困難（生活問題または生活障害）に対して制度的かつ対人的に援助することにある。これらの援助に専門的・職業的に関わる活動（または実践）を，欧米ではソーシャルワーク（social work）と呼んでいる。そして，わが国では社会福祉援助活動（社会福祉実践）という場合が多くなってきている。

(1) 社会福祉援助活動の意義

私たちが社会生活を営む上で遭遇する出来事を「社会的事故」と呼ぶことがある。これは好むと好まざるとにかかわらず降り懸かる出来事であり，具体的には経済的困窮（貧困），傷病，失業，労働災害，老齢（定年）等である。これらの出来事によって経済的な負担が増したり損害を受けたり，さらには所得の喪失という問題が生じてくる。

以上のような問題は，ある意味において経済上の問題ということができ，医療保障と所得保障の観点から社会保険，社会手当そして生活保護の各制度で対応することになっている。ところが，これらは単なる計数上の経済問題にとどまることは少なく，むしろ経済的な生活苦や家族関係を含む人間関係等の心理的・社会的な問題を伴う場合が多くなっている。

社会生活上の困難（生活問題・生活障害）に対する社会福祉の対応方法としては2通りある。ひとつは，全体的視点から福祉制度の改善や充実等を図ることによって，国民（地域住民）の福祉を図る対応方法であり，これをいわゆる

「制度としての社会福祉」ということができる。いまひとつは，社会生活上の困難（生活問題・生活障害）をかかえている人（援助対象）に焦点を置き，専門家がその人のパーソナリティや生活環境等を把握しながら，個別的に具体的に対応していく方法であり，これを「実践としての社会福祉」ということができ，別の表現を用いると，"社会福祉援助活動"または"社会福祉援助実践"ということができる。

　社会福祉の独自性は，制度としての社会福祉という面だけでは成り立たない点にある。実践としての社会福祉という面があってこそ，社会福祉は成り立つといっても過言ではない。さらに考えると，利用者（援助対象）がかかえる問題を個別的かつ具体的に解決・緩和する営み（社会福祉援助活動）が，福祉制度等の社会制度にフィード・バックして制度の改善・充実・創設をもたらすことになるのである。

　(2)　社会福祉援助活動の目標

　すでに記したように，社会福祉援助活動は抽象的人間ではなく，一人ひとりの人間の置かれた生活環境やその人のパーソナリティなどをふまえて，個別的に具体的に援助していくことに大きな意義があることを指摘した。それでは，社会福祉援助活動の目標をどのように考えればよいのだろうか。

　①自己実現――社会福祉援助活動の究極的な目標は，利用者の自己実現を図ることにある。一人ひとりの人間が，安心して健やかに快適な社会生活を営むことを可能ならしめるためには，所得，就労，保健医療，社会福祉サービス，住宅，教育（学習），社会参加等の社会制度が確立していることが必要である。そして，私たちは社会生活を営む上で必要に応じて各種の制度を利用することになる。

　以上のような制度を利用しながら，自分なりに社会の中に存在する意味を見出し人生を過ごしていくことは，社会的存在としての人間にとって重要なことである。かくして，その人なりの存在意義を見出し，価値ある人生をもてるように援助することを，社会福祉援助活動の目標としなければならない。

　②社会的機能の強化――利用者が社会的存在として社会の中のさまざまな集団に所属して，他の人との交わり（ふれあい）の機会をもち，また集団の中

で一定の役割をもつことは人間として大切なことであり,社会生活を営む上での必要条件となっている。そこで,利用者自身が円満な人間関係を樹立することができ,自分自身が社会の中で存在感をもちうるように援助していくことが大切になってくる。

③自立(自律)——社会生活を営んでいく場合,基本的には自分自身の力で社会生活を営むことがもとめられる。もちろん,家族がいる場合は家族と協力しながら人生を歩んでいくことになる。経済的にも身体的にも精神的にも自らの力によって,社会生活を営むことが必要となる。

援助活動の目標は,一人ひとりの人間が生活のさまざまな部面で自立できるように援助していくことにある。援助者は,利用者の生活のすべての面で代行するのではなく,その人の能力に応じて少しでも自らの力で生活できるように関わる必要があるといえる。

(3) 社会福祉援助活動の基本原則

最後に,社会福祉援助活動の基本原則についてふれておく。援助活動担当者と利用者(クライエント)との望ましい援助関係を保つために,援助活動担当者に必要となる基本的な姿勢として次の原則がある。

①自己決定の原則——援助活動のなかでの選択・決定は,利用者の意志・能力によって,利用者・援助対象が自ら行うべきである。

②個別化の原則——一人ひとりの利用者は,一個の人格的存在として尊重されるべきものであり,あくまでも一人ひとりの能力・性格・環境などに応じたものとして個別的に理解していかねばならない。

③受容の原則——利用者の諸状況を全体的に理解するため,利用者の態度・行動・価値観を現実の姿として,あるがままに受け入れる。

④専門的援助関係の原則——援助活動担当者は,専門家として,自らを情緒的に統制するとともに,利用者を批判・追求・強制したりせず,常に要解決問題を中心とした関係を保つ。また,利用者が感情表現を十分にできるよう専門家として意図的な援助を行う。

⑤秘密保持の原則——職務上知りえた情報は,外に漏らさない守秘義務である。

図3 社会福祉援助活動（ソーシャルワーク）の領域・分野

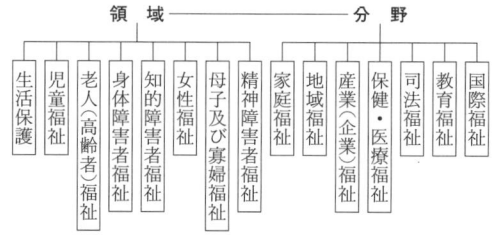

領　域									分　野					
生活保護	児童福祉	老人(高齢者)福祉	身体障害者福祉	知的障害者福祉	女性福祉	母子及び寡婦福祉	精神障害者福祉		家庭福祉	地域福祉	産業(企業)福祉	保健・医療福祉	司法福祉	教育福祉	国際福祉

出所：小田兼三・硯川眞旬編著『現代福祉活動総論』相川書房，1986年，50ページに加筆。

以上のような原理・原則に基づき，基本的人権保障の理念に立脚した実践を展開することが大切である。

2　社会福祉援助活動（ソーシャルワーク）の領域

次に，これまでに述べた社会福祉の体系や社会福祉の実践・労働・運動などに基づいて，社会福祉援助活動(ソーシャルワーク)の領域と分野について述べておきたい。図示すると，図3のようになろう。

図3をみてもわかるように，社会福祉の法律をもとにして区分し，個々の法律に基づいた社会福祉援助活動としてまとめる「領域」論と，社会福祉の機能・実践分野ごとにひとまとめにしようとする「分野」論とがある。

(1)　生活保護

憲法第25条第1項の規定に基づいて，その理念の実現として，何らかの原因で貧困に陥り，自立困難なものに対して，国の責任において，健康で文化的な最低限度の生活を保障し，自立を助長する具体的活動の領域であり，法律としては生活保護法を主たる根拠としている。なお，「生活保護基準」を尺度として最低限度の水準として，年齢・性・世帯構成・所在地域・その他を考慮して決定され，扶助される。この運用については，①申請保護の原則，②基準および程度の原則，③必要即応の原則，④世帯単位の原則，などによって実施される。扶助は，①生活扶助，②教育扶助，③住宅扶助，④医療扶助，⑤介護扶助，⑥出産扶助，⑦生業扶助，⑧葬祭扶助，からなり，その現業を担当する第一線機関として福祉事務所がある。そこには公的扶助のケー

スワーカーが配置されている。なお施設としては，救護施設，更生施設，医療保護施設，授産施設，宿所提供施設がある。

(2) 児童福祉

児童の身体的・精神的・社会的な調和のある発達を保障し，その福祉の向上を図る目的をもって，具体的な諸活動・努力をする領域である。児童福祉法をはじめ，児童扶養手当法，特別児童扶養手当等の支給に関する法律，少年法，勤労青少年福祉法などの多くの法律を基盤とし，18歳未満の児童とその保護者などを対象としている。児童相談所，福祉事務所，保健所，家庭裁判所，保護観察所などの関連機関や，児童福祉法に決められた14種の児童福祉施設があり，児童福祉司や児童指導員，保育士などが配属されている。施設としては，助産施設，乳児院，母子生活支援施設，保育所，児童厚生施設，児童養護施設，知的障害児施設，知的障害児通園施設，盲ろうあ施設，肢体不自由児施設，重症心身障害児施設，情緒障害児短期治療施設，児童自立支援施設，児童家庭支援センターなどがある。

(3) 老人（高齢者）福祉

老人（高齢者）の健康と福祉をめざした諸施策・制度による所得，保健，医療，就労，住宅，教育などの老人対策や老後保障をするとともに，老人福祉法に基づいたその福祉活動（施策）を行う領域である。例えば，老人福祉法に基づく福祉サービスとしては，①在宅福祉サービス（ホームヘルプサービス，日常生活用具給付等サービス，短期入所施設サービス，デイサービス，老人（在宅）介護支援センターによる相談等のサービス，介護実習・普及センターによるサービス，②施設福祉サービス（特別養護老人ホーム・養護老人ホーム・軽費老人ホーム〈A型，B型，ケアハウス〉によるサービス），③社会参加促進サービス（高齢者能力開発情報センターによるサービス，高齢者総合相談センターによるサービス，老人クラブへの助成，その他）などがある。

(4) 身体障害者福祉

身体上の障害をもつ人々の社会的・医学的・経済的・人間発達上のニーズに対応する政策視点に立って，これに基づく諸活動の領域である。例えば，所得保障，住宅保障，リハビリテーションなどや，啓発活動や治療的環境（地

域ケア）づくり，その他である。障害者の保護・更生・生活の安定をめざす身体障害者福祉法（18歳以上対象）により，身体障害者更生相談所の判定や，身体障害者手帳の交付に基づいて福祉事務所（身体障害者福祉司）が援護実施機関となる。なお，援護の施設としては，肢体不自由者更生施設，視覚障害者更生施設，聴覚・言語障害者更生施設，内部障害者更生施設，身体障害者療護施設，身体障害者福祉ホーム，身体障害者授産施設，身体障害者福祉センター，補装具製作施設，盲導犬訓練施設，視聴覚障害者情報提供施設などがある。

(5) 知的障害者福祉

おおむね，IQ（知能指数）75以下で18歳以上のものを対象として援護する領域である。知的障害者福祉法によって，福祉事務所（知的障害者福祉司）は，知的障害者更生相談所の判定・指導と併行して，民生委員，社会福祉主事の協力も得ながら，実情の把握，相談，指導，調査を行う。なお，援護の実施施設としては，知的障害者更生施設，知的障害者授産施設，知的障害者通勤寮，知的障害者福祉ホーム，知的障害者デイサービスセンター，コロニーなどがある。

(6) 女性福祉

女性の生活全般における障害の除去によって，望ましい家庭・社会生活の保障をねらい実施する施策・活動の領域である。したがって，売春防止法による要保護問題にとどまらず，母子世帯，母子家庭への援護，母子年金，児童扶養手当，生活保護，母子生活支援施設の利用，勤労婦人援護策，保育所，育児休暇，母子保健などからなり，関連法は児童福祉法，母子及び寡婦福祉法，労働基準法，男女雇用機会均等法，母子保健法など多きを数える。機関・施設としては，婦人相談所（婦人相談員）があり，婦人保護施設，福祉事務所，民生委員，女性団体などが連携して，活動が展開される。

(7) 母子及び寡婦福祉

就労・所得保障，医療，住宅，教育，保育などの母子問題の解消・予防のための施策・活動の領域である。したがって，母子及び寡婦福祉法だけでなく，児童福祉法ほか前述の女性福祉に関連する法律によっているが，これまでの理解は，母子福祉資金貸付制度を主内容とする母子及び寡婦福祉法に限

定することが多かった。施設としては母子福祉センター，母子休養ホームがある。この機関としては福祉事務所があり，母子相談員が配属されている。

(8) 精神障害者福祉

一般にいう精神保健活動の領域である。精神障害の予防・早期発見や精神的健康の保持・向上など，精神障害に対する援助施策・活動の領域である。「精神保健及び精神障害者福祉に関する法律」に基づいて，予防・治療・社会復帰の面で一貫した医療・福祉的対応のために，地域精神保健活動の第一線機関として保健所（精神保健福祉相談員）がある。これとタイアップした活動の拠点として精神保健福祉センターがあり，また精神障害者社会復帰施設として，精神障害者生活訓練施設，精神障害者授産施設，精神障害者福祉ホーム，精神障害者福祉工場，精神障害者地域生活支援センターがある。

3 社会福祉援助活動（ソーシャルワーク）の分野

(1) 家庭福祉

家庭における家族員の家族集団への適応や，家族集団の円滑な機能への援助など，家庭生活の維持強化のための援助活動の分野である。特に，現代では社会制度の発達等により，家族構成の縮小はみられるが，人間の生涯にわたる心身の形成・安定に不可欠であり，家族関係のあり方によっては種々の社会問題を産みやすい。機関として家庭裁判所があるが，家庭福祉の専門機関として必ずしも十分でない。そのほかに家庭児童相談室，心配ごと相談所，結婚相談所などがあり，施設としては，母子生活支援施設，老人ホーム，更生援護施設などをあげることができよう。

(2) 地域福祉

地域住民の福祉の実現をめざして，生活上の困難に対して，行政サービスをも利用しながら，住民の連帯による主体的な相互活動・運動として解決しようとする分野である。機関としては，社会福祉協議会，共同募金会，民生・児童委員協議会，老人クラブ，女性団体，ボランティア団体などをあげることができよう。それは小地域単位の個別的な地域組織化活動にとどまらず，これらの総合化によって，行政サービスと統合しながらすすめられねばなら

ない。なお、「施設福祉」といわれるものは、地域福祉の一環として位置づけてよい。つまり、コミュニティケアを展開する当該の専門機能を集中させ、合理的・能率的に、住民の生活上の困難に対応する地域福祉施設としてとらえることができ、この場合に「施設福祉」という処遇・活動の分野が重要となる。一方、「在宅福祉」といわれる場合は、可能なかぎり居宅処遇によって、生活上の困難の解決に援助する分野である。したがって、この分野もコミュニティケアの一環としての「在宅福祉」サービスが実施される。例えば、日常生活物品の提供、ホームヘルパー派遣、配食サービス、入浴サービス、交通サービスなどがあり、デイケアやショートステイなどの施設機能の活用によってすすめられる。

(3) 産業（企業）福祉

労働者およびその家族の福祉の向上や生活の安定をはかるための活動分野である。例えば、企業・事業所における職場の人間関係・健康の維持・向上や、人事相談、苦情、感情処理、職場適応、家族を対象とした福利厚生のための諸施策・活動がある。したがって、労務管理の一環として行われるもので、賃金・労働時間のような基本的労働条件、社会保障、社会保険給付などや、生産過程に直接必要なもの（安全施設）は含まれていない。産業カウンセラーや産業ケースワーカー、あるいは労務・人事担当の専門職員によってすすめられる。

(4) 保健・医療福祉

国民の健康と福祉の向上・増進をめざして、保健医療サービスと社会福祉サービスとの連携をもって、総合的・包括的なサービスの実現のために展開される活動分野である。かつてのように貧困とそれに伴って生じる疾病が社会問題の中心であった時代においては、「医療社会事業」と称される活動が病院の相談室などで主に展開されてきたが、今日では、医療保障制度の確立、人口高齢化の進行、そして保健と医療との総合化などを背景に、保健医療の場での社会福祉援助活動も新たな展開が期待されている。

(5) 司法福祉

「司法制度に関連する社会福祉」といいかえることができよう。つまり現代

司法による問題解決への国民の権利実現をめざして、法的決着のみでは具体的紛争や事件の緩和・解決にならない事態に対応する施策・活動の分野である。つまり、個人の権利性を重視しながら非行事件、家事事件の規範的解決のための社会的援助の過程に、社会福祉的視点を補完して展開される。例えば、非行傾向のある少年の更生を目的とした、家庭裁判所（調査官）、保護観察所（保護観察官）、児童相談所のサービスがある。また刑余者の予防・更生・社会復帰などへの援助についても、家庭裁判所を中心にして関連の行政機関の協業による機能として展開される分野である。狭義には「更生保護」ともいわれている。

(6) 教育福祉

児童への福祉サービスにおける教育のあり方など、福祉活動における教育的側面に着目して、人格発達や学習保障の観点から、教育的機能や教育的諸条件に配慮しつつ、教育と社会福祉の統一的実現をはかる分野である。したがって、司法福祉分野とも関連するとともに児童福祉ほかの各領域とも密接にかかわっている。だから教育福祉問題に対応する機関・施設は多きを数え、前述したようなそれぞれの領域の活動として展開されるべき「分野」であることになる。

(7) 国際福祉

世界平和をめざして「世界人権宣言」の理念に基づき全地球的に展開される分野である。ただそれぞれの国の政治形態や国間の利害などもあり、「福祉世界」実現化にはきびしいものがある。こうしたことをめざした活動を総称して「国際社会福祉」という。例えば、国際赤十字社連盟の活動やWHO（世界保健機関）、UNRRA（国連救済復興機構）、ICSW（国際社会福祉協議会）など国際協力による諸活動がなされている。しかし、その現状は、例えば、栄養不足や難民問題などがそうであるように、最低限の基本的ニーズへの対応に追われるという初歩的段階にある。

なお、このほかに、(8)消費者福祉や(9)住宅福祉、(10)交通福祉などの分野があろう。

●引用・参考文献―――――
① 厚生省編『厚生白書(各年版)』厚生問題研究会,各年。
② 岡本民夫編『社会福祉』医学出版社,1990年。
③ 硯川眞旬著『現代社会福祉方法体系論の研究』八千代出版,1995年。
④ 仲村優一監修,野坂勉・秋山智久編『社会福祉方法論講座 Ⅰ 基本的枠組』誠信書房,1981年。
⑤ 小田兼三・硯川眞旬編著『現代福祉活動総論』相川書房,1986年。
⑥ 福祉士養成講座編集委員会編『社会福祉援助技術総論』中央法規出版,1992年。
⑦ 岡本民夫・小田兼三編著『社会福祉援助技術総論』ミネルヴァ書房,1990年。
⑧ C. H. Meyer, *Social Work Practice*, Free Press, 1976.
⑨ 安積純子・岡原正幸・立岩真也他著『生の技法――家と施設を出て暮らす障害者の社会学』藤原書店,1990年。
⑩ 硯川眞旬編著『新 高齢者ソーシャルワークのすすめ方』川島書店,1996年。
⑪ 保田井進・鬼崎信好編著『改訂 社会福祉の理論と実際』中央法規出版,2001年。

〔鬼崎　信好〕

第3章 ❖ 個別援助技術 (ケースワーク)
〈直接援助技術①〉

　ソーシャル・ケースワーク (social casework, 以下ケースワークと略す) は, 社会福祉援助活動 (ソーシャルワーク) のうち, 最も主要な技術のひとつである。

　ケースワークは, 個人を対象とする個別援助技術であり, 対面 (face to face) の関係で, 利用者 (援助対象, 以下クライエントという) を援助するという意味で, グループワークなどとともに直接援助技術に分類される。

　ケースワークの歴史は古く, 19世紀後半のイギリスにおける慈善組織協会 (COS) で活躍していた友愛訪問員 (friendly visitor) の活動に溯ることができる。その後アメリカに渡り, 今世紀の初頭に, 「ケースワークの母」と呼ばれるメアリー・リッチモンド (Mary E. Richmond) によって確立され, その後も社会福祉援助の主要な方法として発展し続けてきた (第12章参照)。近年, ソーシャルワークの統合化の流れの中で, ケースワークをソーシャルワーク全体の中に統合していこうという傾向があるが, そのような状況においてもケースワークは社会福祉実践の基盤として現に揺るぎなく存在している (詳細は, 第12章を参照)。また, ケースワークが長年培ってきた徹底的な個人 (一人ひとりの人間) の尊重, 自己決定などの考え方は, 新しい社会福祉の思想の中でも主要な位置を占めるものである。また実際の社会福祉実践においてはその考え方は援助の羅針盤のような役割を果たすものと考えられる。このような社会福祉援助活動の方法のなかで最も主要でかつ基盤となるケースワークを学ぶことは初学者にとって不可欠なことであろう。

1 ケースワークの基礎理論

1 ケースワークとは

　ケースワークのケースという言葉は「個別の」という意味においてとらえることがより妥当であろう。現代社会においては，障害をもつことや高齢になることに伴う問題，子どもの育成に関して，また病気になることなどに関してのさまざまな多くの生活問題，すなわち社会福祉問題が存在している。ケースワークはごく端的に言うならば，このような問題をもつ人々の個々の状況をそれぞれに尊重し，個人や家族を対象として個別に的確な援助を提供する社会福祉援助の方法であると言うことができる。

　「ケースワークの母」と呼ばれ，診断主義派の主唱者であるリッチモンドが最初にケースワークの定義づけを試みて以来，多くの論者がそれぞれに定義を示してきている。ここでは代表的な定義づけのいくつかを見ておきたい。まず，1922年のリッチモンドの仮説的定義である。

　　「ソーシャル・ケースワークは人間と社会環境との間を個別に，意識的に調整することを通してパーソナリティを発展させる諸過程からなっている。[1]」

　この定義にはケースワークにおける主たる特徴がほとんど組み込まれていると考えられる。つまり「人間と社会環境との間」というケースワークの守備範囲の規定，また「個別に」というケースワークの対象と方法，また「意識的に調整」というケースワークの専門性への指向，また「パーソナリティを発展させる」というケースワークの目的，また「諸過程」という過程の尊重という特徴である。この定義は70年以上の歳月が経ってもケースワークの本質をあらわすにおいてその意味をもち続けているのである。

　次に，折衷主義派の代表的論者であり，問題解決アプローチの主唱者であるパールマン（Helen H. Perlman）の定義（1957年）を見てみよう。

　　「ソーシャル・ケースワークは，人びとが社会的に機能するあいだにおこる問題をより効果的に解決することを助けるために福祉機関によって

用いられるある過程である。」[2]

この定義は人を「社会的に機能する存在」としてとらえ，その機能がより円滑に遂行されるよう援助するというケースワークの機能主義派の考え方をとり入れている。機能主義派は心理主義に傾いていたケースワークの在り方に批判を加え，その社会性を再確認する必要を強く訴えた。

ケースワークの定義としてはこのリッチモンドとパールマンのものが最も代表的であるが，その後いくつもの定義づけがなされた。詳しくは他書に譲るが，現在ソーシャルワークの統合化の流れの中でケースワークがどのように位置付けられているかを最後に示しておきたい。

「個人や家族が精神的，対人関係的，社会経済的，環境的諸問題を解決するのを直接的な対面関係を通じて，援助するという目的をもって，心理社会理論，行動理論，システム理論等の諸概念を技能化した専門的ソーシャルワーカーたちによって用いられる指向，価値システム，実践の類型である。」[3]

2 ケースワークの構成要素

ケースワークを成り立たせている主要な要素をパールマンは実践の中から導き出し，主著『ソーシャル・ケースワーク——問題解決の過程』(1957年)のなかでそれらの諸要素とその相互関連のありかたについて論じている。それが現在わが国で「4つのP」として知られているものである。それはperson（人），problem（問題），place（場所），process（過程）である。ケースワークにおいて「人」は主にケースワーカーやクライエントなどの人，また「問題」はクライエントのもつ社会福祉問題，「場所」はケースワーク援助が行われる社会福祉機関や社会福祉施設，さらに「過程」はケースワークの根幹であるケースワークの援助過程を指すものである。ケースワークはこの4つの構成要素の1つでも欠ければ成立し得ないのである。

3 ケースワークの原則

ケースワークの基本的な原則としてはバイスティック（Felix P. Biestek）に

表1　バイスティックの7つの原則

第1の方向 クライエントの欲求	第2の方向 ケースワーカーの反応	第3の方向 クライエントの覚知	原則の名称
1．個人として取り扱われること 2．感情を表出すること 3．問題に対して共感的反応を求めること 4．価値ある人間として取り扱われること 5．審判されないこと 6．自分自身で選択と決定をなすこと 7．自己に関する秘密を守ること	ケースワーカーはこれらの欲求に対して敏感であり，理解し適切に反応する	クライエントはケースワーカーの感受性，理解および反応をなんとなしに覚知する	1．個別化 2．意図的な感情の表出 3．統御された情緒関与 4．受容 5．非審判的態度 6．クライエントの自己決定 7．秘密保持

出所：F. P. バイステック著，田代不二男・村越芳男訳『ケースワークの原則』誠信書房，1965年，39ページ。

よる7原則が最も知られている。この原則は実践のなかからケースワーク援助において不可欠な諸原則を抽出したもので，長年ケースワークの実践および理論に大きな影響を与えてきた。この原則は，徹底的な個人（人間）の尊重や個人の自己実現の重視，また平等・対等などのケースワークにおけるいくつかの価値やケースワーカーに求められる倫理などを具体的に表したものであると言えよう。バイスティックの7原則の第1の特徴はクライエントの欲求（「ケースワーク援助においてどういう対応をされたいか」）とそれをめぐるケースワーカーとクライエントの相互作用の在り方から導き出されたものであることである。その導き出し方は表1に示されている。

このようにして導き出された原則について簡単に説明を加えたい。

(1) 個別化 (individualization)

《クライエントの個別の人格や状況を理解し援助をすること》

人間は一人ひとりその人格やおかれている状況が異なる。ケースワーク援助を行う際にはこのことを理解し，たとえよく似たケースであろうともその独自性を理解することが不可欠である。またクライエントからすれば，自分を他の誰でもない独自の存在として取り扱ってほしいという欲求がある。ま

たこの原則には，一人の人間を個人として尊重するというケースワークにおける最も重要な考え方があらわれている。以上のようにクライエントをかけがえのない独自の個人として徹底的に尊重することがこの原則の示す意味である。

(2) 意図的な感情の表出（purposeful expression of feelings）

《クライエントの感情を目的をもって適切に表現させること》

人間は社会生活を送る中で自らの感情，特に否定的感情（不安，怒り，罪悪感，悲しみ，不満，羞恥）などを抑圧してしまう傾向をもっている。社会福祉問題を抱え，悩んでいるクライエントはこのような感情の抑圧によって，よけいに心理的な混乱の度を深めることになる。このような心理的混乱を解き，ケースワーク援助を効果的に進めるために，否定的感情をはじめとする，さまざまなクライエントの感情をクライエントが勇気をもって適切にまた自由に表すことができるようにケースワーカーは努める。このような目的をもったクライエントの感情表現を促すケースワーカーの志向を「意図的な感情の表出」の原則という。

(3) 統御された情緒的関与（controlled emotional involvement）

《ケースワーカーが自らの感情を適切にコントロールしてクライエントにかかわること》

ケースワーカーは常にクライエントの感情を敏感に受け止め，その意味を正確に理解し，適切にまた効果的にクライエントの感情にかかわることが求められる。そのためにケースワーカーは自らの個人的感情や情緒をケースワーク関係の中にそのまま持ち込むのではなく，冷静に的確にコントロールし対応する必要がある。

(4) 受容（acceptance）

《ありのままのクライエントを理解し受け入れること》

クライエントの感情，思考，行動など，すべてのクライエントのありのままの姿をそのままに認め，受け入れることがこの原則の意味である。ケースワーカーによって受容されることによりクライエントはケースワーカーに自らの問題を安心して語り，問題解決に向かうことができるようになるのであ

る。また受容される体験によってクライエントはワーカーへの信頼感を深め，確固としたケースワーク関係の基盤を築くことが可能となる。このように「受容」は最も重要なケースワークの原則のひとつである。

　(5)　非審判的態度（non-judgemental attitude）
　　　《クライエントをさばかない態度》
　ケースワーカーが自らの価値観や常識的な価値観・倫理観でクライエントの言動，考え方などを批判したり，そういった価値観や倫理観をクライエントに押し付けたりしないことである。ケースワーカーはクライエントに言語的に「あなたが悪い」と批判したりすることはもちろん，審判的な態度で接したりすることを避けなければならない。この原則は「受容」の原則と深くかかわっている。

　(6)　クライエントの自己決定（client's self-determination）
　　　《ケースワーカーがクライエントの希望や意志を尊重し，それを最大限
　　　生かせるような決定ができるよう援助すること》
　クライエントは自分自身の問題の対応や方向性について自らの意志で決定する権利をもっている。ケースワーカーをこの権利を尊重し，それを最大限生かした援助をしなければならない。また。この原則はクライエントの主体性や参加と深くかかわりをもつ。クライエントはあくまで自分自身の問題は自分で解決し，決定を下していかなければならないということを自覚する必要があるが，この原則はそのようなクライエントの自覚を促し，積極的に主体的に問題解決に取り組み，自らの事柄について決定していくのを側面から援助するというケースワーカーの役割を表している。

　(7)　秘密保持（confidentiality）
　　　《クライエントのプライバシーや秘密を守り，クライエントの信頼感を
　　　保持すること》
　クライエントが話した事柄やクライエントに関する情報について秘密を守り，決して第三者に漏らさないことは，社会福祉援助者として最低限守るべき義務である。この原則はクライエントのプライバシーや人権を守るという義務を果たすのと同時に，信頼関係の樹立という点でなくてはならないもの

である。秘密の保持を保証されることで，クライエントは安心してケースワーカーに自らの問題等について語ることができるのである。

4 ケースワーク関係

　ケースワークにおけるケースワーカーとクライエントの関係は日常生活におけるいかなる人間関係とも異なる独自の関係と言えよう。それは専門職業的援助関係と呼ばれるものである。バイスティックはこの関係について，「ケースワーク関係はクライエントが自分とその環境の間にもっともよい適応を達成するように援助する目的をもったケースワーカーとクライエントの間の態度と情緒の力動的相互作用である」[(4)]と定義している。その主な特徴としては，第一に時間的・空間的に限定された「場」における限定された関係であること，またクライエントを援助するという目的をもち，クライエントやその問題にのみ焦点がおかれた関係であること，さらに日常生活においてはあまり見られないほど密接な関係であることなどがあげられる。このケースワーク関係は「ケースワークの命」とよばれるほどケースワークにとって重要なものである。そこにはクライエントとケースワーカーの絶対的信頼関係すなわちラポール(rapport)が築かれることが不可欠である。ラポールは上記のケースワークの7つの原則などを重視しつつ実践することなどによって築かれていくのである。さらに密接な関係であるゆえに転移や逆転移などの現象が起こりやすいことにも留意する必要がある。

2 ケースワークの援助過程

　パールマンはケースワークの構成要素として，place（場所―機関等），person（人），problem（問題），process（過程）の4つをあげ，また「ケースワークの仕事の本質は問題解決の過程である」[(5)]と述べ，ケースワークにおける過程の重要性を説いている。このようにケースワークの援助過程はケースワークを成り立たせる上で最も大切な一要素である。
　ケースワークの援助過程とは一般的に一つのケースの始まりから終わりま

でに展開される一連の援助の流れを指す。ソーシャルワークにおいてはその始まりのころからこの援助過程を明確に意識し援助が展開されてきた。伝統的にケースワークの主流であり続けてきた診断主義学派のケースワークの援助過程の考え方はケースワークの実践に長年大きな影響力をもち続けてきた。その援助過程を次に示す。

> インテーク → 調査 → （社会）診断 → 処遇（社会治療）→ 終結
> 　（intake）　（study）　（diagnosis）　　（treatment）　　（termination）

　診断主義学派のこの援助過程に関する考え方は大変優れており，実践において大いに有効であるため広く知られているが，近年ソーシャルワークの統合化の流れの中で，さまざまな援助過程の考え方が輩出されており，アセスメントや援助計画，介入，また評価などの概念が取り入れられるようになった。そこで，本書ではこのような概念を積極的に取り入れて図1に示す援助過程を用いてその展開を説明していきたい。

1　インテーク（intake interview）

　ケースワークの援助過程において最初の段階をインテークという。インテークとはもともと「取り入れる」といった意味で，インテークの段階に行われる面接すなわちインテーク面接は受理面接，受付面接，初回面接などと訳

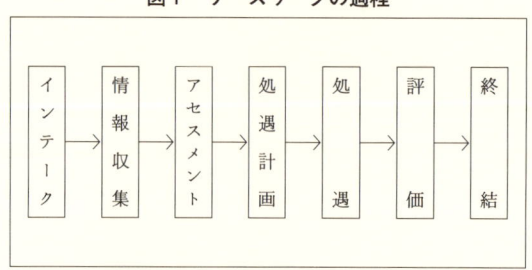

図1　ケースワークの過程

インテーク → 情報収集 → アセスメント → 処遇計画 → 処遇 → 評価 → 終結

出所：大塚達雄・井垣章二・沢田健次郎・山辺朗子編著『ソーシャル・ケースワーク論』ミネルヴァ書房，1994年，100ページ。

されている。この段階は社会福祉問題を抱え，その解決のために社会福祉機関などを訪れる人（アプリカント applicant＝申請者）とケースワーカーが初めて出会う重要な段階であり，その後の援助の方向づけをし，その基盤を築くものである。

　インテークにおける主な目的は，①アプリカントの来談理由やその状況を明確に把握・理解し，②当該機関の果たすことのできる機能について説明し，③その上でアプリカントの援助を受ける意志を確認することなどにある。インテークは厳密に言えば援助開始以前の段階であると言えるが，この時期に援助開始以後の準備をすることも求められる。例えばアプリカントのワーカビリティ（workability——ケースワーク援助を活用するクライエントの力であり，動機付けと能力からなる）について予備的に見極めをつけておくことなどがこの準備にあたる。

　インテークにおいてはアプリカントについての必要最低限の基本的な情報をもれなく得ることが要求されるが，そのためにフェイスシート（face sheet）が用いられる。フェイスシートは機関によって必要な情報の種類が少しずつ異なるため，それぞれの機関で必要事項を中心として工夫され作成されている。また，初めて社会福祉援助を受けに来談するアプリカントは少なからず不安をもっていることを理解し，できる限り受容的態度で接し，また正確で有益な情報を提供する必要性があることを忘れてはならない。さらに，ここで秘密保持についても説明することが必要であろう。

　インテークの最後に援助契約（engagement）を行う。これは，アプリカントの問題状況が当該機関の援助を受けることによって改善されるという合意が得られ，またアプリカントに援助を受ける意志がある場合，この機関で援助を受けることをアプリカントとケースワーカーが明確に確認する意味で行われる。この援助契約が成立した時点でアプリカントはクライエントとなるのである。アプリカントが当該機関で援助を受けることが適切でないと判断された場合，もしくはアプリカントにその意志がない場合はより適切な援助機関を紹介するか，できる限り適切な助言を提供する。

2 情報収集 (data collection)

情報収集は従来ケースワークにおいて「調査」と呼ばれていた段階で，クライエントやその問題状況を理解し，処遇の方針や方向性を検討するための情報を得る過程である。これらの情報はクライエント自身について，クライエントが抱える問題状況について，クライエントをめぐる環境について，またクライエントと環境の関連性についてなどの情報である。これらの情報は主に，クライエント，クライエントとかかわりのある人々，当該機関や他機関における既存の資料，さらに必要に応じて医学的資料や心理テストなどの客観的資料などを情報源として収集する。またどのような情報を集めるかはケースや機関の在り方によって異なるが，普通，①クライエントについて，②クライエントをめぐるや生活環境や生活状況などについて，③クライエントの問題状況についてなどが中心となる。

情報収集の段階においてはまずクライエントやクライエントをめぐるすべての人々のプライバシーの保護に留意することを忘れてはならない。また，情報収集のための情報収集となるのではなく，ケースワーク過程の後の段階との繋がりにおいて役に立つ情報をもれなく収集することが求められる。さらに，情報収集は受容的な雰囲気のなかで，ラポールをもって，さらにクライエントが受け身的となるのではなく積極的な参加ができるよう留意しながら進められなければならない。

3 アセスメント (assessment)

アセスメントについては諸説があるが，端的にいうと問題状況の全般的な把握および理解の段階と考えることが一般的であろう。すなわち，ケースワーカーが援助を行うにあたって収集した情報から，問題や問題状況におけるさまざまな相互作用の因果関係の在り方を解明することで，クライエントの抱える問題の所在や問題状況の全般的理解等を導き，問題解決の方向性を得る段階であると考えられよう。アセスメントにおいては一般的に，①クライエント個人に関する身体的・心理的・社会的側面，②クライエントの関心・ニード・問題に関する側面，③クライエントに内在する能力や動機付けの側

面など多角的な視点からの理解が必要である。アセスメントの段階においては次の処遇計画段階において計画をたてられるよう，クライエントの抱える問題を十分理解し確定し，問題の有り様や原因，クライエントの状況を正確に把握することが求められる。そのためにクライエントの社会的な環境を視覚化して表したエコマップや複雑な家族状況が一目で分かるように工夫されらジェノグラム，またクライエントを支えるフォーマル，インフォーマル双方の社会資源などを表した社会的支援マップなども利用される。

4 処遇計画（planning）

　処遇計画の段階においては主に具体的な処遇の計画を立案し，さらにクライエントとケースワーカーの合意をもって処遇契約（contracting）を結ぶ。具体的な処遇計画の立案はアセスメントの段階で得られたクライエントやその問題状況についての理解をもとに行われる。まず，アセスメントの結果からターゲットとなる問題を選定し，その解決に向けて処遇の目標を設定する。その際，どの問題が優先して解決されるべきであるのか，また現実的に解決できるかを考慮に入れた上で処遇目標を設定すべきである。処遇目標が設定されると具体的に目標達成のための手立て，すなわちどの目標をどのように達成させていくのかについて計画をたてる。この際にクライエントとともに目標の設定や計画の立案をしていくことが望ましい。このような形のクライエントの参加はクライエントの主体的なケースへの参加と動機付けの促進にとってなくてはならないものである。

　さらに処遇目標や処遇計画が設定・立案された段階で，それをケースワーカーとクライエントがお互いの合意をもって確認することを処遇契約という。欧米では処遇契約書などを取り交わすこともあるが，わが国ではそのようなことはほとんどの場合ない。わが国の現状においては両者がお互いの責任となすべきことなどに合意し，明確にし，再確認することなどをもって処遇契約とすることができるだろう。

5　処遇 (treatment)

　処遇計画にそって，クライエントの問題の解決を図ったり，クライエントの変化を促したりする目的でなされるケースワーカーの働きかけの段階を処遇と言う。かつては「社会治療 (social therapy)」などと呼ばれてきたものであり，また統合化されたソーシャルワークにおいては「介入 (intervention)」や「活動 (action)」などと呼ばれている段階にあたるものである。処遇の方法としては直接処遇と間接処遇の2つの方法があるが，これはリッチモンドが社会治療の方法として直接的活動と間接的活動の2つを提起したことに由来している。クライエント自身のパーソナリティや問題に対処する能力などに何らかの不都合な点がある場合，主に面接によって話し合い，クライエントの行動や情緒また対処能力上の問題を解決する援助を直接処遇と言う。またクライエントのパーソナリティに直接働きかけるのではなく，クライエントをとりまく生活環境において不適応をもたらす種々の要因を取り除き，クライエントに欠けている生活上の資源を提供することなどによって，クライエントの生活環境を整える援助を間接処遇という。

(1)　直接処遇

　直接処遇はクライエントに焦点を置き，クライエントのパーソナリティに直接働きかけ，問題解決をはかる方法である。ケースワーカーがクライエントとともにあり，意識的に問題解決にむけて話し合い，クライエントが自分自身の意志と力で問題解決を図ることを援助する方法と言い換えても良いだろう。直接処遇ではケースワーカーは受容的な姿勢で臨み，ラポールを重視し，支持的態度をもって援助を提供することが必要とされる。それらは具体的には傾聴，共感的理解，積極的支持，励ましなどによって示されねばならない。また，クライエントの問題をもたらしているクライエント自らの感情や行動，考え方などについての洞察を得ることによって問題解決を図るという方法も用いられる。さらに，直接処遇においてはラポールを基盤とした，実現可能な助言や示唆も含まれる。この助言や示唆を取り上げるか否かはクライエントの意志をもって決定されねばならない。

(2) 間接処遇

　クライエントに問題状況をもたらす環境的要因の改善をはかることを目的として，主にクライエントをめぐる人的・社会的・物理的環境に働きかける方法を間接処遇という。従来ケースワークにおいては間接処遇は直接処遇に比べ，いわば二義的な方法として軽視されてきた傾向がある。しかし，間接処遇はケースワーク独自の方法であり，その効果は大変大きい。間接処遇には大きく分けて2つの手段がある。その一つはクライエントをめぐる社会的環境の調整である。これは主に対人関係の不調が問題をもたらす，もしくは問題を強化している場合に，対人関係の調整を中心に行われる。クライエントの対人関係の調整とは，主に家族関係（夫婦・親子・家族全体など）の調整とクライエントにとって重要な意味をもつ他者（友人・職場の同僚や上司・教師・主治医などかかわりのある専門職・近隣地域の人々など）との関係の調整である。この場合，特に家族や専門職者以外の人々との調整を図ろうとする場合には，プライバシーの保護に十分注意を払う必要がある。

　間接処遇のもう一つの主な方法は社会資源の活用である。社会資源とは生活上の要求充足手段として利用しうる，各種の制度，施設，機関，団体，および人々の知識・技術などをいう。より具体的にいえば，クライエントの問題解決に役立つ公的扶助などの各種社会福祉法制度，医療制度，年金制度などの社会保障制度，社会福祉や医療等のサービス，社会福祉などの機関，施設，組織，個人・グループ，専門家などである。間接処遇においてはケースワーカーはクライエントがこれらの社会資源を最大限活用できるよう援助しなければならない。また，これらの社会資源の活用はクライエントの自己決定が前提となる。

　以上のように処遇の段階は直接処遇と間接処遇という2つの方法を用いて展開されることとなるが，それぞれが単独で用いられることはまれで，直接処遇と間接処遇を有機的に組み合わせながら援助過程がすすめられる。

　さらに，処遇の段階においてはモニタリング（monitoring）が行われることが望ましい。モニタリングとは問題解決や目標達成のための活動がうまく遂行されているかを監視し，評価し，再検討することである。ケースワーカー

は処遇の段階の間モニタリングを行い，これらの遂行がうまくいっている場合にはそれを評価し，それが不十分な場合には改善すべき点について再検討することが求められる。さらに，このまま援助を続行しても問題解決や目標達成が困難であると判断されたり，問題状況に改善が見込まれないと予想される場合には処遇計画や目標などの見直しや変更が必要となる。

6 評価と終結 (evaluation, termination)

ケースワークの処遇が行われると，その処遇がいかに効果があり（有効性），また効率的であったか（効率性）について評価が行われなければならない。この評価は，前述のモニタリングとは異なり，最終的な評価であり，ケースの目標達成の度合いや処遇の効果を測り，その終結を決定することをその目的とするものである。ケースワークの評価は有効性と効率性の測定をもって行われるが，測定に関しては，信頼性，妥当性，有用性などの基準が備えられることが求められる。欧米においてはこのような基準を満たす方法や尺度が工夫され，開発されているが，日本においてはこのような方法，尺度の利用はきわめてまれである。そのなかで「単一事例実験計画法」(Single Subject Design ; SSD)（処遇開始前と処遇開始後の問題状況の変化を何らかの現象を数量化し比較することで処遇の効果測定をする方法）などが最も知られている方法であるが，これらの評価の方法が日本で定着するにはまだ多くの時間が必要であろう。

しかしながら，実践においては援助の評価は必要である。それゆえ，それぞれの機関・施設の特質に応じた評価方法が工夫される必要があるだろう。例えば，処遇目標の達成度などを評価する方法は客観性の確保などの点で問題を残すが，現実的で有用な方法である（表2参照）。

1つのケースにおいて，評価がなされ，クライエントの問題の解決がはかられ，目標が達成されたと判断された場合，援助過程の最終段階である終結を迎える。終結は適切な時期に，肯定的な結果をもって，またクライエントとケースワーカーの合意をもって，迎えられねばならない。終結はこの両者の専門職業的援助関係を終えることを意味するが，それがクライエントの肯

第3章　個別援助技術（ケースワーク）

表2　目標達成度チェック表

クライエント名	吉川千代子	ワーカー名		山　田		評価日	H 3. 6. 15
目　標			達成できていない	達成度 半分達成	ほとんど達成		重点目標（二つ）
1　クライエントの不安の解消と心理的安定			1	2	3	④	5	(◎)
2　本児の健全な情緒的発達の達成			1	2	3	④	5	(◎)
3　本児の保育園生活における問題行動の解消			1	2	3	④	5	(　)
4　家族係の調整			1	2	③	4	5	(　)
5　クライエントの社会的孤立の解消			1	2	③	4	5	(　)
6　クライエントへの適切な情報提供			1	2	3	④	5	(　)
7　その他（　　　　　　　）			1	2	3	4	5	(　)
8　総合的達成度			1	2	3	④	5	

出所：大塚達雄・井垣章二・沢田健次郎・山辺朗子編著『ソーシャル・ケースワーク論』ミネルヴァ書房，1994年，143ページ。

定的感情をもって，また終結後にケースワークにおける援助の効果を維持する能力をもって終結されることが求められる。そのためには終結に向けての周到な準備が必要となる。終結の方向性が打ち出された時点からクライエントと話し合い，面接頻度を徐々に減らしたり，終結後の状況について話し合ったりすることが大切である。また，終結においては，終結後も困難が感じられた場合はいつでも援助を再開できることをクライエントに伝えておくことも重要である。さらに，必要な場合はフォローアップをし，終結後のクライエントの状況を把握することも忘れてはならない。このようなさまざまな計画や技術，配慮をもってクライエントは安心して終結を迎えることができる。しかしながら，時にはこのような終結を迎えることができず，突然の終結を余儀なくされる場合もある。このような場合は，援助の成果をクライエントが少しでも活用でき，また少しでも安心してケースワーカーのもとを去れるようできる限りの配慮をしなければならない。

7　記録（case record）

記録はケースワークに不可欠な要素であり，記録のないケースワークはあ

りえない。ケースワークの記録は主に，①クライエントに対する処遇の向上，②機関・施設の管理運営の円滑化，③スーパービジョン・事例検討，④調査研究といった目的をもって作成される。ケースワーカーが記録を作成することは，面接中気づかなかったクライエントの言動の意味や自らのかかわりを意識化することにつながる。記録を読み返すことはケースの方向性や方針を導き出す際に重要な判断材料を提供してくれる。さらにケースワークの評価の際には記録は不可欠である。また，社会福祉機関・施設は重大な社会的責任を負っているが，その責任を果たしていることを万人に分かるよう示すために，また管理者が機関・施設の円滑な運営ができるよう管理するためにも記録は必要である。担当ケースワーカーが交代し，引き継ぎが必要な場合も記録があることで円滑な引き継ぎが可能となる。さらに，スーパービジョンを受けたり，ケース・カンファレンスにおいて事例を検討したりするためにも記録はなくてはならない。また調査研究においても記録は大いに役立つ資料となりうるのである。記録の管理と活用にはプライバシーの保護に細心の注意を払う必要があることは言うまでもない。

　ケースワークの記録は大きく分けてフェイスシートと過程記録（プロセスレコード）に分けられる。フェイスシートはクライエントに関する基本的情報を整理した記録で，過程記録は普通ケースワークの記録とされるもので，援助の過程を書き綴ったものである。現在用いられているケースワーク記録の様式は叙述体（ケースワークの過程において起こった事実を時間経過にしたがって記録する様式で，一般的によく用いられている圧縮叙述体と過程叙述体〔逐語記録〕に分けられる），要約体（長期にわたる記録やポイントごとに要点をまとめるような場合に用いられる），説明体（ケースワーカーの意見や解釈を含む記録）の3つが主なものである。記録を作成するにおいて留意する点は憶測・推測をはさんだ記述をしないこと，また客観的事実と主観的意見を区別して記述することなどである。良い記録を書くためには充分な観察力と観察したことや自分の意見を正確に記述し伝えることのできる表現力の習得が不可欠である。

3　ケースワークの面接

　面接(interviewing)なくしてはケースワークの援助は成り立たない。ケースワーク過程で用いられる最も重要な援助手段の一つが面接である。ケースワーク面接は，①クライエントの問題状況や要求，パーソナリティなどの情報を知る，②クライエントのパーソナリティに直接働きかけて援助を提供する，③専門職業的援助関係を樹立させるなどの目的をもってなされる。実際のケースワーク面接はこれらの目的のうちの１つではなく，すべてを複合的に意図してなされることが一般的である。さらに個々の面接においてはその状況に応じてより具体的な目的をもって行われる。ほとんどの面接の対象はクライエントであるが，必要に応じてクライエントの家族やクライエントをめぐる重要な他者がその対象となることがある。

1　ケースワーク面接の構造

　ケースワーク面接の構造は，主に面接の目的や対象，面接の形態，面接の時間的・空間的条件等によって規定されると考えられる。面接の目的と対象についてはすでに触れたので，ここでは面接の形態，時間的・空間的条件等について簡単にみていきたい。

　ケースワークの面接の形態には，①個人面接，②合同面接，③並行面接，④協同面接などがある。個人面接はクライエント個人に１人のケースワーカーが面接するもので，ほとんどのケースワーク面接がこの形態で行われる。合同面接はクライエントを含む複数の人に１人のケースワーカーが面接するもので，家族関係等の調整や情報の確認のために行われることが多い。並行面接は１つのケースにおいて２人以上の人がそれぞれにケースワーカーの面接を受け，２つ以上の面接が同時に並行してすすめられる形態をいう。親子並行面接や夫婦並行面接が多い。協同面接は１つの面接に複数のケースワーカーが参加するものである。並行面接を合同で行う場合や，合同面接において必要があるときに複数のケースワーカーが面接に参加する場合に行われる。

面接の形態は，ケースの内容や目的，条件等を考慮に入れて適切に選択される必要がある。合同面接，並行面接，協同面接は個人面接に比べ効率的である場合が多いが，留意すべき点も多い。ケースワーカーとクライエントの関係，特にラポールの樹立や維持，またケースワーカー同士の連携等について特に配慮が必要であろう。

　面接の空間についてはいくつかの条件が必要となる。まず，面接のための空間がある程度の精神的安定感を与える場所であることが第1に条件となる。この精神的安定感は秘密が決して漏れないという安心感や親密感をもって話ができるといったことによってもたらされる。それゆえ，話し声が外にもれない，適当な広さと設備をもった他の空間と切り離された専用の面接室が社会福祉機関や施設内にあることが望ましい。さらに，さまざまな理由から社会福祉機関等に来所が困難な場合やそれがより適切とされる場合，クライエントの生活の場などにケースワーカーが出向き面接を行う。それが訪問面接である。訪問面接の主なものは家庭訪問面接である。生活保護ケースワークなどではクライエントの生活環境を知る意味でも家庭訪問面接は欠かせない。さらに，医療上の理由，身体的条件等によってクライエントの離床が困難な場合，また，そのほかの理由でその場で面接することが適当であると判断された場合には病院の病室，社会福祉施設の居室，学校などにおいて面接を行う。このような面接を生活場面面接という。訪問面接や生活場面面接においてはクライエントのプライバシーを守るための配慮とクライエントの動機付けを高める工夫が必要である。

　面接の日時についてはあらかじめ約束し時間を限っておくことは，クライエントとケースワーカー双方にとって都合が良い。日時をあらかじめ約束しておくことによってクライエントの動機付けが強化され，ケースワーカーもその時間をクライエントのために最大限有効に使うことができるからである。予約面接が困難な場合にも時間を限って面接することを意識する必要がある。面接時間についてはできるだけ計画的に面接し，決められた時間内に終えることが望ましい。また，機関の種類，ケースや面接の内容や目的，状況等によって異なるが，一般的に面接時間は1回につき30分〜1時間程度，面接の

頻度は普通1～2週間に1度程度が効果的であるとされている。

2　ケースワーク面接の基本的姿勢

　ケースワーク面接の基本的姿勢として，クライエントへの積極的関心や受容的態度などがあげられるが，そういった態度を形成するものとして徹底的な人間尊重，人に対する暖かい関心，冷静な判断力と責任感，社会福祉における倫理や価値，クライエントに対する信頼などがあげられるだろう。また，こういった基本的姿勢を具体化させたケースワーク面接の基本的なすすめ方として傾聴，共感的理解，支持などがあげられる。

　傾聴は耳と心を傾け，クライエントの述べることを聴くことである。ケースワーカーが自分の述べることを理解しようとしてくれる，関心をもって聴いてくれているという実感はクライエントの援助への動機付けを強化し，また不安やおそれなどをもつクライエントに自分自身の問題を語り，直視する勇気を与えるものである。

　さらに共感的理解とは平たく言えば「気持ちのうえで心から解る」こと，すなわち，論理的理解や言語的理解のように通り一遍の表面的理解ではなく，つらさ，悲しさ，怒り，喜びなどのクライエントの感情を共に解りあえることである。この際クライエントの気持ちを心から解るのと同時にクライエントの状況を客観的に理解することも忘れてはならない。さらに，理解しえたことをクライエントに的確に伝えることも重要である。「心から理解してもらっている」という確信はクライエントに力や勇気を与える。

　支持は人を精神的に支えることである。具体的にはたえず暖かい関心をクライエントによせ，クライエントの立場にたち，その強さや健康な面などを認めていくことなどである。このような支持によってクライエントは自らが尊重されているという実感をもつことができるのである。ケースワーカーのたえざる支持によってクライエントは混乱や孤独感から抜け出し，不安感や緊張から解放され，感情や情緒の安定を得ることができるのである。さらに支持はクライエントとケースワーカーの間のラポールの基礎となるものでもある。

3 ケースワーク面接の技法

　ケースワーク面接においてはさまざまな技法が用いられるが，主要な技法としては，支持的技法，感情表現を促す技法，自己理解を深める技法などがある。

　支持的技法は，支持のさまざまな方法をまとめて技法としたもので，クライエント自身の健康な面や強さを支え，自我の強化を図り，クライエントが自分自身の問題を受け止め，対処できるようになることを目的として用いられるものである。支持的技法は，今まで述べてきた，傾聴などであらわされる暖かい積極的関心，共感的理解，励まし，クライエントの感情の焦点化など基本的な援助姿勢とも言うべきものから成り立っている。支持的技法はケースワーク面接において最もよく使われる技法で，面接のほとんどがこの技法で対処できるとまで言われるぐらい重要な技法である。

　感情表現を促す技法はクライエントのさまざまな感情を表現できるよう意識的に促す技法である。特に，クライエントの問題解決を妨げているような葛藤や否定的感情の表出を意図的に促すことで緊張の緩和や心理的混乱を解消させ，情緒の安定をはかることができる。クライエントは抑圧していた感情を表現することでカタルシス（抑圧されていた感情の発散）を体験し，心理的安定を得る。それは徹底的な受容と適切なリードによって可能となる。さらに，このような感情表現はクライエントの自己理解を深めることにもつながるものである。

　自己理解を深める技法は，クライエントが客観的に自分とその状況を認識し，自身のパーソナリティや態度，行動，対人関係のあり方について理解を深めるよう援助する技法である。それらはクライエントの問題状況を少なからずもたらす要因であり，その理解を深めていくことで，クライエントは自分の抱えている問題の性質や自分が問題状況にいかに関わりをもっているかを知り，問題解決のために何をすればよいのか，また自己をめぐる状況のなかで適切な行動をとるにはどうすればよいのか等を知ることができるのである。さらに，クライエントの行動や問題の背後に隠れている葛藤，欲求などに目をむけ，それらにまつわる感情等を吐露し，表出し，気づきを得る（自己

洞察）ことが必要な場合はケースワーカーはクライエントを支え，導き，援助するのである。

4　ケースワーク面接における諸現象

　ケースワーク面接においてはさまざまな心理的現象がおこることに留意すべきである。それらは面接に役立つものであったり，妨げになるものであったりするが，ケースワーカーにはその諸現象についてよく理解し，適切に対処することが求められる。

　信頼関係（ラポール）の成立は面接をすすめていくうえで最も重要な要素のひとつである。ラポールは専門職業的援助関係において成立する確固とした信頼関係で，一般的には面接の回を重ねるに従い強固なものとなってくる。ラポールはケースワーカーのクライエントや援助実践に対する誠実さや純粋性がその基盤となっている。ケースワークの援助過程はこのラポールによって促進されるといっても過言ではないだろう。

　また，抵抗はケースワーク面接においてよく現れる現象である。ケースワーク過程がすすむなかでクライエントはさまざまな形の抵抗を示す。それは面接拒否，欠席，遅刻，沈黙，反抗，拒絶，合理化等の形をとって現れる。抵抗には心に抑圧していた感情が明確化される折に抑圧を保持しようとして現れる抑圧抵抗，ケースワーカーに対する否定的な転移によって現れる転移抵抗，状況の変化に伴う変化への抵抗などがある。面接において抵抗があらわれた場合にはその抵抗の意味を理解し，抵抗をあらわしたクライエントの状況に配慮し，抵抗を取り除くべく援助について再検討し，クライエントとよく話し合ったり，支持しながらクライエントの変化を待ったりすることで抵抗の解消に努めなければならない。

　また，ケースワーク面接においてクライエントが沈黙してしまうことがよくある。同じ沈黙にもさまざまな意味があることを理解しておかねばならない。沈黙は主に，抵抗，ケースワーカーへの依存，否定的感情，また安心感や迷い，表現の仕方が解らない場合などに現れる。ケースワーカーはこの沈黙のあらわす意味をよく理解し，尊重し，適切に対応すべきである。

さらに，感情の転移と逆転移も，ケースワーク関係のような密接な専門職業的援助関係のなかでおこりやすい現象である。転移はもともと精神分析の過程において起こる現象としてフロイト（Sigmund Freud）によって用いられだした。転移とは被援助者（クライエント）が援助者（ケースワーカー）に対していだく意識的，無意識的空想のパターンであり，抑圧されていた願望や幼児期の両親など重要な人物との関係によって生起し，気づかないまま反復されている対人関係のパターンが援助者に対しても反復されるものである。転移には陽性の転移（好意，親しみ，甘え，恋愛感情，理想化など）と陰性の転移（敵意，嫌悪，怒り，不信など）がある。陰性の転移は面接において抵抗を起こすなど，妨げとなる場合が多い。精神分析においては転移を解釈し治療に利用するが，ケースワークにおいては転移が否定的な働きをする場合には話し合いや支持等によって修正，解消に努め，その他の場合には転移を理解し受け止めるに留める。逆転移はケースワーカー（援助者）がクライエント（被援助者）に対していだく転移であり，クライエントへの怒り，嫌悪感，不安，共感できないこと，過度の好意などの形をもって現れる。逆転移はケースワーカーによって気づかれ，意識されることで，その影響がケースワーク援助に及ばないよう努められねばならない。

4　ケースワークの課題

ケースワークはソーシャルワークの最も主要な技術のひとつとして，長年位置付けられてきた。しかしながら，アメリカではNASW（全米ソーシャルワーカー協会）発行の *Encyclopedia of Social Work*（『ソーシャルワーク百科事典』）第18版（1987年）の大項目から「ケースワーク」が消えるという事態が起こり，世界中のソーシャルワーカーを驚かせたことからもわかるように，ソーシャルワークの統合化の流れのなかで，ケースワークの存在が問われるような状況にあるのは周知のことである。ソーシャルワークは従来，技術の実践の成果を体系化するという方法で理論化がなされてきた。しかしながら，ソーシャルワークの統合化の流れのなかで共通基盤や共通の理論を求める研究

が蓄積され，ソーシャルワークは理論的により高度な体系のなかに位置付けられることとなった。システム理論や生態学的なパースペクティブがその理論的基盤として用いられ，ソーシャルワークの理論は飛躍的に高度化したのである。

このように統合化されたソーシャルワークにおいて，従来のケースワークが担ってきたような活動は「個人と家族のためのソーシャルワーク（social work for individuals and families）」や「個人と家族と共働するソーシャルワーク（social work with individuals and families）」などという概念でとらえられるようになった。このような現状のなかで，第1節でも紹介したようにケースワークは「個人や家族が精神的，対人関係的，社会経済的，環境的諸問題を解決するのを直接的な対面関係を通じて，援助する目的をもって心理社会理論，行動理論，システム理論等の諸概念を技能化した専門的ソーシャルワーカーたちによって用いられる指向，価値システム，実践の類型である」（1987年改訂版, R. L. Baker, NASW『ソーシャルワーク辞典』）と定義されるようになった。欧米におけるケースワークはこの定義からもわかるように専門性をもったケースワーカーの実践というニュアンスが強いように思われる。欧米においては高度な専門性をもつ臨床ソーシャルワークという分野があるが，ケースワークはこのような臨床ソーシャルワークとほぼ同義と考えられ，認識されることも多いようである。

いずれにしても，現代がケースワークの存在を問い直す時代であることは間違いがない。しかし，ケースワークは社会福祉実践の最も主要な部分として，またその基盤として，存在している。特にソーシャルワークの技術が十分定着しているとは言いがたい日本の社会福祉実践においては，ケースワークの理論や技術は今後も援助者がその実践の拠り所とし，援助方法の基盤として修得することが不可欠なものとなろう。さらに，ケースワークのもつ個別化や人間の尊重，クライエントの自己決定などの理念は現代の社会福祉思想を社会福祉援助に反映させるうえでなくてはならない視点であり，ノーマライゼーションなどの新しい福祉思想を推進する力となる。しかしながら，旧態然とした理論や方法にこだわることなく，複雑化・深刻化する社会福祉

問題に十分対応できるよう新しい考え方や手法をどんどん取り入れ，新しいケースワークの在り方を探り続ける努力が必要である。

5　事例研究：精神障害をもつ母子家庭の自立援助事例
──生活保護ケースワーク──

1　事例の概要

クライエント氏名　　山中博子（仮名，39歳）
家族構成　　　　　　長男　　山中広也（高2　17歳）
　　　　　　　　　　長女　　山中良子（中2　14歳）
担当ワーカー　　　　生活保護担当現業員（福祉事務所）

① クライエントの生活歴

クライエントは2人姉妹の次女として出生。地元の高校を卒業後，しばらく洋装店に勤めるが，21歳時見合い結婚。夫は会社員で5歳年上であった。長女出産後25歳時に発症。精神分裂病と診断され，緊急入院する。夫は実家に戻り，長男と長女はそれぞれ3歳と0歳であったが，クライエントの実家に預けられる。入院中の27歳時に離婚。それ以後夫とは絶縁している。29歳時退院し，実家にてクライエントの両親とクライエント親子の5人で生活しはじめる。30歳時から通院しながら近くの食堂でパートで働きはじめ，かなり安定して生活できていた。このころの一家の収入は，父親とクライエントの年金と母とクライエントのパート収入であった。37歳時に両親が相次いでなくなった。その直後一時調子を崩し，短期入院するが，それからは，近居の姉一家の助けを得ながら実家にて3人で生活をしていた。

② 保護開始までの状況

両親の死後約半年後から再び精神的に不安定になりはじめ，パートをやめ，数十万円する鍋のセットなどを買ったりするため，生活費にも困るようになる。長男はアルバイトをして自分の学費などをまかなっていた。クライエントの症状が大変不安定になり緊急入院の必要性も出てきたため，地域の民生委員と姉のすすめもあって，生活保護申請に至る。生活保護申請後すぐ，クライエント一家の生活実態把握のための調査を開始した。その結果，以下のようなクライエントの状況がわかった。

クライエント一家の経済状況は両親の残してくれた約300万円の貯金が底をつき，買ってしまった高額商品はすでに売却済みで他に活用できる資産はない。収入はクライエントの障害年金と児童扶養手当だけである。前夫は所在がわからず，クライエントの姉一家からも経済的援助は望めない。クライエントは両親の死後かなり不安定で，高額なものを買っては落ち込み，状態を崩してきた。入院すると少し状態がよくなるが，子どもたちのことが気になり早く退院し，また調子を崩すということを繰り返していた。長男と長女は入院中クライエントの姉の援助もあって助け合い生活していたが，食事代にも事欠くようになり，就学上も困難が出てくるようになった。
　この調査の結果，稼働収入なく，クライエントの療養上も，また長男と長女の就学上も，生活保護が必要と認められ，保護開始となる。
③　保護開始時の問題点と処遇目標および処遇計画
　（問題点）・クライエントの精神的な不安定さによる経済生活の破綻
　　　　　　・クライエント入院時の長男長女の保護者の不在
　　　　　　・生活の不安からくる療養環境の阻害
　（処遇目標）・クライエント一家の生活の安定と不安の除去
　　　　　　・クライエントの安定した療養の確保
　　　　　　・長男と長女の安定した就学環境の確保と自立への援助
　（処遇計画）・クライエントが安定した療養と生活を確保できるよう各種の扶助を給付する。
　　　　　　・長男と長女の就学環境を確保できるよう各種の扶助を給付する。
　　　　　　・クライエントの精神的安定と自立の促進のため，少なくとも週1回家庭訪問面接を行う。
　　　　　　・姉や近隣の人々，病院の専門職の人たちと連絡をとりあい，恒常的な支援ネットワークをつくりあげる。
＊・自宅（市営住宅）の同じ棟内に民生委員がいて，さまざまな面で協力が望める。
　・近くに住む姉一家には，経済的な援助は望めないが，日常的な生活援助（家事，相談，クライエント入院時の長男と長女への援助など）については今までどおり期待できる。

2 援助の過程

保護開始の3日後,クライエントの受診している病院からクライエントが入院することになったという連絡がはいり,ワーカーはその日のうちに病院に出向き,クライエントと病院のワーカー(精神保健福祉士)と面接をする。クライエントはかなり不安定になっており,1か月程度の入院が予想されるとのこと。主治医と面接しクライエントの病状について説明を受ける。その足で家庭訪問をし,姉,長男,長女と面接する。家事などについては今までもほとんど長男と長女が分担してやっており,一切心配ないとのこと。姉も毎日手伝いにくるとのこと。

1週間後,家庭訪問する。長男・長女とも落ち着いて通学し,家の中も整理され,食事も工夫して作り,家計簿も正確につけており,元気に生活している。その後2～3日おきに短時間の家庭訪問をするよう心掛ける。クライエントの姉や民生委員も全面的に協力してくれて,2人とも問題なく過ごし,3週間後クライエントの退院の日を迎える。

退院後のクライエントの生活について精神保健福祉士と話し合う。1週間に1回通院のほか病院のデイケアに通い,作業療法などのプログラムに参加することとなる。退院後は順調に生活していた。ワーカーは定期的に家庭訪問を繰り返し,クライエント一家の生活状況を把握するよう努め,長男と長女の相談にものり,またアドバイスしていた。

約2か月後,その月の生活費を1日ですべて使ってしまったことからクライエントは精神的に不安定になり,帰宅せず。心配した姉や長男,長女とワーカーが警察に保護願いを出し,翌日保護され,そのまま入院となる。入院中に長男と長女はそれぞれ高校3年と中学3年に進級し,進路のことについて悩むようになる。母親不在のなかでワーカーはたえず家庭訪問をし,子どもたちの生活を支え,また進路について相談にのり,ともに考えた。長男は成績もよく大学への進学も勧められていたが,母親の状況や妹のことを考えると早く自立したいという思いが強く,就職を真剣に考えるようになっていた。長女は,看護婦になりたいという希望をもっていた。今回クライエントの入院は4か月にわたったが,ワーカー,姉,民生委員の協力もあって子ど

もたちは元気に通学した。ワーカーは何度も病院へ面会にいき，クライエントや精神保健福祉士と退院後のクライエントの生活や長男と長女のことについて話し合った。子どもたちの養育が困難であれば養護施設への入所も可能であることを伝えるが，クライエントは自分が頑張るので一緒に暮らしたいと訴えた。このようなケースは養護施設入所が適当とされる場合も多いが，ワーカーはこのケースについては居宅で生活するなかでクライエントの社会復帰を援助しつつ，子どもたちの自立を見守ることが適当と判断し，上司に報告し，了解を得た。

　クライエントが退院したのは夏休みが始まるころであった。クライエントは盆休み後，病院の近くの織物工場へ週3回（午前中）働きにいくようになった（精神障害者通院リハビリテーション事業）。子どもたちに迷惑をかけたくない，一緒に暮らしたいという思いが強く，時々調子が悪くなると休むこともあるが，職場でも暖かく受け入れられ，その後何とかこの工場で働き続け，現在では週5日働いている。

　2学期になると，子どもたちの進路の問題はより現実味を増し，長男は早々と電器機械メーカーに就職を決め，生活が安定したら大学の夜間部に進学したいと希望を語るようになった。長女についてはクライエントや長男は高校に進学させてやりたいという希望をもっていたが，長女は早く自立して兄や母を助けたいという思いをもって就職を考えていた。このことで，何度かクライエントと長男，長女，ワーカーで話し合いをもったが，結論はなかなか出なかった。そこで，長女が中学校の進路指導の先生に相談したところ，准看護婦養成所（定時制）のパンフレットを取り寄せてくれた。長女のもともとの希望でもあり，さっそく見学に行き，説明を聞いた。働きながら学ぶという，かなりハードな条件であったが，長女はぜひ頑張りたいということで，そこへの進学と付設の病院での看護助手としての就職が決まった。クライエントは長女の寮生活に不安をもったが，ワーカーが介在して親子で話し合ううちに納得した様子であった。

　翌年の4月から新しい生活が始まった。長女は病院の寮に入り，長男とクライエントは同居してそれぞれの職場に通っている。長女は世帯分離され，

長男とクライエントの世帯はクライエントの職場へのパート雇用にともない生活保護廃止となる日も近い。

6　Q&A

問題1

この事例を読んで，クライエント一家に対する援助に関して，次のケースワーク原則の中で最も関係の深いものの組み合わせを1つ選んで答えなさい。

① 意図的な感情表出・個別化
② 秘密保持・受容
③ 統御された情緒的関与・クライエントの自己決定
④ 個別化・クライエントの自己決定
⑤ 非審判的態度・秘密保持

解答

ケースワークの原則はすべてこの事例においても重要な役割を果たしたと考えられるが，この事例において最も特徴的なことは，普通であれば養護施設への入所が適当と判断される材料が数多くありながら，例えばクライエントの親戚や近隣の民生委員などから日常的な援助が得られること，子どもたちの年齢が高くまた生活能力も高く，安定した生活が確保できたこと，クライエントの「子どもたちとともに生活したい」という気持ちが強く，そのために努力できたことなどの好条件が重なり，子どもたちの自立に至るまで自宅で生活を続けられたことである。このことは，ワーカーがこの家族の個別性を認め，この家族の意志を尊重し，好条件を生かして一家にとって最良の方法を選び得たことを表している。これは個別化の原則と関係が深い。またワーカーはできる限りクライエント家族の意志を尊重し，その決定を尊重した。さらに長女の進路に関しては長女の希望にできるだけそっていて，クライエントや兄も納得できるような自己決定が行えるよう援助している。

以上のことからこの事例において最も鍵となる原則は個別化とクライエン

第3章 個別援助技術（ケースワーク）

トの自己決定である。
　正解は④である。

問題 2
　この事例において活用した社会資源以外に活用可能な社会資源を次の中から選びなさい。
　① 精神障害者地域生活援助事業
　② 母子福祉資金の貸し付け
　③ 精神障害者小規模作業所
　④ 更生医療
　⑤ 特別児童扶養手当

解答

　精神障害者に対する福祉施策は他の障害への施策にくらべ，大きな立ち遅れを見せていたが，近年徐々に法制度の改正が進み，機関や施設も整備されだし，利用可能な制度や施設が増えてきた。この事例で用いた通院患者リハビリテーション事業は1982（昭和57）年度から実施されている事業で，通院中の精神障害者で障害のため通常の就労が困難なものを対象に都道府県が一般の事業所に委託して生活指導社会適応訓練を行う事業である。精神障害者地域生活援助事業（グループホーム）は1992（平成4）年度から実施されている事業で，地域において共同生活を営む精神障害者に対して世話人を配置して食事の世話や服薬指導等の日常生活に必要な援助を行う事業である。また精神障害者小規模作業所は回復途中にある精神障害者で企業などに就職することが困難なものに対し，生活，作業指導，機能回復訓練を行い，障害者の自立促進を図ることを目的として運営されている小規模な通所施設であり，地方自治体からの補助金などで運営されているものである。このケースのクライエントはグループホームで生活することは考えられず，精神障害者小規模作業所を利用するか，通院患者リハビリテーション事業を利用するかの選択をする必要があった。クライエントは就労経験があるため通院患者リハビリテ

ーション事業の方が適当であるという判断があり，職親のもとでの訓練となったのである。

　母子福祉資金の貸し付けは母子家庭の経済的自立を図るため低利もしくは無利子でさまざまな種類の資金を貸し付けるもので，このケースの場合は利用の必要がなく，また生活保護との併用は原則として認められていない。特別児童扶養手当は障害をもつ児童を扶養する保護者に支給される手当であり，更生医療は身体障害をもつ人のリハビリテーションのためにある公的負担医療で，ともにこのケースでは利用できない。したがって，正解は精神障害者小規模作業所である。

　正解は③である。

● 注
(1) M.E.リッチモンド著，小松源助訳『ソーシャル・ケース・ワークとは何か』中央法規出版，1991年，57ページ。
(2) H.パールマン著，松本武子訳『ソーシャル・ケースワーク——問題解決の過程』全国社会福祉協議会，1966年，4ページ。
(3) Robert L. Baker, *The Social Work Dictionary*, NASW, 1981, p.151.
(4) F.P.バイステック著，田代不二男・村越芳男訳『ケースワークの原則』誠信書房，1965年，31ページ。
(5) H.パールマン著，前掲書，3ページ。

● 引用・参考文献
① 大塚達雄著『ソーシャル ケースワーク』ミネルヴァ書房，1960年。
② 大塚達雄・井垣章二・沢田健次郎・山辺朗子編著『ソーシャル・ケースワーク論』ミネルヴァ書房，1994年。
③ F.P.バイステック著，田代不二男・村越芳男訳『ケースワークの原則』誠信書房，1965年。
④ M.E.リッチモンド著，小松源助訳『ソーシャル・ケース・ワークとは何か』中央法規出版，1991年。
⑤ 大塚達雄・井垣章二・住谷磐・沢田健次郎著『児童ケースワーク』ミネルヴァ書房，1969年。
⑥ H.パールマン著，松本武子訳『ソーシャル・ケースワーク——問題解決の過程』全国社会福祉協議会，1966年。

〔山辺　朗子〕

第4章 ❖ カウンセリング
〈直接援助技術②〉

　カウンセリング（counseling）は，相談，相談面接等と呼ばれ，近年学校や職場等でその必要性が多く叫ばれ，一般の人々の間にもこの用語の市民権が得られつつある。これに対し，前章で学習したケースワークは，社会福祉の援助技術としては根元的ユニットをなすものである。ケースワークはもともと略語であり，正式にはソーシャル・ケースワーク（social casework）と呼ぶ。したがって，社会・心理的な治療（処遇）法的性格を有する。

　しかし，先にあらわしたカウンセリングという言葉の日本語訳がその意義と意味とを必ずしも正しく表現しているわけではない。そこでこの章ではこのような状況をも視野に入れ，直接的な援助技術としてあげられるケースワークとカウンセリングとの相違点を明らかにするとともに，ともすれば誤解されがちな相談，相談面接等という訳とカウンセリングとの意味の間を埋める作業を少し丹念に行ってみたい。

1　カウンセリングの基礎理論

　ケースワークは，社会生活を行う上で，個人もしくは家族（以下クライエントという）がさまざまな問題に直面し，解決困難な状況にあるとき，社会的側面および心理的側面の両側面から，個別的に治療・処遇を行うプロセスである。したがってクライエントと社会環境との調整のために，クライエントのパーソナリティと社会環境双方を視野に入れ援助していく方法であると言える。これに対してカウンセリングは，確かにクライエントを状況の中の人間ととらえながらも，援助の焦点は，クライエントのパーソナリティの変化そのものに向けられるものであると言えよう。

このような関係を図示して説明しようとすれば、アプテカー（Herbert H. Aptekar）のケースワークとカウンセリングおよびサイコセラピー（psychotherapy）の三者の関係をあらわす図1がよく知られている。栗田喜勝はこの三者の関係に言及し、「実際的な援助場面ではそれらの統合的アプローチが重要」であるとしているが、筆者も同様な立場をとる。

ただここで少し踏み込んで考察しなければならないことは、カウンセリングとサイコセラピーとの関係であろう。この考察については、次節において詳しく行うことにして、ここではカウンセリングの定義をいくつか紹介しておくにとどめておきたい。

國分康孝によれば、カウンセリングとは「言語的および非言語的コミュニケーションを通して、健常者の行動変容を試みる人間関係である」と定義される。また、ロジャーズ（Carl R. Rogers）はカウンセリングを「個人との継続的・直接的接触で、その個人を援助して行動・態度の変容を図る」と定義している。この両者の定義を比較してもわかるように、カウンセリングは、クライエントの行動および態度の変容をめざしていることは明白である。

図1　ケースワーク，カウンセリング，サイコセラピーの重なり

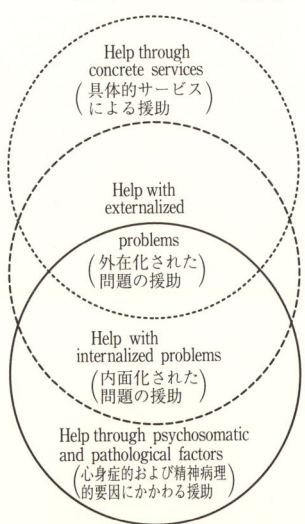

Help through concrete services
（具体的サービスによる援助）

Help with externalized problems
（外在化された問題の援助）

Help with internalized problems
（内面化された問題の援助）

Help through psychosomatic and pathological factors
（心身症的および精神病理的要因にかかわる援助）

----Casework ---Counseling —Psychiatry
（ケースワーク）（カウンセリング）（サイキアトリー）

出所：Herbert H. Aptekar, *The Dynamics of Casework and Counseling*, Houghton Mifflin Company, 1955, p. 120.
（カッコ内　宮田訳）

2　カウンセリングの援助過程

内山喜久雄はカウンセリングとサイコセラピーの関係を、伊東博と杉渓一言が行った5通りの関係の所論をもとにして、①包含関係1（C⊃P：Cはカウンセリング、Pはサイコセラピー、以下同じ）、②包含関係2（C⊂P）、③不一致関係、④一致関係（C＝P）、⑤部分的一致関係に分類し説明した。その詳しい

内容の記述は内山に譲ることにするが、筆者は⑤の部分的一致関係の立場に立ちカウンセリングを行っているので、前節で述べた國分の考えとは少し立場を異にする。

　國分は「サイコセラピーは、病理的なパーソナリティの変容を主たるねらいとする(6)」と定義しており、先のカウンセリングの定義と重ねあわせると、③の不一致関係の立場をとることがわかる。さらに「カウンセリングは、サイコセラピーやソーシャル・ワークとチームを組んで、クライエントの援助にあたるべきものである(7)」と述べており、それぞれの専門領域の固有性を強調している。このような考え方に立つ立場は、確かに説得力がある。ただ近年、実際上ＣとＰとが重なりあう部分が多いケースが増えており、その意味では、この重なりあう部分に対応するアプローチとして、⑤の立場に立つ方法が重要となってこよう。したがって筆者が「サイコセラピー／カウンセリング」と記述している箇所（第3節）は、実はこのような意味あいを強調している表現なのである。

　先にも述べたようにカウンセリングという言葉の意味が、それぞれの実践者および理論家によって異なるのは、カウンセリングの方法の違いからきているからであり、したがってそのことを識るためにもここでこの節の主題であるカウンセリングの方法について、その代表的なもののいくつかを見てお

図2　カウンセリングとサイコセラピーの部分的一致関係ケースの増加

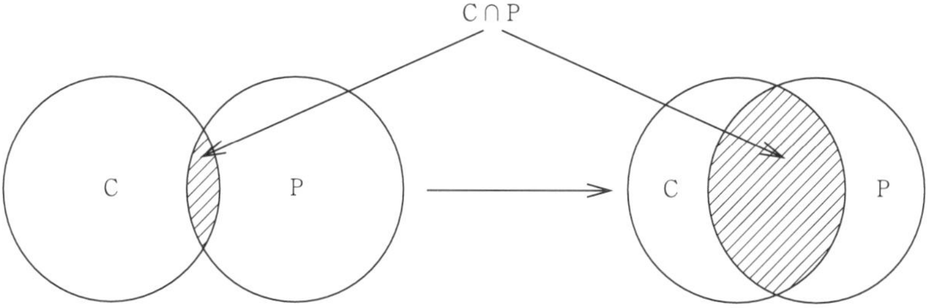

カウンセリング
C：counseling
サイコセラピー
P：psychotherapy

カウンセリングとサイコセラピー
C∩P：counseling and psychotherapy

きたい。

(1) 指示的カウンセリング（directive counseling）

この技法の代表者にはソーン（Frederick C. Thorne）があげられるが，カウンセラーが時に応じてクライエントに適切な指示を与えることにその特徴をもつ。特に危機介入時や自己決定が不得手で依存性の強いクライエントに効果的である。

(2) 非指示的カウンセリング（non-directive counseling）

ロジャーズの提唱した技法であり，クライエントの言葉や行動および情緒等に焦点づけ，クライエントの感情を受容することやクライエントの沈黙を共有すること，また言葉のリピートおよび明確化などが重要視される。

(3) 折衷的カウンセリング（eclectic counseling）

指示的カウンセリングと非指示的カウンセリングとの良い点を生かし，カウンセリングの効果を高めようとする技法である。

この他に最近では学習理論や行動療法理論に基礎を置いた行動カウンセリング（behavioral counseling）や人格のさらなる成長や発達をめざす開発カウンセリング（developmental counseling）などの技法も試みられている。

3 カウンセリングの課題

自己が他者を理解したり，逆に他者が自己を理解すること，すなわち相互理解ははたしていかなる条件において可能であるのか。ここではまず，サイコセラピーおよびカウンセリング（以後，「サイコセラピー／カウンセリング」と表記する）におけるそれぞれの理論家の特に転移（transference）・逆転移（counter-transference）の理論をたどりながら，サイコセラピストおよびカウンセラー（以後，「セラピスト／カウンセラー」と表記する）とクライエントの相互作用関係がサイコセラピー／カウンセリングの場面において双方にどのように影響を及ぼすかを考察する。

フロイト（Sigmund Freud）は転移とは過去の精神的体験のすべてが，分析家という人間との現実的な人間関係の中に再び活動しはじめることと考えた。

それは例えばクライエントが幼児期において父親や母親に対して自らが行ってきた関係をそのまま分析家に向けることであると説明された。そこでフロイトはこのようなクライエントの感情を心理療法に利用したのであった。またフロイトはこの転移をクライエントの転移する感情が友好的か敵対的かで前者を陽性転移，後者を陰性転移と名付けて，陽性転移は治療を促進し，抵抗を克服していくものであるとした。ただこの転移関係が分析家の人格や行動の影響を受けないようにするために，フロイトにおいては分析家の「隠れ身」が重視されることになった。

しかし，この「隠れ身」にもかかわらず，分析家の昇華されない退行的な本能的欲求がクライエントと面接することによりもたらされるという逆転移が起こることが確認され，逆転移は分析治療を妨害するものと考えられ，その逆転移をさけるために，分析家においても分析を受ける必要のあることを不可欠のものとした。しかしこの逆転移の評価は，その後の理論家によって変化していき，セラピスト／カウンセラーとクライエントの相互の新たな関係を生み出すこととなる。この評価の変遷はクライエントを人間の内部からとらえようとする試みであった。

次にタウバー（E. S. Tauber）とグリーン（M. R. Green）の場合をとりあげてみよう。タウバーとグリーンはセラピスト／カウンセラーの基本的な態度として次の4つの事項を挙げている。[8]

(1) セラピスト／カウンセラーとクライエントとで逆転移反応を探究することにより，クライエントの対人関係過程の性質についての新しい洞察が得られる。

(2) 逆転移と普通いわれるものは，治療過程を害しない。

(3) 逆転移は，払い除けられ，無視され，まじめにとりあげられない時のみ損害を与える。

(4) 逆転移は，前論理的な様式のコミュニケーションによるセラピスト／カウンセラーとクライエントとの間の適切な価値のある触れ合いである。

このようなタウバーとグリーンの見解は，フロイトからの脱出をはかるものであり，逆転移をセラピスト／カウンセラーの態度において積極的に評価

することの中にクライエントをその人間の内部からとらえようとする試みである。その意味では，サリヴァン（Harry Stack Sullivan）が治療者は，「参加観察者」的態度が必要であるとした治療過程の理解と非常に調和するものである。

シンガー（Erwin Singer）は，自己の見解の中で，①他人に関するすべての重要な洞察は，その人に対する自分の個人的反応の吟味によってもたらされるのは真実であり，②このような個人的反応の探究は，いつかは分析過程の核心となろうというコメントを加え，タウバーとグリーンの見解に積極的な評価を与えた。したがってシンガーはこのようなタウバーとグリーンの立場から次のような結論をセラピスト／カウンセラーの態度に対して下している。

(1) 逆転移の態度は，それが防衛的な，したがって吟味されていない態度や反応を示す程度に応じて治療過程において有害である。

(2) 治療者がクライエントに対して学びうるすべては，自己観察や，クライエントに対する治療者自身の態度や反応の吟味から生まれる。

以上述べてきたように逆転移の評価は，むしろネガティブなものからポジティブなものへ移ってきている。それは，セラピスト／カウンセラーがクライエントをただ客観的にとらえるのではなく，互いの主観と主観との交差の中で治療の相互作用関係を積極的にとらえてゆこうとするものである。このことについては今少し立ち入った考察を必要とする。以下に，ジェンドリン（Eugene T. Gendlin）のセラピスト／カウンセラーの「自己表明性」概念を手掛りにして，逆転移の反映と一般に呼ばれるセラピスト／カウンセラーのクライエントに対する態度について触れてみたい。

ロジャーズは「人格変化の必要にして十分な条件」という論文において，クライエントに建設的なパーソナリティの変化が起こるためには6つの条件が必要であることを述べている。ロジャーズのこれらの条件はセラピストとクライエントとの関係において述べられているものであるが，このセラピストをカウンセラーに置き換えることも可能であり，ここで探究しようとしているカウンセリング関係における人間理解に大きな道をひらいてくれる。

さてこの6つの条件の中でジェンドリンは「治療者の表明性」の箇所にお

いて特に「共感(empathy)」「無条件の配慮(unconditional regard)」および「一致(congruence)」がその中でも重要であることを示している。さらにジェンドリンは次の3つの条件(specification)を提起している。①押しつけにならないこと，②治療者における2〜3分の自己注目，③すっきりした平明さ。この3つの条件によるセラピスト／カウンセラーの自己表明によって，ジェンドリンはたとえクライエントが終始黙していたり，つまらないことを長々と話すときでも，相互作用を重要な，パーソナルな自己表明的なものにすることができると説く。

　ところでセラピスト／カウンセラーの態度について，ロジャーズが示した6つの条件，またジェンドリンが示した自己表明性についての3つの条件を見てきたわけであるが，このセラピスト／カウンセラーの態度をもっとつきつめていくと，なぜセラピスト／カウンセラーは治療者・援助者としてクライエントの前に存在しているのかということが問題になってくる。セラピスト／カウンセラーがクライエントの前に存在して，クライエントと時間・空間を共にしているとき，これまでのように両者の存在が自明のこととされている限り，その両者に生起する相互作用関係の本質は見えてこない。ではその本質が見えてくるためには，どのような認識が必要なのだろうか。この認識に至るには次の2つの問題をクリアしなければならないと考える。[14]①セラピスト／カウンセラーは，自己が専門家になるために習得してきた実証科学の諸概念および対象把握の観点をどのように共感というあり方のなかで解決しようとするのか。②日常の自然な生活習慣から生じたさまざまな態度をどのように解釈するのか。この2つの問題を解決するのが，転移，逆転移およびそれに伴うセラピスト／カウンセラーの態度について諸理論家（フロイト，タウバー，グリーン，シンガー，ロジャーズ，ジェンドリン）の見解を手掛りに考察してきたものにとっての重要な課題となるのであるが，またこのことは同時に哲学的課題とも近似なものなのである。それが哲学的形而上学的認識のみにならないためには，臨床の場面を大切にすることであろう。クライエントとの臨床を通しての理論化こそが，その臨界点であり，もしこのことを混同するならば，おそらく援助・治療はセラピスト／カウンセラーとクライ

エントとの相互関係を非効果的なものにしてしまうであろう。

4 事例研究：自閉的傾向児をもつ親への援助事例
―― 接近困難な夫に対するカウンセリング ――

1 事例の概要

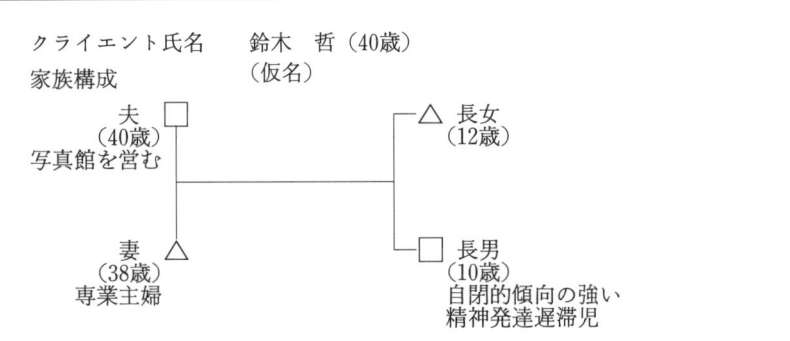

```
クライエント氏名　　鈴木　哲（40歳）
家族構成　　　　　　（仮名）
```

夫（40歳）写真館を営む ― 妻（38歳）専業主婦
長女（12歳）
長男（10歳）自閉的傾向の強い精神発達遅滞児

① クライエントの生活歴

クライエントは，2人兄弟の長男として出生。地元の高校を卒業後，東京へ上京。東京ではさまざまな職業を経験するが，いずれも長続きせず，たまたま中学時代から好きで始めた写真の腕前を買われ，写真店の店員になる。ここで5年間働いたが，父の死とともに実家に帰る。実家では，父の財産を元手に小さな写真館を始める。27歳で見合い結婚をする。妻は2歳年下の無口なおとなしい女性であった。28歳のとき長女が生まれ，30歳で長男が生まれた。子育てはすべて妻に任せ，仕事に専念した。35歳で写真館の規模を3倍に拡張し，従業員の数も2人から5人に増やした。

しかし，このころから長男の言葉の遅れと多動がめだつようになり，そのことで妻をよく「おまえの育て方が悪い」と叱りつけていた。妻はその度に情緒不安定になり，泣いてばかりいた。この頃からしだいに夫婦仲は悪くなっていった。

② 援助開始までの状況

長男のことでは妻は，近所の友達や養護学校の教員に以前から相談していた。長男が6歳のときには，医者から自閉症候群の診断がなされており，地元の自閉症親の会とのかかわりもあったのだが，クライエントはまった

く関心を示そうとはしなかった。妻が自閉症親の会へのかかわりを勧めようとすると、クライエントはたちまち不機嫌になり、妻に暴力をふるうのだった。

妻は自閉症親の会の仲間の一人から筆者のことを知り、なんとかクライエントを仲間とともに説得をし、家族ともども筆者の所にやって来たのである。

2 援助の過程

N県N市から先の家族構成に示した家族がカウンセリングルームにやって来た。

長男は自閉的傾向の強い精神発達遅滞の児童であり、言語の発達に著しい遅れが見受けられた。

長女はおとなしく控え目な性格だが、よく気がつき、弟の面倒をよくみる子どもであった。年齢のわりには非常におとなびた感じがした。

妻は面接の間じゅうほとんど泣き通しであり、カウンセラーと目を合わそうとしなかった。年齢よりもふけて見え、服もよれよれのものを着ており、髪はとかされておらずボサボサ状態、化粧もなく、皮膚はカサカサであった。

クライエントはきちんと背広を着ており、髪はとかしてあり小ざっぱりとした恰好をしていた。クライエントは妻に対してもカウンセラーに対してもきわめて攻撃的態度を取り、また面接室ではひとりで喋り続けた。その内容は長男がこのようになったのは、妻のせいであり、甘やかすからだということや、自分は一代で今の写真館を大きくしてきたこと、あるいは自分の父親はスパルタ式で自分を男手ひとつで育ててきたこと等、きわめて早口で捲し立てた。

一般に精神発達の遅れをもつ子どもの母親は、そのことで罪障感をもつことが多く、そのために過保護になることはある。しかし、自閉症という症候群は、母親の育て方に原因があるのではないことがすでに知られている。このことについて時間をかけて、クライエントに説明しようと試みたが、クライエントはいっこうにカウンセラーの話を聴こうとせず、ただ一方的に早口

で話し続けるだけであった。

そこで筆者は覚悟を決め，このクライエントの話をとことん聴く態度を取った。カウンセリングをはじめて40分ほど経過したとき，クライエントの表情は少し和み話す速さもいくぶんゆっくりとしてきた。そして60分を過ぎたころ，急にクライエントは「今まで私の話をここまで受けとめ，長い時間付き合ってくれた人はいなかった。ありがとうございます」と言って頭を下げた。筆者も「そうですか，それはよかったですね。またいらして下さい」と言い，次回のカウンセリングの予約をして，この日のカウンセリングを終わることにした。

その後このクライエントとのカウンセリングは終結までに20回ほど行った。またカウンセリングの技法においても，クライエントと妻の同席で行ったり別々に行ったりするなど工夫をして，家族の絆を強めることに努めた。カウンセリング終結後，妻の手紙などで知ったことだが，このクライエントは子どもの療育に熱心になり，妻ばかり責めていたことを反省し，自ら地域の自閉症親の会のリーダーとなって活躍するようになったということである。

5 Q&A

(問題)

この事例の中で行われているカウンセリングの技法は，次のどれにあたるか1つ選びなさい。

① 指示的カウンセリング　　④ 行動カウンセリング
② 非指示的カウンセリング　⑤ 開発カウンセリング
③ 折衷的カウンセリング

(解答)

カウンセリングにはさまざまな技法があるが，この事例の場合，(1)初回面接であること，(2)このクライエントの状況および性格等を考えるとき，クライエントの行動や情緒に焦点づけ，クライエントの感情を受容することが必

要である。以上の理由から，非指示的カウンセリングによるアプローチが有効であり，したがって正解は②である。

●注
(1) 栗田喜勝「対人援助とは」（井上肇監修『対人援助の基礎と実際』ミネルヴァ書房，1993年）12—14ページ。
(2) 國分康孝編『カウンセリング辞典』誠信書房，1990年，77ページ。
(3) C. R. ロージャズ著，友田不二男訳編『カウンセリング』（ロージャズ全集第2巻）岩崎学術出版社，1966年。
(4) 沢田慶輔編『相談心理学』朝倉書店，1957年。
(5) 内山喜久雄・高野清純・田畑治著『カウンセリング』日本文化科学社，1984年，6—9ページ。
(6) 國分康孝編，前掲書，77ページ。
(7) 同上，77—78ページ。
(8) Erwin Singer, *Key Concepts in Psychotherapy*, Second Edition, Basic Books, Inc., 1970, pp. 309-311.
(9) *Ibid*., p. 299.
(10) *Ibid*., pp. 299-300.
(11) *Ibid*., p. 311.
(12) C. R. Rogers, " The Necessary and Sufficient Conditions of Therapeutic Personality Change," *J. Cansult. Psychol*., 1957, pp. 95-103.
(13) E. T. Gendlin, " Client-centered and Experiental Psychotherapy," in Corcini (ed.), *Current Psychotherapies*, 1975.
(14) 中園康夫「心理療法の基本的原理についての若干の考察——特にC. ロジャーズ理論における"態度"の問題と現象学的接近の問題を中心にして」（『四国学院論集』第3号所収，1971年）6ページ。

●引用・参考文献
① アーウィン・シンガー著，鑪幹八郎・一丸藤太郎訳編『心理療法の鍵概念』誠信書房，1976年。
② 内山喜久雄・高野清純・田畑治著『カウンセリング』日本文化科学社，1984年。
③ 國分康孝編『カウンセリング辞典』誠信書房，1990年。
④ 氏原寛・東山紘久著『カウンセリング初歩』ミネルヴァ書房，1992年。

〔宮田　康三〕

第5章 ❖ 集団援助技術（グループワーク）
〈直接援助技術③〉

　ソーシャル・グループワーク（social group work, 以下グループワークと略す）は，日本語訳すると集団援助技術ということになろう。なお，アメリカにおいて現在，ソーシャルワーク・ウィズ・グループ（social work with group）とも呼ばれている。

　本章では，ソーシャルワークの技術としてグループワークを位置づけるとともに，社会福祉援助技術の小集団場面における活用について論じることにする。

1　グループワークの基礎理論

　グループワークは集団援助技術と訳されているが，ここでいう集団とは，あくまで小集団（small group）のことであり，通常その規模としては，4人から15人までが標準的で望ましいとされる。もちろん，グループの活動内容やグループメンバーの能力，グループワーカーの活動への関与いかんにより，適正規模は変わってくる。しかし，一般的にメンバーの数があまり多くなると，グループの運営は難しくなってくる。なぜなら，メンバー間の相互作用があまり行われず，メンバー間でグループ活動への関わりの程度に差異が生じ，メンバー間の調和と均衡のとれた力動作用が働かないという欠点がある。また，メンバーの個性により，積極的にグループ活動に参加し，自分を人前で比較的容易に表現できる者と，自意識過剰となり思うように自分を素直に表現できず，ストレスや葛藤を生じてしまいやすい者とが生ずる。また，多人数となると，ワーカーとしてメンバーを個別化できず，十分なケアとフォローができない状況を生み，グループ活動が軌道に乗らないといった問題を

生ずるからである。よってワーカーは、メンバー数の適正規模には十分配慮し、無理のない人数にとどめることを忘れてはならない。

1　グループワークの定義

　グループワークを最初に公式に定義したのは、ニューステッター（Wilber I. Newstetter）であるとされている。彼によれば、グループワークとは、
　　「自発的なグループ参加を通して、個人の成長と社会的適応を図る教育的過程であり、そのグループに社会的に望ましい諸目標まで推し進める手段として活用することである」[1]
としている。この定義は、1930年代のアメリカにおいて報告されたが、その時代と社会状況を反映したものであると言っても過言ではない。アメリカ社会が民主主義社会を維持し、個人の社会適応を促進させ、教育的な手段を通して、社会の発展にとって望ましい人間の育成を、強制的ではなく、個人の自由意思に基づくグループ参加を通して達成しようとしたことが多少なりとも読み取れるのである。また、アメリカにおける実用主義に基づく、デューイ（John Dewey）の教育哲学の影響も受けていると考えられる。

　ところで、コイル（Grace Coyle）は、グループワークを以下のように定義した。
　　「ソーシャル・グループワークとは、任意につくられたグループで、余暇を利用して、グループ・リーダーの援助のもとに実践される一種の教育的活動であり、集団的な経験を通して、個人の成長と発達をはかると共に、社会的に望ましい目的のため、各成員が集団を利用することにある。」[2]
ここでは、グループワークを教育的活動と位置づけ、個人の成長発達と社会の目標の達成を集団経験により達成するという意図が読み取れる。

　また、コノプカ（Gisela Konopka）は、次のようにグループワークを定義している。
　　「ソーシャル・グループワークとは社会事業の一つの方法であり、意図的なグループ経験を通じて、個人の社会的に機能する力を高め、また、

個人，集団，地域社会の諸問題により効果的に対処し得るよう，人びと
　　を援助するものである(3)。」
　ここでは，グループワークを明確にソーシャルワークの一方法として位置
づけ，先のニューステッターによる定義に見られる，個人の自発性によるグ
ループ参加ではあっても，グループの活動内容は意図的であり，その具体的
内容は，個人の社会生活機能の向上であったり，社会適応能力を高めること
にあったと言えよう。また，3つのレベルを，個人，集団，地域社会と分け，
それぞれにおいて生ずる問題を解決できるよう，グループ活動を通して援助
することにねらいを定めたと言うことができよう。
　トレッカー（Harleigh B. Trecker）は，1948年に『ソーシャル・グループワ
ーク——原理と実際』を著し，次のようにグループワークを定義した。
　　「ソーシャル・グループワークは，社会事業の一つの方法であり，それ
　　を通して，地域社会の各種の団体の場にある多くのグループに属する各
　　人が，プログラム活動のなかで，かれらの相互作用を導くワーカーによ
　　って助けられ，かれらのニードと能力に応じて，他の人びとと結びつき，
　　成長の機会を経験するのであり，その目指すところは，各人，グループ
　　及び地域社会の成長と発達にある(4)。」
　そして，トレッカーは，ワーカーの援助によりグループ活動を通して，メ
ンバーのパーソナリティの成長発達や変容を促すものとしている。そして，
メンバーの成長発達がグループ全体の成長と地域社会の発展につながること
を期待したのである。
　日本では，竹内愛二が初めて，1951年にグループワークを次のように定義
した。
　　「共通の要求を持つ人々によって形成された集団の組織及び運営によっ
　　て，各成員の要求を充足するのみならず，集団過程の展開によって成員
　　及び集団全体の向上を成すように，専門の社会事業家が援助することを
　　いう(5)。」
　竹内は，「共通のニーズを持つ人々」がグループワークを通して，ニーズを
充足するにとどまることなく，メンバーとグループ全体の向上を促すことを

目標にしたと思われる。

さらに,福田垂穂が1965年にグループワークを以下のように定義した。

「民主社会の原理と目標の枠組みの中で,個人と社会がそのニードを充足し,かつ調和的な発展と,価値基準の不断の拡充を遂げるために,集団と集団の持つ相互作用を,意識的に活用するグループワーカーの援助と指導のもとに,社会福祉の専門的な場において,プログラムを通して行使される方法論の一つであり,また過程である。」[6]

福田は,「民主社会」という前提条件のもとに,個人と社会の調和的発展のために,グループワーカーが集団とその相互作用を活用して,個人と社会のニーズの充足を図るものとしたところに特徴を見出すのである。

以上見たように,グループワークの定義は,その出された時代や社会状況に大きく影響を受けているが,共通した内容は,①グループ活動を通して生じるメンバー間の相互作用を活用することで,②メンバー個々人の成長と発達の促進とニーズの充足や社会適応を目指し,③民主社会の維持・発展と地域社会の発展を同時に促す,④グループワーカーによる個々のグループ・メンバーとグループ全体への援助活動,言い換えれば,グループを対象としたソーシャルワーク実践,を意味するものと言えよう。そして,グループワーカーは,グループ活動の過程において,メンバー一人ひとりとグループ全体双方の個別化を行い,グループの持つ力動性と相互作用に着目し,メンバーのグループ活動への参加目標の達成に向けて最大限の援助を行うことを約束するものである。

2　グループワークの意義

グループワークは,先に紹介した定義にも見られるように,集団という場を活用して,そこで展開されるグループ活動にメンバーが参加し,メンバー間に生ずる相互作用とワーカーによる援助を通して,メンバーの成長・発達を促したり,メンバー個人が,自身の抱えている課題に取り組み,問題を解決することを目的とする,ソーシャルワーク実践の一方法である。よって,メンバーは,個別援助技術といわれるケースワークや地域援助技術と呼ばれ

るコミュニティワークとは異なる，小集団という環境のなかで，他のメンバーやワーカーとの交わりを通して，自らの課題や問題に向き合い，解決の糸口を見出していくことになる。

　よって，セルフ・ヘルプ・グループ（自助グループ）において見られるように，共通の課題や問題に直面しているメンバー間では，仲間意識や連帯意識が育ち，グループに参加するまでは自分一人がその問題で苦しみ格闘していたという孤立感や孤独感から解放され，ともに苦しみや悩みを理解し，分かち合い，支え合いながら生きていける仲間の存在によって勇気づけられ，課題や問題の解決に取り組むことを可能にするのである。

　また，グループそのものがメンバーにとり，問題解決のための有効な社会資源にもなりうるのである。つまりメンバー同士の情報の交換や情緒的かつ心理的なサポートの交換等，他のメンバーから問題への対処の仕方について多くのことを学び，言葉や言葉によらない形で励まされ，勇気づけられるといったメリットを持っているのである。「共助」という言葉にあるように，人は生きていくために他人から支えられながらも，同時に他人を支えるということが求められる。言い換えれば，生きていくために他人を必要とし，かつ他人から必要とされることが大切なのである。こうした，相互の関係性が交わりのなかから生まれ，その交わりがグループという場において保障され，かつ実際のグループ活動を通して，メンバーの具体的なニーズが充足されるという意味で，重要なのである。

3　グループワークの構造と機能

　グループワークにおいては，構造および機能に関してグループワークの実施理由に着目する必要がある。それは，誰が（Who），何を目的に（Why），いかなる内容（What）で，どのように（How），誰を対象に（Whom），いつ（When），どこで（Where），グループワークを実施するかということである。例えば，ストレス・コントロールの学習を目的に（Why），グループワークによるストレス管理プログラム（What）を，ある公立の精神保健センターが（Who），一般市民を対象に（Whom）企画したとする。内容としては，ストレ

スの自己診断やストレス・コントロール法の習得やグループ活動を通してのメンバー間のサポートの樹立など(How)を1か月間，週に1回2時間の割で行うのである。

こうした，グループワークは，ストレスの認知やストレス対処法など，学習課題が明確であり，また，グループへの参加により，メンバー間の情報交換や相互の支え合いにより，自分にあったストレス・コントロールを日常生活において実践するという意味で有意義である。つまり，保健学習的な目的の場合，メンバーのグループ参加への動機づけに始まり，メンバーが目的とする学習課題を達成するために，どのような内容のグループ活動が望ましいかを考えることが，グループワークの構造や内容を決定するのである。メンバーとグループワークの主催者の間では当然のことながら，上下の関係はなく，サービスの提供者と利用者といった(もしくは，サービスの供給者と消費者)対等で並列的な関係が成立する。よって，グループの構造は水平的で，参加者は遠慮や気がねなく，自分の目的とする目標を達成するために，他のメンバーとの交流やワーカーからの援助を受けることが必要になる。

こうした，グループワークは，実施期間を限定し，毎回のグループ活動が積み重ねという形で，回毎の目標や次回の集まりまでに各自がなすべき課題や宿題を提示し，システマティックに運営されることが期待される。ワーカーの役割についても初回からメンバーに理解され，メンバーは何をワーカーやグループ活動から期待できるか，また自分は学習目標を達成するために，何をしなければならないか等について明確化される必要がある。言わば，グループ参加にあたっての，義務と権利について十分認識することが大切なのである。

4　グループの理解とその活用

グループは，一般的に小集団としての条件としては，次の3つが揃う必要があるとされる[7]。第1に，2人以上の人がいて対面関係にあること。第2に，お互いの間に一定の関係があること。具体的には役割分担があり，メンバー間にある関係性が存在し，相互作用があること。第3に，メンバーは目的を

有し参加していること。つまり，メンバー個々のグループへの期待は異なっていても，互いにとってグループへの参加は有益であり，メンバーのニーズの充足を目的とするものであること，である。

グループワークを実施するにあたっては，以下の4つの条件を満たす必要があるといわれる。第1に，グループワークの目標が明確であること（集団目標の明確化）。第2に，メンバーの役割分担が明確であり，互いの役割には関連性があり，グループ全体においてまとまりがあること（集団の役割の分化と統合＝構造化）。第3に，グループが独自性と固有の価値観や規範を有するものであること（集団基準の確立）。第4に，メンバー間には連帯意識と仲間意識が存在し，メンバー間で自由な雰囲気のもとで話し合いが可能であること（許容的雰囲気の存在）。

グループワークの実際にあたって，グループの成立要件のみならずグループワークが実際に機能する上で，グループワークへの参加がメンバー一人ひとりに対して，どのような意義を持っているのか，また，メンバーは，どのような期待をグループワークに対して抱いているのか，言い換えれば，何をメンバーは，グループワークを通して得たいと思っているのかを，明確にすることが重要なのである。目標や目的は現実的であり，実現の可能性があるものでなくてはならない。

そして，グループの活用によって，メンバーの抱く期待感とニーズを充足させる必要があるし，グループワークへの参加を通して，メンバーはグループへの帰属意識を高め，グループのなかでの自分の置かれている位置や役割を自覚できるようになる。そして，他のメンバーとの相互作用から自己の目標を達成できるよう，ワーカーは個としてのメンバーに着目し，メンバーのその時々のグループワークにおける課題を理解し，どの程度目標を達成できたかを分析し，何が次回のグループワークにおける目標であるかを明確化することが大切である。

5　グループワークの原則

ワーカーの専門性がグループワークにおいて発揮され，ワーカーにとって

特に専門技術を駆使する上で，常に念頭に置かねばならないことは，グループワークの原則である。コノプカは，1963年に『ソーシャル・グループワーク——援助の過程』を著し，以下の14項目を原則としてあげている。[8]

①グループ内での個別化，②グループの個別化，③受容，④ワーカーとメンバーの目的を持った援助関係，⑤メンバーの協力関係の促進，⑥必要に応じたグループ過程の変更，⑦メンバーの能力に応じた参加，⑧問題解決過程へのメンバー自身の取り組み，⑨葛藤解決の経験，⑩さまざまな新しい経験の機会，⑪制限の使用，⑫目的を持ったプログラムの活用，⑬継続的評価，⑭グループワーカーの自己活用，である。

他方，トレッカーは，1948年に『ソーシャル・グループワーク——原理と実際』のなかで，次のようにグループワークの原則をあげている。[9]

①ソーシャルワークの価値に立脚，②人間のニードへの対応，③文化的な場の理解，④計画的グループ形成，⑤特定の目的を持つこと，⑥意図的なワーカー＝グループ関係，⑦たえざる個別化，⑧グループの相互作用の重視，⑨グループの民主的な自己決定，⑩必要に応じたグループの組織化，⑪グループの発達にそったプログラム経験，⑫施設・資源の活用，⑬たえざる評価，となっている。

コノプカとトレッカーでは，グループワークの原則において共通点をいくつか見ることが可能である。例えば，メンバーの個別化によるニーズの充足という点，メンバーとワーカーの相互作用による援助関係の樹立，グループの成長発達段階に応じたプログラムの実施や定期的な評価の実施，などである。反面，相違点としては，コノプカはメンバー個人に力点を置いて，内面的成長を志向するグループワークを考える傾向があるが，トレッカーは，グループに力点を置いて，グループの外である社会の発展を志向している点に特徴を見出すことができる。

ところで，シュワルツ（William Schwartz）は，グループワークの原則のなかに，「平行過程の原理」を取り入れ，ワーカーの課題とメンバーの課題は区別されねばならず，混同されてはならないと指摘した。ワーカーとメンバーは，それぞれの異なる仕事を持ち，同じグループのなかにあっても分業関係

にあるとしたのである。もちろんワーカーとメンバーは，相互作用と相互依存の関係を持ち，目標の達成に向け互いに協力することが望まれる。

6　グループワークの援助媒体

グループワークにおいて，ワーカーがメンバーに対して目標の達成に向けて援助する際に用いるさまざまな手段や道具のことを「援助媒体」と一般的に呼んでいる。コノプカはワーカーが用いる「道具」を以下の4つに分類している。①自分自身を，意識的に，専門的に活用すること，②ワーカーと成員相互間の言語による相互作用，③個人の欲求と，グループの養成にかかわるプログラム活動を区別して用いること，④グループ成員の相互作用，である。

ここでは，(A)グループワーカーの役割と機能，(B)メンバーの相互作用，(C)プログラム，(D)社会資源，について述べる。

A　グループワーカーの役割と機能

コノプカによる分類のなかで，ワーカーの役割と機能が援助媒体として重要なのは明らかである。シュワルツは，1971年に，ワーカーの中心的機能を，クライエントのニーズと施設・機関のサービスを結びつける媒介者としての役割とした。シュワルツの言葉を借りれば，ワーカーの役割として必要なのは，クライエントとサービスの両者に活力を与える触媒としての機能であり，ワーカーは自らの技術を用いて，クライエントがニーズを充足できるように援助し，また，施設・機関が援助の提供を望むクライエントに積極的に接近することである。さらに，ワーカーは，メンバーがグループワークを通して，自らの課題を達成できるように励まし続け，他方，施設や機関に対しては，メンバーの提供すべき援助内容を明らかにしていくこともワーカーの触媒としての重要な役割である。

また，シュワルツはワーカーの役割について，ワーカーはメンバーが具体的な作業に向けて力を発揮できるように援助していくこととしている。

ところで，北川清一はグループワーカーの役割を以下のようにまとめている。①教師としての役割で，メンバーやグループにおいての危機介入を行い，

第5章　集団援助技術（グループワーク）

適切な助言や指導を行い，グループ活動の促進を図ることである。②可能ならしめる人（enabler）としての役割で，メンバーおよびグループが直面している課題や問題を解決できるように側面から援助し，常にワーカーはメンバーと共に行動することである。③変化を起こさせる人（change agent）としての役割で，ワーカーはグループに対して，グループが目標を達成できるように介入し働きかけることである。④助言者としての役割で，ワーカーはグループ全体や個々のメンバーに対して，活動に際して必要な助言をあたえることである。⑤弁護者としての役割で，メンバーが目標達成の上で，権利としてニーズを充足できるよう人権を擁護し，必要に応じて関係機関・施設に対してメンバーの要求を代弁することである。⑥媒介者（mediator）としての役割で，メンバーがニーズを充足できるよう，メンバーを機関や施設と結びつける役割を果たすことである。

　また，硯川眞旬はワーカーの役割について，先の北川が指摘した他に，資料提供者（resource person）としての役割を挙げている[14]。具体的にはメンバーが社会資源を活用できるように情報や資料を提供したりすることである。また，秋山智久はワーカーの相談参加者としての役割についても指摘している[15]。つまり，メンバーの目標達成と問題解決に向け，ワーカーの専門技術とメンバーの知識と経験をもちよることで，ワーカーは相談に参加するというものである。

B　メンバーの相互作用

　シュワルツは，グループワークを「作業」として位置づけ，その性質を次のように説明した[16]。第1に，個々のメンバーは，自身のニーズに従って，他のメンバーをコントロールしようとすること。第2に，メンバーの相互作用は，共通の課題に向けられた求心力と，反対に個人の課題に向けられた遠心力との2つが存在すること。第3に，メンバー間には，肯定的および否定的な感情が生ずるが，それは，感情のやりとりや共通の目的意識，相手との相互依存へのニーズ等が原因と考えられること，がある。

　硯川は，メンバー間の相互作用をメンバー間の「相互援助」関係における作用としてとらえ，メンバー間で生ずる考え，気持ち，行動の仕方において

相互に刺激や影響を与えあうことと規定した。よって，グループにおけるメンバー間のダイナミックス（力動関係）を理解することが重要になってくる。また，ダイナミックスがグループにおいて，どのようなコミュニケーション（言語的ないしは非言語的）の形で表れているかに着目することは，メンバー間に存在する相手への感情やメンバー間の親密度や凝集性を理解するうえでも重要である。さらには，グループにおいて，いかにリーダーシップが存在し発揮されているかを理解することは，グループワークをプログラムとして推し進めていくうえで大切なことである。

C　プログラム

グループワークにおけるプログラムは，「活動計画・内容」のみに限定されるのではなく，「活動計画・準備・実行・評価」をはじめとして，メンバー間の相互作用や相互関係，メンバーとグループのあらゆる経験を包括する概念である。よってグループワーカーは，プログラム活動を援助媒体として有効に活用し，グループワークの効果を発揮させ，メンバーの目標や目的の達成に役立てることが求められる。プログラムの計画にあたっては，5W1Hの原則に照らして，いつ（When），どこで（Where），誰が（Who），何を（What），何のために（Why），いかに（How）ということが明らかにされねばならない。それらは，プログラム活動の目標とその目的を達成するための課題をメンバーが理解することを条件とする。また，グループワーカーは，いかなる方法と技術（手段）を用いて，課題をこなしていくのかを認識し，必ず技法の活用にあたっては，その根拠づけが大切であり，またプロセスについての検討も求められる。

プログラムは当然のこととして，①メンバーの現状と能力に応じ，メンバーの関心と興味に基づいて，参加への動機づけが高い内容であること，②メンバーの参加への意欲が持続され，積極的な参加を促しうるにふさわしい，柔軟性と変化に富む内容であること，③メンバーが見通しをもってプログラムに参加できるよう，連続性（継続性）と計画性のある内容であること，④プログラムの内容は定期的にメンバーの要求によって評価され，変更が容易であること，⑤メンバーが最大限活動に参加し，メンバー間の相互作用が生ま

れるような創造的で自由な発想に基づく内容であること，等である。

　プログラム活動の種類として，岩田泰夫は，①レクリエーション活動として，スポーツ，ハイキング，手芸，音楽等，②社会参加活動として，ボランティア活動，バザー等，③ソーシャル・アクション活動として，共同作業所作り，各種機関・制度の改善活動等，④社会体験学習活動として，各種機関への見学・利用等，⑤教育・訓練活動として，料理，ミーティング等，⑥日常生活活動として，散歩，雑談，会食等，に分類している。[19]プログラム活動は目的に応じて選択され，それぞれの活動を通して，メンバー間の相互作用を促進させるなか，有効なグループワークの援助媒体として活用されることが望まれる。

D　社会資源

　グループワークにおける社会資源は，メンバーやグループワーカーや他の援助者等の「人的な資源」と，グループワークの実施にあたって必要とされる場所や活動費，資材や器具等の「物的資源」と，グループワークが展開されるためのスポンサーや企画立案や実施にあたる関係機関・施設や社会保障制度等の「制度的資源」とからなる。[20]これらの社会資源はどれもが必要とされ，グループワークの必要性に応じて適宜，利用可能であることが要求される。いわば，グループを取り巻くソーシャル・ネットワークの存在があり，それぞれの社会資源を通してグループに対して提供するサポートが有機的に連携し，実際に機能することが求められる。

　ところで，社会資源はグループの内にあることも忘れてはならない。メンバーの経験と知恵やグループワーカーの専門技術や専門知識なども社会資源なのである。よって，人的資源としてすでにグループに存しているものを再発見し，潜在的な資源を引き出し，それを有効に活用することが大切である。内の社会資源と外の社会資源を結びつけることで，より一層強固な形で社会資源が有効性を発揮する。さらには，社会資源を開発していくことも重要である。つまり，グループワークによるメンバーの課題や問題の解決にあたって，そのノウハウを蓄積し，今後の活動に役立てていくことを意味する。経験と知識や技術の蓄積は，単にグループワークのためのマニュアルとしてで

はなく，社会資源の発掘・発見・利用・開発法として，広くソーシャルワーク実践に生かされるものなのである。

7　グループワークの援助技法

　グループワークを実施するにあたり，どのようなグループワーカーとしての援助技術が必要なのかを認識することはきわめて重要である。コーレイ（Marianne S. Corey & Gerald Corey）らは15項目の技術に触れている。[21]まず列挙してみると，①積極的傾聴―受容，②反射―感情の反射，③明確化―感情の整理，④要約―状況説明，⑤解釈―行動について，⑥質問―行動の背景に関して，⑦連結―メンバー同士の関係性，⑧対決―行動の修正を促す，⑨支持―生産的な方向に向けて，⑩ブロッキング―うわさ，ステレオタイプ化，知的化の解消，⑪診断―問題点の指摘，⑫評価―プロセスと結果について，⑬促進―メンバー同士の交流の促進，⑭共感―メンバー同士の理解の向上，⑮終結―問題解決への継続的努力の推進，である。

　また，グループワーカーのスキルの評価の対象となるものは，以下の30項目である。[22]①サポート―感情表現の強化，②解釈―行動についての理論的理解，③対決―言行不一致の正常化，④モデル化―メンバーへの模範，⑤宿題―次回のセッションに向けての課題の提出，⑥照会―メンバーにとっての有用な情報源，⑦役割指示―役割演技の指示，⑧共感―メンバー間の理解の向上に向けて，⑨自己開示―ワーカーの自己表現のオープンさ，⑩率先―グループリーダーとメンバー間の調整，⑪促進―メンバーの目標の明確化，⑫診断―メンバー間の問題と課題について，⑬フォローアップ―メンバーの願望達成へのフォロー，⑭積極的傾聴―微妙な感情と意思の理解，⑮理論に関する知識―グループ・ダイナミックス，個人のダイナミックスや行動について，⑯理論の実践への応用―適切な理論の実践への応用，⑰予見と洞察力―言語的および非言語的コミュニケーションの理解，⑱リスクをとる―時には過ちをおかすことへの挑戦，⑲表現―感情と意思の表現，⑳独創性―自由な発想と創意工夫，㉑グループ・ダイナミックス―メンバー間の効果的交流のために，㉒他のリーダーとの協調―パートナーとの協力関係，㉓内容志向―特定

問題の解決に向けて，㉔価値認識―価値観の把握，㉕柔軟性―援助スタイルと技術の応用にあたって，㉖自己覚知―メンバーのニーズ・動機・問題についての認識，㉗尊敬―メンバーへの尊敬と自律性の尊重，㉘ケア―メンバーへの思いやり，㉙技術―メンバーの問題解決への援助に向けた技術の駆使，㉚倫理観―専門職者としての自己覚知と責任感，となっている。

　以上にわたって述べられている援助技術は，グループワーカーが経験を重ね，スーパービジョンによる訓練と広い学習活動を通じて習得されるものであり，知識として理解するだけでは不十分であり，実践を通じて試行錯誤を繰り返しながら，徐々にであれ習熟度を増していくものである。また，より大切なことは，専門職者としての倫理綱領を学習し，ソーシャルワークの倫理と価値に立脚した実践を展開することが望まれる。また，自己覚知のためのたえざる訓練と学習を積み重ねていくことが肝要なのである。

8　グループワークの記録

　記録は，ソーシャルワーク実践において，評価のために欠くことのできない貴重な資料であり，グループワークの効果測定や今後のグループワークの進め方の検討やスーパービジョン等に重要なデータを提供するものである。

　では，なぜ記録は重要視されねばならないのか。結論的にいえば，記録はグループワークのプロセスを描写するものであり，メンバーの抱える目標や目的の達成のために，いかほどグループワークが有効性を発揮したのか，言い換えれば，グループワーカーはどのようにメンバーを援助したのかを客観的に分析し，ワーカーの専門的力量の向上とプログラム活動の改善に役立てるためである。よって記録はメンバーとワーカー双方にとって有益なのである。

　黒木保博は，記録の意義について，㉓①ワーカーにとっての意義，②メンバーにとっての意義，③施設・機関にとっての意義，の3つに分けて整理して考えている。ワーカーにとっては，専門性の向上，メンバーとグループについての理解の向上，他の専門家との間での共通認識を高めること，等である。メンバーにとっては，個々のグループへの関わりについての振り返りであり，

目標の達成状況や今後の課題の確認,他のメンバーとの相互作用・関係についての認識を持つこと,等である。施設・機関にとっては,ケース会議への資料,ワーカーの引継ぎの資料,スーパービジョンの資料,他機関・施設への照会や依頼の資料,理事会への資料,サービス内容の点検と改善に向けての資料,等である。

記録の方法(24)としては,①記憶をもとにした記録,②観察しながらの記録,③視聴覚機器による記録がある。そして,記録の様式としては,①叙述的経過記録,②要約記録,③観察表・チェックリスト,がある。それぞれ,グループワークの内容やワーカーのメンバーへの援助のあり方を検討する際にもっとも適切な記録の方法や様式を選ぶことが重要である。

記録の内容(25)としては,一般的には,①メンバーのグループにおける参加状況(言動や意識等)について,②メンバー間の相互作用(協力関係や仲間意識等,葛藤,対立)について,③ワーカーについて(メンバー個々やグループ全体への援助のあり方等),④グループ全体について(グループ内の状況―雰囲気,凝集性,目標の達成度,グループの成長状況等),⑤プログラムの内容(メンバーのプログラムへの反応と評価等),である。

2 グループワークの援助過程

グループワークのプロセスとして,一般的には4段階が考えられている。(26)すなわち,①準備期,②開始期,③作業期,④終結・移行期,である。しかし,ここではコーレイらの分類(27)にしたがって,以下の6段階に分けて考えてみる。その6段階とは,①準備期,②開始期,③移行期,④作業期,⑤終結期,⑥終了後期である。プロセスをどのように考えるかは,個々のグループワーカーやグループワーク研究者によって多少の相違はある。ここでは,コーレイらのモデルを参考にそれぞれの段階でのグループワーカーの役割について紹介する。

第5章 集団援助技術（グループワーク）

図1　グループワークの援助過程

① 準備期……グループ形成のための予備段階
② 開始期……グループワークを始めるにあたってのオリエンテーション段階
③ 移行期……グループワークの発達初期段階
④ 作業期……グループワークの発達中期段階
⑤ 終結期……グループワークの発達後期と終結に向けての準備段階
⑥ 終了後期……グループワークが終了した後のフォローアップ段階

資料：M. S. Corey & G. Corey, *Groups : Process and Practice* (3rd ed.), 1987
を参考にして作成。

1　準備期

この段階は、グループに参加するメンバーが、参加のあり方について決定するために必要な知識を持つ意味で重要である。メンバーは、グループが自分にとってふさわしいかどうかを決めるために慎重でなければならない。

この段階でのワーカーの役割であるが、①グループを形成する上で、明確な文書を作成すること、②適切な機関や施設に対して、グループ形成に関する申請書を提示し、アイディアを得ること、③可能性のある参加者に対して、グループに関する情報を与える、④参加者の審査とグループに関するオリエンテーションのために予備テストを行う、⑤参加メンバーの選択とグループ構成について決定する、⑥グループの成功に向けて必要な実際的な詳細についてまとめる、⑦必要があれば、親からの情報を収集する、⑧グループワークの課題について心理的準備をし、必要があれば他のグループワーカーと会って打ち合わせをする、⑨メンバーがお互いに知り合ったり、グループの規則に慣れたり、グループ経験を成功に導くように、事前グループ会を組織する、ことが挙げられる。

2　開始期

この段階は、いわばオリエンテーションの時期であり、グループの構造について決定する時である。この段階の目標は、メンバーが雰囲気に慣れ、お互いを知り合うことである。メンバーは、何がグループへの参加から期待さ

れ，いかにグループが機能し，いかに自ら参加していけばよいのかを学ぶことが求められる。そして，メンバーは社会的に認められる行動をし，危険な行動をとることは控えめにし，冒険も一時的であることが望まれる。メンバーは，自分の感情や考えを表現することでメンバー間の凝集性や信頼感が増し，他方，自分がグループに参加するのが望ましいか，そうでないかを判断し，グループにおける自分の居場所を知ることになる。この段階での中心的課題は，信頼と不信であり，あらゆる感情をメンバーが受け入れられるかどうかテストされるときに，不快感がメンバーの間に生じるかもしれない。さらに，沈黙と目覚めの時期があり，メンバーは方向性を探し，グループについて思いを巡らすかもしれない。また，メンバーは誰が信頼に足りるか，どの程度自分を表現したらよいか，グループは安全か，誰が好きで誰が嫌いか，どの程度グループにかかわっていくかについて決定する。そして，メンバーは尊敬，共感，受容，思いやり，反応の基本的態度を学び，信頼感を築くようになるのである。

　この段階でのワーカーの役割は，①メンバーに対していくつかのガイドラインを提示し，メンバーがグループに積極的に関わり，生産的なグループとなるように導くこと，②規則と規範を設定すること，③グループ・プロセスの基本を教えること，④メンバーが不安や期待を表現し，信頼を持てるように援助する，⑤治療的行動の側面を促進できるようにモデルを示す，⑥メンバーに対してオープンであり，心理的にも身近であること，⑦責任分担を明確にする，⑧メンバーが具体的に自分の目標を設定できるようにする，⑨メンバーの心配や疑問に対してオープンになる，⑩メンバーが依存的になったり，まごまごしないように，ある程度指示的となる，⑪メンバーに積極的傾聴や反応などの対人関係スキルを教える，⑫グループのニーズを評価し，それを満たすことができるようにする，が挙げられる。

3　移行期

　この段階は，グループの発達期であるが，さまざまな抵抗が，不安や防衛の感情によって生ずる時期である。具体的には，①メンバーの自己覚知が進

み，他者から受容されているか，拒否されているか等，自分への関心が高まる，②環境が安全であるか否か，ワーカーやメンバーを試す，③安全に行動するか，危険をおかすかのジレンマにおかれる，④他のメンバーやワーカーとの間で，支配や権力，対立等の問題を経験する，⑤いかに葛藤や対立と相向き合うかを学習する挑戦，⑥グループがどう思っているかわからないために，個人的な問題に全面的にかかわることへのためらいが生ずる，⑦他者が耳を傾けるように自分を表現することを学ぶ，等である。

　ワーカーの役割は，グループに対して，敏感さと時機を得た態度が要求される。主な役割は，メンバーが，グループ内で生じた対立や否定的な感情，さらには不安に対する防衛として生じた抵抗に相対し，それらを解決できるように，励まし，挑戦意欲を高めることである。グループは葛藤や対決のレベルから効果的な関係レベルへと移行する必要がある。具体的には，①メンバーに対立状況を認識し，それを完全に処理することの価値を教える，②メンバーが自分の防衛のパターンを認識できるようにする，③メンバーに抵抗を尊重し，建設的なやり方でそれと取り組む方法を教える，④メンバーに個人的であれ，専門的であれ，いかなる挑戦にも直接的かつ巧みに取り組めるようモデルを提供する，⑤あるメンバーを「問題タイプ」としてラベルをはることをやめ，かわりに特定の問題行動をいかに理解するかを教える，⑥メンバーが自律と自立の能力を身につけ，どんな問題にも対処できるよう援助する，⑦セッションにおいて起こっている事柄に対する反応を表現するようにメンバーを励ます。

4　作業期

　この段階[31]の特徴は以下の通りである。①信頼と凝集性が高い，②グループ内のコミュニケーションはオープンで，表現されているものが正確に受けとめられる，③リーダーシップがグループ内で分かち合われ，メンバーは互いに自由に直接的に交流する，④メンバーは威嚇的な材料を持ち込み，他者に紹介し，個人的なことで知ってもらいたいことやよりよく理解してもらいたいことをグループに提示する，⑤メンバー間の対立が認識され，直接的かつ

効果的に処理される，⑥フィードバックは自由で，抵抗なく受け入れられ，考えられる，⑦対立が生じても，挑戦は他者から審判的なレベルをはられることがない，⑧メンバーは行動変化を達成するためにグループの外で取り組むようになる，⑨メンバーは変化し，新しい行動に向けたリスクをとることを支持する，⑩メンバーはもし行動を起こすなら変われることに希望を持ち，絶望しない等である。

　ワーカーの役割は，①適切な行動の模範を示し，特に，対決に関心を持ち，グループで起こっている反応をオープンにしていく，②支持と対決のバランスを保つ，③メンバーがリスクをおかし，それを日常生活に取り入れるよう励まし，援助する，④適宜，行動パターンの意味をメンバーに解きあかし，深いレベルでの自己探求により，他の行動を選択できるようにする，⑤メンバーが何をグループから得たいのかに注意を向け，メンバーに明確に尋ねるようにする，⑥普遍性のある共通の問題を探求し，グループ内でのメンバー同士の結びつきを高める，⑦洞察を行動に移すことの重要さに焦点を当て，新しいスキルを実践するよう奨励する，⑧グループの凝集性を高める行動を奨励する，⑨グループ規範の強化と発展に関心を払う，⑩メンバーが望んでいる感情，思考，行動へと移れるように，変化を生み出し，介入できるよう治療的要因にも着目する，等である。

5　終結期

　この段階の特徴は，以下に列挙する通りである。①別れという現実に対しての悲しみや不安が生じる，②メンバーは終結を予期して，グループへの参加が消極的になる，③メンバーは今後，いかに行動したいかを決定する，④メンバーは不安と同時にいかにグループで経験してきたことを，どう日常生活に取り入れるかで心配がある，⑤メンバーからのフィードバックがあり，恐れ，希望，他者への配慮が生まれる，⑥グループ・セッションは部分的には，日常生活での大切な人との出合いの準備にさかれ，他者との関係性を築くロールプレイや行動リハーサルはよく行われる，⑦メンバーはグループ体験の評価にはいる，⑧フォローアップのミーティングや信頼性に関する計画

第5章　集団援助技術（グループワーク）

についての相談があり，メンバーは変化のための計画を実行するよう奨励される。

　ワーカーの役割は，メンバーがグループでの経験を意味付けできるように指示を与え，学習したことを日常生活に普遍化できるように援助することである。具体的には，①メンバーがグループの終了に関する思いを処理できるようにする，②メンバーがグループでやり残したことを表現し，処理できるように援助する，③メンバーが自分の望む変化を実現できる資源について情報を持っていることを確信させ，変化を強化する，④いかにして，特殊なスキルを日常のいろんな場面で応用するかを，決定できるよう援助する，⑤変化するための実践方法として，特殊な契約と宿題を発展しうるようメンバーに働きかける，⑥メンバーがグループで学習したことがらを，理解し，統合し，整理し，記憶できるような認知的枠組みを作れるように援助する，⑦メンバーが互いに建設的なフィードバックを与えるような機会を作る，⑧グループが終了した後も個人の秘密を守るように再度，念をメンバーに押す，⑨個人の変化とグループの長所・短所について評価するために，あるタイプのグループ終了アセスメント器具を用いること，等である。

6　終了後期

　この段階は，グループが終了後，メンバーがいかに日常の行動において，グループで学んだことを応用し実践しているかを評価し，可能であればフォローアップ・セッションを設け，メンバーに参加を促すというものである。

　ワーカーの役割は，フォローアップと評価であるが，以下の課題を指摘できる。①もしメンバーが個人的なコンサルテーションを望んでいるなら，短い期間で，グループで体験したことについての反応をディスカッションできるようにすること，②もし適切なら，グループのインパクトを評価するためにグループないし個人のフォローアップ・セッションを持つこと，③さらなるコンサルテーションを必要とするメンバーに対して，特別な照会資源を提供すること，④メンバーが継続して援助を受けられ，チャレンジできる方法を見つけることを奨励し，その結果，グループの終了は新たな自己理解の出

発であることを認識させること，⑤グループの成果を評価できるある種のまとまったアプローチを開発すること，⑥メンバーがメンバー間ないしグループの外とのサポート・システムを利用できるように契約を発展できるよう援助すること，⑦もし適切なら，グループの効果を総合的に評価できるように，他のワーカーとディスカッションを行うこと，⑧グループの長期にわたる効果を測定するために，ポスト・グループのアセスメントの測定器具を開発すること，等である。

3 グループワークの課題

 グループワークの理論の変遷に関しては，ガーヴィン（Charels Garvin）の著書[34]に詳しいし，先に紹介した川田誉音編の著書[35]や平山尚の論文[36]にも述べられているので，それらを参考に紹介する。
 ここでは，特に現在のグループワーク理論に大きな影響を与えている3つのモデルを紹介したい。これらのモデルは1966年に開催された，全米社会福祉教育会議において，パペルとロスマンによって提示されたものである[37]。
 それによると，第1は，社会目標モデル（social goals model）であり，これは，初期のグループワーク・モデルである。このモデルでは，民主主義社会の価値観に立脚し，メンバーがセツルメント・ハウスや青少年のためのグループワーク団体において，メンバーの社会化を目的としている。また，このモデルはコミュニティ発展の機関が社会的規範や構造を変革し，市民の福祉の向上を目的に利用された。ワーカーはグループのプログラム活動を可能ならしめる人（enabler）として機能し，キャンプ，討論，民主的プロセスの教授

図2 グループワーク理論の国際的動向

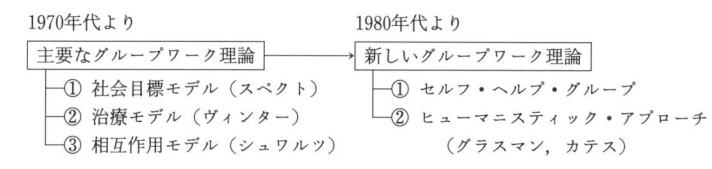

1970年代より
主要なグループワーク理論
　① 社会目標モデル（スペクト）
　② 治療モデル（ヴィンター）
　③ 相互作用モデル（シュワルツ）

1980年代より
新しいグループワーク理論
　① セルフ・ヘルプ・グループ
　② ヒューマニスティック・アプローチ
　　（グラスマン，カテス）

等によりグループの目標を達成するのである。このモデルは，言わば民主主義的分権化を志向した産物であり，ソーシャルワークを「原因」と見なし，人権に対する現在の闘いのゆえに，グループワークの構成要因としてはもとより，すべてのソーシャルワーク実践に影響を与えるものである。

　第2は，治療モデル（remedial model）である。このモデルは，社会的リハビリテーションの領域におけるグループワーク運動から生じたものである。個人の治療に焦点をあて，グループは目標の達成のための手段ないし文脈として見なす。このモデルは，ヴィンター（Robert D. Vinter）によって提唱され，彼は，社会的治療ないしは問題志向モデルと呼んだものであるが，関係者の間では，彼のモデルを治療的ないし予防的またはリハビリ的アプローチと呼び，リーダー中心アプローチである。このモデルでのワーカーの機能は，変化を起こす人（change agent）と呼ばれ，個々のグループメンバーは，変化の焦点であり，グループはこうした変化のための手段ないし，文脈と見なすところに特徴がある。また，このモデルは科学的に根拠付けられた実践原理を重要視し，それは効果測定に耐えうるものであり，グループの目標の獲得のサービスにおいて応用されねばならないと考えるのである。

　第3は，相互作用モデル（reciprocal model）と呼ばれているものであり，個人，グループ，そしてより大きな社会システムが相互利益の活動を担うプロセスを明確にし，向上させることを目的とするものである。したがって，ワーカーは仲介者（mediator）として説明され，メンバーはグループを利用し，グループのメンバーへの要求は，グループの存続であり，グループは機関に圧力を加え，機関の要求はグループとそのメンバーに向けられるというものである。このモデルは，シュワルツによって提唱され，相互作用アプローチと称されるものであるが，他のアプローチ以上に，システム概念を用い，相互作用やたえざる相互適応のプロセスにおけるメンバー，グループ，機関，その他の複雑な環境等を描いている。また，このモデルはグループ中心アプローチ，またはプロセス・アプローチとも呼ばれている。ソーシャルワーカーは，このプロセスにおいては「仲介者（mediator）」の機能を果たすのである。また，この相互作用モデルでは，相互のニーズを満たすための個人の他

者との関わりに焦点を当てている。さらに，長期の目標の結果より，プロセスの質に重点を置いていることも特徴である。

　しかし，こうした現代の3つの代表的なグループワーク理論も統合化へと向かう動きがでてきているのも事実であるが，現在グループワーク・アプローチにおいて統合されたものが生まれたわけではない。

　ガーヴィンは，グループワークのアプローチを以下の，主たる4つに分類して考えている。第1は，精神分析アプローチに基づくか，それより派生したアプローチで，例えばゲシュタルト療法（Gestalt therapy），交流分析（transactional analysis），精神分析集団療法（psychoanalytic group therapy），タビストック・アプローチ（Tavistock approach）がそれにあたる。第2は，社会心理学理論に基づくか，それより派生したアプローチであり，例として，ガイド・グループ交流（guided group interaction），セルフ・ヘルプ・グループ（self-help groups），心理劇（psychodrama）である。第3は，教育心理学的な枠組みから発展してきたアプローチであり，例として，グループ行動療法（behavior modification in groups），実験トレーニング（T-groups）がある。第4は社会運動から発展してきたアプローチで，社会変化運動（social change movements）とエンカウンター運動（encounter movement）がある。

　こうしたアプローチの共通点は，第1に，目的において社会機能の維持と，人間のニーズを充足するための資源の提供，損傷を受けた個人の機能のリハビリテーションである。第2は，知識と理論において，行動科学より応用していることで，小グループにおける個人の発達や対処法の理解を利用している。また，共通して役割概念は（例として，リーダー，専門家，スケープゴート等），グループ参加による影響として，社会化のプロセスを論ずるために用いられている。第3は，問題解決であるが，グループワーカーは問題解決志向である。その理由はアメリカの伝統とでも言うべき実用主義的哲学や実験アプローチが好まれているからである。第4は，介入であり，その方法として，プログラム活動の進展，感情表現の的確さ，正直な体験や信念の表現の支持がある。また，メンバーが役割練習をする機会を作り，メンバーがグループの内外で行動に関して，示唆やフィードバックを与えることである。

第5章　集団援助技術（グループワーク）

　さて，グループワークの国際的動向であるが，例えば1980年代のアメリカを例にとって見た場合，2つの大きな流れがあったといわれる。その1つは，セルフ・ヘルプ・グループ（自助団体，当事者組織）が潮流となり，さまざまな福祉問題への対処方法として使われてきたことである。数百万人と言われる人々が，約216の異なるセルフ・ヘルプ・グループを組織し，アルコールの匿名者の会や体重コントロールの会，ギャンブラーの匿名者の会，親匿名者の会，パートナーのいない親の会等が誕生した。こうしたセルフ・ヘルプ・グループの特徴は，メンバーの相互援助であり，より良いサービスの獲得や社会的スティグマの克服であり，セルフ・ヘルプ・グループのなかには，時には，精神保健の専門家から拒否され，逸脱者と見なされた人が参加する場合もあった。

　セルフ・ヘルプ・グループは，メンバー間のサポートを目的とし，メンバーの自尊心を高め，他のメンバーのよい模範となることを目標としている。そして，専門家によってリードされるグループではなく，メンバー同士が仲間として，対等な関係でサポートしあい，自分たちの問題を自分たちの力で解決することで，自信をつけることにある。よって，専門家のグループへの関わりは，コンサルテーションの提供等の間接的な形でのサポートであり，このグループを直接的に指導することではない。

　もうひとつの潮流は，ヒューマニスティック・アプローチの台頭である。これは，グラスマン（Urania Glassman）とカテス（Len Kates）の著書に詳しい。このアプローチの特徴は，ヒューマニズムの価値観によっており，民主主義の規範をもとに，①人間の尊厳，②人間の相互援助の責任，③人間の基本的権利として，サポートを社会的にも政治的にも受けられること，等がある。また，グループのメンバーは自分たちの異なる能力や経験等を持ち寄り，互いに援助することが求められる。また，グループの発展は社会の発展へとつながるという価値観も持っているし，人間は誰しもが成長するという前向きなスタンスを取っていることも特徴である。そして，このアプローチは，その方法において，ワーカーがヒューマニスティックな価値観と規範を基盤にしている。支配や隷属化，排除，孤立化，スケープゴート化や破壊はすべ

て不安や心配から生じた行為と見なし，共感的な態度で臨むことにより，対人関係上の問題を解決するのである。さらには，このアプローチにより社会で抑圧や差別の形で犠牲者となった人たちをエンパワーすることが目的である。すなわち，社会的にパワーの弱い人たちが生活の満足度を高め，かつ自らの生存を社会的・経済的・政治的に保障されることが求められるのである。

次にグループワークの国際的課題であるが，今日の世界状況を反映して国際化に関して述べることができよう。第1に，各国における基本的人権の保障の実現のためにグループワークが普及・発展し，場合によっては，ソーシャル・アクションに連動する影響力を持つことである。例えば，セルフ・ヘルプ・グループや非政府組織（NGO）や非営利組織（NPO）の発展やボランティア団体活動の推進である。そして，人権の擁護とともに民主化を推進し，同時に社会的な差別や抑圧を解消し，社会的正義と公正や社会的機会の均等を確立することである。第2には，グループワークがソーシャルワーク実践において，有効な援助方法であることを臨床的に実証し，より洗練されたグループワーク理論を確立することにある。その際，忘れてはならないのは，文化の多様性に配慮し，その国の少数民族や少数者グループの持っている固有の文化や独自性を尊重し，ソーシャルワーク実践において，それらに十分配慮することである。第3は，グループワーク研究の国際的および学際的研究を促進することである。また知識と経験を分かち合い，その国独自の文化と社会的規範に立脚したグループワーク理論を相互に学習しあうなかで，互いに高めあう努力を地道ではあっても進めていくことである。よって学術交流や共同研究の発展が求められるのである。

4 事例研究：高齢者グループワークの援助事例
―― デイケア・センターにおける実践 ――

近年，日本では高齢者保健福祉推進計画が実行されるにつれ，施設に入所している老人のみを対象にするのではなく，在宅の老人に対してもデイケアが盛んに行われるようになってきた。デイケアにおいてグループワークをい

第5章　集団援助技術（グループワーク）

かに効果的に取り入れるかについては，施設職員にとり重要な課題となっている。そこで，アメリカにおけるデイケアを例にとり，グループワークの実際を紹介していきたい。バーンサイド（Irene Burnside），バームラー（Jean A. Baumler），ウィバーディック（Shelly Weaverdyck）らは，以下のようにグループ・プロセスについて述べている。[42]

　最初にグループワークの「準備期」において，ワーカーは，デイケア・センターに通っている約25～30人の老人から男女おのおの3人ずつ，計6人に絞り，特にコミュニケーションに障害があり，精神保健上問題のある老人を選択することになった。老人の人選に当たっては，2日間の時間を費やし，いくつかのステップを踏んだ。第1は，面接と精神保健の状態に関するテストの実施，第2は，スタッフの意見とメンバーの既往歴の聴取，第3は，各参加者の特別な目標と目的の決定，第4は，グループ評価の基準に関する事前および事後のテストの決定，第5は，グループ・ミーティング様式の作成，第6は，3人のグループワーカー（ここでは，老年科看護婦，老年科看護大学院修士課程学生，老年精神・神経科看護大学院博士課程学生）の間のリーダーおよび観察者役割のローテーションの決定，第7は，ワーカー間の哲学的違いの調整，である。

1　事例の概要

　このグループワーク事例は，アメリカにおいて，高齢者のためのデイケア・プログラムについて紹介したものである。グループワークの参加者は，男女3人ずつの65歳以上の高齢者で，グループワークに参加する以前に，比較的軽度ながら精神保健上に問題のあった人たちである。
　デイケア・プログラムにおけるグループワーカーは，老年科看護婦，老年科看護大学院の修士課程および博士課程の学生1人ずつの計3人で構成されている。このグループワークの目的は，グループワークを通じて，社会的刺激の場を作り，メンバーが互いに精神保健を維持し，向上することにある。具体的なグループ全体の目標としては，メンバーの自尊心の向上，自分に対する自信の回復，感情の吐露を通しての自己表現力の回復，自分

の問題に対する洞察力の向上，具体的な問題解決のためのスキルの習得等である。グループワーカーの課題としては，グループワークのプロセス（準備期，開始期，作業期，終結期）を経て，メンバーがグループワーク開始時点より，精神保健の状態が改善され，向上したと自己認識できるように援助していくことである。

2 援助の過程

　グループワークの援助過程にそってこの事例を解説していくことにする。
　「開始期」におけるグループの目標は，メンバーが適応性において向上し，破局的ともいえる反応を避け，自尊心を向上することである。そのために，ワーカーは，メンバーが互いに自分が指定した名前で呼ぶ（ニックネームも可能）ことをさせ，ミーティングを定期的に行い，慣例と定例化を重んじた。慣例としては，互いに触れ合う，タッチング（抱き合ったり，手を握る等）を重要視した。また，参加者はミーティングの会場に入るや必ず挨拶をし，2回目のミーティングより，ワーカーはメンバー一人ひとりを抱き始めたのである。そして，ワーカーは決められたプログラム内容を毎回実施することで，メンバーの混乱や不安を最小限にすることを可能にした。また，プログラム内容に継続性を持たせることで，メンバーがグループでの体験を記憶にとどめることをも可能にしたのである。3回目までのミーティングにおいて，メンバーとワーカーによる活動項目として，①ワーカーは，メンバー一人ひとりを抱き，名前で呼ぶ，②ワーカーはメンバー全員に名札を付ける，③全員座り，コップ一杯の水を飲む，④ワーカーは，メンバーの出欠を確認する，⑤ミーティングでの話し合いの内容として，今日の日付，前のミーティングの振り返り，先週のミーティング来のメンバーの近況，⑥ミーティングのトピック，またはグループの課題について，⑦お茶菓子が配られ，メンバーは互いに交わる，⑧メンバーはミーティングを振り返り，感想を述べあう，⑨メンバーは黙って，互いの手を握りあう，⑩メンバーはグループ内で「さよなら」を言い合う，⑪ワーカーは立って，ドアのところへ行く，⑫観察者はワーカ

ーに交わる，⑬メンバーは互いに抱き合い，参加を感謝し，さよならをする，となっている。

　これらの活動項目のなかで水を飲むようになっていたのは，水を飲むことで精神面および身体面での落ち着きをもたらし，グループの雰囲気にとけ込むことを容易にさせるのである。ミーティングの終わりのところで，お茶菓子を出す際に，メンバー個々の好みにあった飲物を提供することが大切である。

　また，グループ活動の開始時点で，ワーカーはメンバーの抱く，自尊心の欠如に注意する必要がある。自信付けのために，ワーカーはメンバーが反応したり，分かちあったりした場合，誉めることを自ら率先して行う必要がある。そして，脳障害や痴呆症の老人がある課題をこなすことを要求されたり，質問を出されて，それらをうまく処理できないときに起こる，いかなる破滅的な反応をも回避する必要がある。こうした破滅的な反応は，不安を一層高めてしまうことを忘れてはならない。また，自尊心の欠如は，体のイメージの変化，家族が集まって生ずるからかいや誇張によって引き起こされるし，記憶の喪失や生活を自らコントロールできないことの認識から生まれるのである。

　次に「作業期」においての目標は，感情の表現であり，問題解決スキルの習得，メンバーが自身のニーズやスキルを評価する能力を向上することである。短期のグループ活動において，メンバーは活動のトピックを紹介し，メンバーの込められた思いを表現するように援助し，時にはユーモアを用い，笑い，グループでのユーモラスな出来事を皆で楽しみあうことが大切である。また，ワーカーがとかく陥りやすいことは，メンバーの洞察力に深入りして治療を試みようとし，そのことがかえって，メンバーを混乱に陥れることになる危険性を察知しないことである。また，メンバーを子ども扱いすることも同様に危険である。グループでは，一方でユーモアや即興性を楽しみ，他方でメンバーが現在直面している問題や苦痛，感情を取り上げることが大切である。このことが，グループそのものを治療的にさせ，笑いもおのずから生じることになる。

さらに，この段階はメンバーの感情表現，自己診断，問題解決スキルの獲得に注目することから，メンバーの習熟度に注目しなくてはならない。また，開始期の単なる交わりの段階から一歩進んで，より内面的な交流ができるようにもっていくことが大切である。例えば，昔のことがらを思い出して，そのときに経験した悲しさも時折思い返すことも必要である。こうしていくにつれ，メンバーは自分の限界や思い出に関する感情を表現することに，多くの時間をさくことが可能となる。ある種の感情は，ワーカーの後押しで表現され，メンバーが怒りや，不安，依存，葛藤，喪失，悲しみを表現するように促されるのである。そして，時には感情は言葉による表現のみならず，涙を交えて表現することも許されるが，こうしてメンバーは，互いにグループ内でサポートしあうのである。
　また，この段階でのミーティングは，継続的に毎回のトピックにまつわる個人のレベルでの過去および現在の体験に基づいて進められるが，メンバーが自分の限界や苦痛な思いに気づき，他のメンバーがいかにして，似たような経験に対処したかを知ることは重要である。すなわち，過去の成功から学ぶことの意義である。この段階の具体的作業としては，名札作り，トランプカード遊び，バスケット作りである。こうした作業へのメンバーの取り組みの様子から，ワーカーは，メンバーのスキルに関する強点と弱点を観察によって知ることができる。
　「終結期」は，目標としてメンバーのグループ終了後のことを決定し，いくつかのテストを試みる時である（心理状況テストや動作能力テストの実施により，グループワークの効果測定をする）。終結はある意味で，メンバーに不安をかきたてるものであるし，それは喪失と悲劇をもたらすものでもある。よって悲喜こもごもであるが，こうした終結による否定的反応を和らげるために，ワーカーはあらかじめ，終結が近くなった段階で，最後から4回目の時に最後の日程と残りの回数をメンバーに伝えることである。また，ワーカーは引き継ぎとして，グループワークのプロセスをグループのスタッフに説明し，グループの転換期をスムーズに迎えられるようにする。そして，ワーカーはメンバーに対して，これからのグループの活動における注意を黒板に書きと

どめ，今後の参考にさせる。最後のミーティングでは，カメラによる記念撮影を皆で行い，このグループ体験を良い思い出として残すのである。

ところで，以上取り上げた事例より，グループワークに関する援助技術について検討したい。まず，第1点目として，グループワーカーは，いかなる専門技術をグループワークにおいて用いたのであろうか。各段階においてワーカーは，コノプカが指摘した，グループワークの原則にある，グループ内での個別化やグループの個別化，受容，ワーカーとメンバーの目的を持った援助関係，メンバー間の協力関係の促進，心要に応じたグループ過程の変更，メンバーの能力に応じた参加，問題解決過程へのメンバー自身の取り組み，葛藤解決の経験，さまざまな新しい経験の機会，制限の使用，目的をもったプログラムの活用，継続的評価，グループワーカーの自己活用，の以上14項目をフルに実践に取り入れていくことが大切である。

第2点目としては，グループワーカーの役割である。ワーカーの役割には，可能ならしめる人，変化を起こさせる人，媒介者，弁護者等があげられるが，どの場面においてそうした機能が発揮されたかに着目する必要がある。

第3点目としては，グループの過程に関してであるが，大きくここでは準備期，開始期，作業期，終結期の4つに分けたが，それぞれの段階における，グループ目標は何であるか，また，ワーカーの役割として何があるか，メンバーにとっての課題や問題とは何か，等を理解しなくてはいけない。特にグループワークの原則に照らし合わせて，ワーカーはいかなるグループへの介入を試みたのか，またその援助は適切でありかつ，また効果のある援助であったかを評価することも重要である。

第4点目としては，グループワーカーはいかにメンバー間の相互作用を生かして，メンバーのグループ活動を通しての目標達成に役立てたかを知る必要がある。メンバーのダイナミックスが，目標達成において負に働く場合もあれば，正として効果的に働く場合もある。

第5点目としては，グループワーカーはいかなる社会資源を用いて，グループワークを進めていったかを知ることである。人的資源，場所の資源等，ありとあらゆる資源を活用して，効果的なグループワーク実践を試みるので

ある。このケースにおいては、専門家がグループワーカーとなり、デイケア・センターという場所資源にも恵まれ、活動の開始当初からスムーズにグループワークが展開されていったといえる。

第6点目としては、プログラム内容の検討である。すなわち、グループの目標を達成するにふさわしい内容であったかという点に関する評価である。内容においてもし今後改める必要があれば、プログラムの代替案を練る必要がある。また、内容は必ず目的に裏付けされたものでなくてはならない。

第7点目としては、このグループワークにおいては、どのような記録の様式や方法が望ましいかを検討し、何を記録し、それをどう実践に生かすかを検討する必要もある。

以上が、グループワークにおける事例研究の注目点であるが、もちろん具体的なワーカーとメンバーの間や、メンバー同士の間の会話や交流を通して、グループワークの効果的な援助方法について、分析と評価を積み上げていく必要がある。

5 Q&A

問題 1

この事例を読んで、グループワークにおけるワーカーのメンバーへの役割について、次の組み合わせの中から、最も適切と考えられるものを一つ選びなさい。

　　　A　メンバーの情緒的安定
　　　B　メンバーの自尊心の維持・向上
　　　C　メンバーの個別化
　　　D　メンバー間の相互交流の促進
　　　E　メンバー間の競争による社会的刺激の創出

　　　　　　　　A B C D E
　　　① ○ × ○ ○ ○
　　　② ○ ○ × ○ ○

③ ○ ○ ○ × ○
④ ○ ○ ○ ○ ×
⑤ ○ ○ ○ ○ ○

(解答)

　グループワークの原則において，Aは受容，Bは目的を持ったプログラムの活用，Cはグループ間での個別化，Dはメンバーの協力関係の促進にあたるが，Eはメンバーの葛藤を解決するのではなく，逆に生み助長することにつながり，Dにみられるメンバー間の協力を妨げてしまうことになりかねない。また情緒的安定といったことも競争によって不安定化してしまう危険性を持つ。

　正解は④である。

問題 2

　この事例において，ワーカーが陥りやすい，誤ったメンバーへのかかわりについて，次の組み合わせのなかから，適切と思われるものを一つ選びなさい。

A　メンバーの個別的働きかけを重視してしまい，グループ全体の動きに配慮がまわらない。

B　メンバーの個々の身体的・心理的-社会的状況について事前に情報を入手することで，先入観と偏見を抱く。

C　メンバーが抱く感情をグループ活動中に表現することを無理に奨励してしまうことで，他のメンバーに心の動揺を引き起してしまう。

D　メンバーがグループ活動に積極的にかかわるよう励ますため，ついつい押しつけ的な態度を取ってしまう。

E　メンバーが，グループ活動の終了に向けて抱く不安や淋しさを受容せずに，無視したり，否定してしまう。

　　　　　　　　　A B C D E
① ○ ○ ○ ○ ○

② ○ ○ ○ ×
　　　③ ○ ○ × ○
　　　④ ○ ○ × ○
　　　⑤ ○ × ○ ○

(解答)

　Bは，個々のメンバーに関するデータを事前に入手することで，偏見や先入観を抱くどころか，むしろそれらを打ち消すために入手が必要であることを知る必要がある。データはあくまでメンバーのグループ間での個別化を促し，メンバーのグループワークにおける個別的な目標を立てる上で重要である。ワーカーはグループワークの準備期においてメンバーに関するデータを収集し，メンバー一人ひとりについて個別的援助目標を立てることが効果的な援助につながることを知っておく必要がある。

　正解は⑤である。

●注

(1) W. Newstetter, "What is Social Work ?", *Proceeding of the National Conference of Social Work, XII*, 1935, p. 291.
(2) G. Coyle, "Social Group Work", *Social Work Year Book, IV*, 1937.
(3) G.コノプカ著，前田ケイ訳『ソーシャル・グループワーク——援助の過程』全国社会福祉協議会，1967年，27ページ。
(4) H.G.トレッカー著，永井三郎訳『ソーシャル・グループ・ワーク——原理と実際』（改訂版）日本YMCA同盟，1978年，8ページ。
(5) 竹内愛二著『グループ・ウォークの技術』中央社会福祉協議会，1951年，18ページ。
(6) 福田垂穂「ソーシャル・グループワーク」（若林龍夫編『社会福祉方法論』新日本法規，1965年）85—86ページ。
(7) 硯川眞旬「個人とグループの理解」（大塚達雄・硯川眞旬・黒木保博編『グループワーク論——ソーシャルワーク実践のために』ミネルヴァ書房，1986年）43—45ページ。
(8) G.コノプカ著，前田ケイ訳，前掲書。
(9) H.G.トレッカー著，永井三郎訳，前掲書。
(10) G.コノプカ著，福田垂穂訳『収容施設のグループワーク』日本YMCA同盟，1967年，68ページ。
(11) W.シュワルツ，S.R.ザルバ編，前田ケイ監訳『グループワークの実際』相川書房，1978

第5章 集団援助技術（グループワーク）

年，9—10ページ。
- (12) 同上，7ページ。
- (13) 北川清一著『グループワークの基礎理論——実践への思索』海声社，1991年，111—112ページ。
- (14) 硯川眞旬「個人とグループの理解」（大塚・硯川・黒木編，前掲書）56ページ。
- (15) 秋山智久「グループワーカーの価値・役割・機能」（福田垂穂・前田ケイ・秋山智久編『グループワーク教室』有斐閣，1979年）75ページ。
- (16) W. シュワルツ，S. R. ザルバ編，前田ケイ監訳，前掲書，7ページ。
- (17) 硯川眞旬「個人とグループの理解」（大塚・硯川・黒木編，前掲書）70ページ。
- (18) 同上，73—74ページ。
- (19) 岩田泰夫「プログラム」（川田誉音編『グループワーク——社会的意義と実践』海声社，1990年）81ページ。
- (20) 同上，86ページ。
- (21) M. S. Corey & G. Corey, *Groups : Process and Practice* (3rd ed.), Brooks/Cole Publishing Company, 1987, pp. 35-36.
- (22) *Ibid*., pp. 36-38.
- (23) 黒木保博「ソーシャルワーカーのグループ援助技術」（大塚・硯川・黒木編，前掲書）101—104ページ。
- (24) 同上。
- (25) 岩田泰夫「記録」（川田誉音編，前掲書）93—99ページ。
- (26) 川田誉音「グループワークの過程」（川田誉音編，前掲書）48—67ページ。
- (27) M. S. Corey & G. Corey, *op. cit*., pp. 227-239
- (28) *Ibid*., pp. 75-101.
- (29) *Ibid*., pp. 103-137.
- (30) *Ibid*., pp. 139-169.
- (31) *Ibid*., pp. 171-199.
- (32) *Ibid*., pp. 201-226.
- (33) *Ibid*., pp. 236-237.
- (34) C. Garvin, *Contemporary Group Work* (2nd ed.), Prentice-Hall, Inc., 1987.
- (35) 川田誉音編，前掲書。
- (36) 平山尚「最近のソーシャルワーク理論」（大塚・硯川・黒木編，前掲書）164—178ページ。
- (37) C. Garvin, *op. cit*., p. 7.
- (38) *Ibid*., pp. 10-18.
- (39) *Ibid*., p. 19.
- (40) 横山穰「アメリカにおけるグループワークの動向」（『社会福祉研究』第49号，鉄道弘済会，1990年）72—77ページ。
- (41) U. Glassman & L. Kates, *Group Work : A Humanistic Approach*, Sage Publication, 1990.

(42) I. Burnside, J. Baumler & S. Weaverdyck, " Group Work in Day Care Center ", In *Working with the Elderly : Group and Process and Techniques* (2nd ed.), Jones and Bartlett Publishers, 1986.

●引用・参考文献────────
① 大塚達雄・硯川眞旬・黒木保博編著『グループワーク論』ミネルヴァ書房,1986年。
② 保田井進・硯川眞旬・黒木保博編著『福祉グループワークの理論と実際』ミネルヴァ書房,1999年。

〔横山　穰〕

第6章 ❖ 地域援助技術（コミュニティワーク）とネットワーキング
〈間接援助技術①〉　　　　　　　　　　　〈新しい援助技術①〉

　コミュニティワーク（community work）とは，地域社会の問題を解決していく専門技術であり，計画立案や運営管理の技法をあわせもつ包括的な地域援助技術である。またコミュニティワークは地域社会の環境改善も側面的な課題としてとらえているため，その展開における主体は民間の組織や団体だけに限定されるものではなく，行政などの公的機関との協働や連携が重視され，そして当事者を含む住民参加の促進が必須の要件となっている。

　コミュニティワークの理論的な源流は，1920年代からアメリカにおいて体系化が図られているコミュニティ・オーガニゼーション（community organization）にある。日本においても戦後，コミュニティ・オーガニゼーションの理論が導入されて，創設期の社会福祉協議会のあり方に方向性を与えた。そうした歴史的経緯をふまえ，本章においては学習の便宜を図るために，まずコミュニティ・オーガニゼーションの理論的な発展を述べ，次に地域援助技術に用いられる基本的な技法をコミュニティワークとして整理を行い，さらにコミュニティワークにおける社会資源の関係を理解するうえで必要不可欠なネットワーキング（net working）について，その目的・技術・課題を考察することとする。

1　コミュニティワークの基礎理論

1　コミュニティワークとコミュニティ・オーガニゼーション

　地域の生活問題に対し，社会資源などを整備して地域社会の対処機能を強化していくことを目的とするコミュニティワークは，1960年代以降に英国で発展してきたソーシャルワークの領域に属する方法論の一つとされている。

しかし米国においては、同様の目的をもつコミュニティ・オーガニゼーションが方法論として1920年代から理論的に体系化され、日本にもコミュニティ・オーガニゼーションの理論の導入が先行した。

このような米国と英国での発展の歴史の違いもあって、日本においてはコミュニティワークとコミュニティ・オーガニゼーションの用語が併存し、両者の概念が整理されていないため、理論的に同質なのか異質なのかを確定するまでに至っていない。現在では、地域援助技術の用語としてコミュニティワークが一般化しつつあるが、コミュニティワークの定義が理論的に統一されているわけではない。

コミュニティ・オーガニゼーションの起源は、①19世紀後半に英国から米国に導入された、貧困者への援助と社会改良を目的とするセツルメント運動、②同時期に英国で始まり、米国でも組織化されていった、慈善活動を目的とする「慈善組織協会（Charity Organisation Society）」の活動の展開に求めることができる。

その後コミュニティ・オーガニゼーションは米国において中心に研究され、60年代に至るまでに、①協力・協働・統合（調整）、②ニーズへの対応と社会資源との調整、③ケースワークやグループワークのような直接的な援助と区別されるプログラム関係、④組織や機関の前向きな関係づくり、といった点を重視する定義が次々と発表された。そして社会的なニーズに対処するために地域の社会資源に連絡調整を行う「ニーズ・資源調整説」や地域社会内の諸集団に働きかけるプロセスに焦点を当てる「インターグループワーク説」、さらにロス（Murray G. Ross）が1955年の『コミュニティ・オーガニゼーション』で示した、地域社会の解体に対して小地域を中心に組織化を図り、住民参加を促進していく「組織化説」などの理論が確立することになる。

2　地域組織化活動を重視するコミュニティ・オーガニゼーション

A　ニーズ・資源調整説

全米社会事業会議の議長であったレイン（Robert P. Lane）は、1939年にレイン委員会報告書をまとめ、地域社会のニーズと社会資源の結合・調整を重

視するニーズ・資源調整説として体系化した。この報告書において住民参加の概念が初めて導入され，コミュニティ・オーガニゼーションの目的を，
① ニーズの発見とその限定
② 社会的窮乏と無能力をできるかぎり排除し，予防すること
③ 資源とニーズの接合および資源の再調整

と明確にしたことにより，コミュニティ・オーガニゼーションの古典的定義として確立したのである。

B インターグループワーク説

インターグループワークは，組織間の協力や連携づくりを図る技術の一つである。その代表的論者のニューステッター（Wilber I. Newstetter）は，地域社会の問題解決を目的とした協力体制の組織化を促進するために，機関・組織・団体間において連絡調整を図ることを方法論として提示した。インターグループワークは，社会的システムの未発達な地域において，問題解決のための活動のプロセスを示したものであり，これによりコミュニティワーカーの役割が具体化されたといえる。

C 組織化説

組織化説は，ロスがコミュニティ・オーガニゼーションを「地域社会がみずから，その欲求と目標の発見やその順位づけを行い，さらにそれらを達成する確信や意志を開発し，必要な資源を内部・外部に求めて実際活動を展開し，もって地域社会に協同的・協力的な態度と行動を育てる過程である」[1]と定義したように，住民の自発的参加とそれによる地域社会の統合を重視する考え方である。

代表的論者であるロスは，関心をもつ多数の個人の目標を確保するために設けられた組織体（委員会や協議会，協会，審議会など）の性質や機構，運営方法のあり方を重視し，そうした組織体（ロスはそれを団体と呼ぶ）の育成と活動を指導するために，13の原則を『コミュニティ・オーガニゼーション』において提示した。

> **ロス「組織化に関する諸原則」**(2)
> ① 地域社会に現存する諸条件に対する不満は，必ず団体を開発および（または）育成する。
> ② 不満の中心点を求め，特定の問題に関して，組織化・計画立案ならびに行動に向かって道を拓くこと。
> ③ コミュニティ・オーガニゼーションを開始し，あるいは支える力となる不満は，地域社会内で広く共有されるべきこと。
> ④ 団体には指導者（公式，非公式両方共）として，地域社会内の主要下位集団に密着し，またそれから承認された指導的人物を関与させるべきこと。
> ⑤ 団体は，その目標と手続き方法を真に受け入れやすいものとすべきこと。
> ⑥ 団体のプログラムには，情緒の満足を伴う活動を含めるべきこと。
> ⑦ 団体は，地域社会の内部に存在する善意を顕在的なものも，潜在的なものも，共に利用するように心がけるべきこと。
> ⑧ 団体としては，団体内部のコミュニケーションならびに団体と地域社会とのコミュニケーションの両方を積極的に効果的に開発すべきこと。
> ⑨ 団体は，協力活動を求めようとするグループに対する支持と強化に努力すべきこと。
> ⑩ 団体は，その正規の決定手続きを乱すことなく，団体運営上の手続きにおいては柔軟性をもつべきこと。
> ⑪ 団体は，その活動において地域社会の現状に即した歩幅を開発すべきこと。
> ⑫ 団体は，効果的な指導者を育成すべきこと。
> ⑬ 団体は，地域社会内に力と安定および威信を育成すべきこと。

　ロスの13原則の意味することは，問題解決や課題達成（タスク・ゴール）に至るまでの手続きなどの内容を重視する「プロセス志向」＝プロセス・ゴールの達成である。ロスにとって組織とは，コミュニティ・オーガニゼーションのプロセスを容易にするための道具的位置づけにあったのである。
　こうした組織化説によるコミュニティ・オーガニゼーションは，
　① 住民の不満の集約から出発して問題解決を図る組織を形成し，

② その組織内における合意形成のための運営方式を重視しながら,
③ 地域社会の問題解決能力を最大限に引き出すこと

をプロセス・ゴールとしているといえよう。

　以上のように地域組織化活動を重視するコミュニティ・オーガニゼーションは3つに大別できるが,いずれも都市化の進行により解体しつつある地域社会の民主的な再組織化を目標とする点では一致しているのである。

3　多様なモデルの統合化を重視するコミュニティ・オーガニゼーション

　60年代に入ると地域においても社会問題が多発し,コミュニティ・オーガニゼーションにはそうした問題解決の機能の拡大が求められた。コミュニティ・オーガニゼーションによる実践活動の多様化が認識されたことにより,そのアプローチ方法を類型化する理論がこの時期にいくつか出てきたが,そのなかでもとくに包括的なものがロスマン (Jack Rothman) による「小地域開発モデル」「社会計画モデル」「ソーシャルアクション・モデル」の3つの実践活動モデルである。(3)

A　小地域開発モデル

　小地域開発モデルは,住民参加を重視しながらコミュニティの組織化を図っていく伝統的なコミュニティ・オーガニゼーションの方法論を展開するものであり,人口構成が同質的で目標に対する合意が得られやすいコミュニティにおいて適切に機能する。このモデルの目標は,自助とコミュニティの諸集団の全体的調和であり,コミュニティワーカーの役割は,それらの諸集団の連絡調整や合意形成のための側面援助にある。

B　社会計画モデル

　社会計画モデルは,効率的な社会資源の配分により課題達成することを目標とし,それを可能にする計画の立案を基本的機能としている。そのため一定の社会資源が存在していても,住民の間でニーズや利害が錯綜しているような状況において有効となる。

　このモデルにおいては,住民参加を促す技法よりも問題解決案や客観的な最善策を計画する専門的能力が重視され,コミュニティワーカーは,①専門

的な技術者，②事実の発見者・分析者，③計画の履行者および促進者，としての役割を果たすことになる。

C　ソーシャルアクション・モデル

ソーシャルアクション・モデルは，不利益を被っている住民が組織化を図って発言権や意思決定権を獲得し，社会資源の改善や開発をしたり，また権力機構を変革していく活動である。

社会資源の不平等配分などが原因で住民が利害対立し，合意形成を前提とする小地域開発モデルが有効に対応しえない場合に用いられる。

ロスマンのモデル論には，「目標」「問題に対する理論仮説」「権力構造への指向性」「援助対象者の概念」「実践ワーカーの役割についての概念」「実践ワーカーの戦略」「実践ワーカーの専門技術」といった12の分析指標も提示されている。こうして地域社会の問題状況により，各モデルを選択して活用を図ることが可能となってコミュニティ・オーガニゼーションの対応の幅を拡げることができたのである。

2　コミュニティワークの援助過程

マッキーヴァー（Robert M. MacIver）がコミュニティを「本来的にみずからの内部から発し（自己のつくる法則の規定する諸条件のもとに），活発かつ自発的で自由に相互に関係し合い，社会的統一体の複雑な網を自己のために織りなすところの人間存在の共同生活のことである」と定義づけ[4]，何よりも人間の主体性のあり方を重視したように，コミュニティワークも住民が自己決定をして主体的に問題解決を図り，それをコミュニティワーカーが側面援助することを特質としている。

そうしたコミュニティワークは，ケースワークやグループワークと基本的に共通する，①問題の把握，②計画の策定，③計画の実施，④記録と評価，といったプロセスで展開して，組織化や社会資源の動員・開発をしていくものであり，それぞれのプロセスにおいて重要なポイントや技法がある。また

住民の生活問題が地域社会の環境や人間関係に影響されていることを考えると，問題解決のためには局面に応じてこれら3種のソーシャルワークの専門技術は，総合的に関連づけて活用すべき関係にあるともいえるものである。

1 問題の把握

A 問題の発見

コミュニティワークの展開においては，地域社会を歴史的・文化的・社会的に固有の要素をもつ存在として理解し，問題を個別化して把握することが前提となる。そのためには地域構造と特性——人口動態，自治会などの住民組織，社会資源，産業構造——の他に，地域の歴史や住民意識に関する既存資料や調査報告書などを収集し，地域社会の全体像を明確にしなければならない。

次は，住民のニーズを通して地域社会の問題状況を発見する段階に移る。やはり既存の関係資料の参照が前提となるが，アンケート調査の実施が必要な場合もある。そうした調査票の質問項目を考える際も当事者を含む住民にヒアリングをしたり，あるいは共に考えるといった手順が大切である。また対象や問題を限定して地域踏査を行ったり，住民懇談会のような参加方式を用いてニーズを把握し，後の問題解決への動機づけにつなげることも有効である。

いずれにせよこの段階では，生活環境などの住民に共通する問題と高齢者や障害児者などの当事者別の問題を二面的にとらえることがポイントとなる。

B 地域診断

問題が発見されたならば，その解決に向けて諸条件を検討する地域診断の段階となる。地域診断では以下の3点がポイントとなる。

① 住民の問題意識の程度
② 問題の発生原因
③ ニーズと社会資源との関係

①の住民の問題に対する関心や解決への要求度の把握は，問題を取り上げる順序を確定する判断材料となり，②の追究は予防および解決策を考える要

件となる。③はニーズに対する社会資源の有無やその活用状況の把握であり，問題解決の見通しを考える上で欠かせない作業となる。

　こうして地域診断をすることにより，問題解決の優先順位や手順が確定し，次の「計画の策定」「計画の実施」のプロセスへとつながって地域活動の統合化が図られるのであるが，この診断を円滑に行うためには，必要となる判断資料を問題の発見の段階で予測して準備することが大切である。

2　計画の策定

　コミュニティワークにおける計画の策定では，当事者を含む住民の参加がすべてのプロセスで重視される。この点で専門家であるプランナーが中心となって策定する行政計画とは一線を画することになるが，それは専門家や行政機関との協働を否定するものではなく，状況に応じてそうした関係をもつことは重視される。

A　事業計画・組織計画・財政計画の策定

　コミュニティワークにおける計画は，事業計画・組織計画・財政計画の三層構成にて策定される[5]。

　事業計画は問題解決の優先順位が確定した後，その達成の目標を設定するものである。具体的には，短期および中長期的な目標の設定とその達成のための方策，社会資源の動員の要否検討などが盛り込まれる。

　組織計画では問題解決のための組織づくりを考える。その策定では地域のリーダー層などを核にして組織化し，その組織活動が地域全体に拡充していくプロセスを目標にすることが一般的である。そうした組織は当事者の参加が原則とされ，一般住民に対してもつねに開かれていなければならない。また組織内の構成員間の平等性は保たれ，担当する役割には適任者が配置されるように民主的な手続きを確立しておくことが不可欠である。

　コミュニティワークの推進における財政は，通常その大部分が自主財源となるため，財政計画は公的機関の予算よりも柔軟な性格をもっている。その策定においては，共同募金などの既存の民間財源の活用と共に，自主財源づくりも地域でのバザーのような住民参加を促進するものが積極的に位置づけ

られる。一方，行政からの補助金を得る場合は，それにより民間活動の自主性が損なわれないように注意しなければならない。

B　広報活動の展開

広報活動は，計画の策定から実施に至るプロセスを補助するものである。その目的は，地域社会の問題状況とコミュニティワークの必要性を多くの住民に知らせて情報の共有化を図り，問題解決のための参加の動機づけを促すことにある。広報には今後，コンピューターなどの多様な情報媒体の利用が促進されるが，一方通行なマスコミによるものだけではなく，受け手の反応が把握でき，コミュニケーションが図られる住民懇談会や研修会といった参加方式によるものも依然として重要である。

3　計画の実施

国や地方自治体の社会的サービスを研究するソーシャル・アドミニストレーションの影響を受け，計画の実施のプロセスにおいては，

① 住民の福祉に対する理解と主体的な活動の促進を図る「地域組織化」
② 社会資源の開発および公私の関係機関・施設・団体などの連絡調整を図る「福祉組織化」

の展開が重視されている。(6)さらに住民の自主努力や社会資源の動員だけでは問題解決の事態が展開しない場合，ソーシャルアクションを図ることもあるが，ここではその一つである住民集会を取りあげる。

A　地域組織化

地域組織化は，住民が主体的に問題解決を図れるように，地域社会に働きかける側面援助のプロセスである。このプロセスでは，高齢者や障害者およびその家族などの当事者を組織化することが第1のポイントである。当事者の組織化によって個々の孤立化を防ぎ，サービス供給体への参加や地域社会との新たな連帯を築くことが可能となる。

次に地域社会での活動の基盤組織を構成することが第2のポイントとなる。このような基盤組織は，市町村における社会福祉協議会（以下，社協と略す）が学区や旧町村に小地域社協などを組織することが典型的なものである。小地

域社協は，町内会や自治会，各種団体や民生児童委員協議会など既存の組織によって横断的に構成されるわけであるが，こうしたアプローチによって組織化することは，インターグループワークと呼ばれるコミュニティワークの主要な技法でもある。

そして地域組織化の第3のポイントは，当事者の問題解決やニーズに対応するボランティア活動の促進を図ることである。

B 福祉組織化

福祉組織化は，まず社会資源の動員および開発が第1のポイントとなる。地域における社会資源とは，施設・サービス・相談機能・各種の手当や融資制度などの制度的資源，また当事者組織やボランティア・グループなどの地域組織資源や家族・近隣関係などのインフォーマルな資源までも含まれる。

社会資源はつねに改造・再編・結合・開発が検討されるものであり，その整備が不十分な地域においては，住民と行政が協働してその経済的・社会的・文化的諸状態を改善していくコミュニティ・ディベロップメント[7]やコミュニティワークを展開する機関・団体が，社会資源の開発に関係する機関・団体に参加協力していき，地域住民の協力も結びづけていくコミュニティ・リレーションズといった技法を用いて働きかけを行うのである。

そして社会資源を的確にかつ効率的に活用してニーズを充足していくために，関係機関・団体間の連絡調整を図る，またはそのシステムを構築することが第2のポイントとなる。連絡調整のシステム化は今日，とくに保健と福祉の行政組織を統合化する"ワンドアシステム"の形で促進されている。たとえば北九州市では，7つある区ごとに保健所と福祉事務所を統合した「保健福祉センター」が設置されている。また小学校区単位には住民活動の拠点となる「市民福祉センター」が設置され，さらに医師会・関係機関・住民団体から成る「区推進協議会」が組織されて各センターとの連絡調整する役割を果たしている。インターグループワークはこうした組織間の相互協力関係の強化も目的としている。

このような機関や組織の統合化までに至らなくとも，連絡調整は新しい援助技術であるケースマネジメントの考え方と共通性をもって，地域の協働態

勢の確立を目標にして展開されている。

C 住民集会

社会資源の開発などで住民間の利害の対立が大きい場合，地域組織化も福祉組織化も困難な状況になることがある。その対立によって不利益を被る特定の住民を放置してはならないため，コミュニティワークは具体的なプロセスによって対立を解消するアプローチを行う。

住民集会はそうした手法の一つであり，個々の住民の主体性と自由意志を尊重し，それぞれのニーズや考えを十分に反映した自由な討議によって結論を得ることを目標とする。その実施においては客観的に分析された地域社会の現状や問題に関する資料を準備して，住民の利害の衝突の危険を回避することが大切である。また主催者側が一定の結論を誘導したり，討議を管理して参加者の意志決定を妨げたり，特定の組織の意志が過度に反映されたりするような進行は避けなければならない。さらに住民集会を経た後，公的な対策を求めて議会などに圧力行動をすることも展開の方向としてある。

4 記録と評価

コミュニティワークにおいて記録は，決定事項の再確認や報告，活動の振り返りや点検，あるいは活動の分析や再評価などに活用される。そのため記録は単なる事実や結果に終始することなく，地域社会の人間関係の変化や集団の活動経緯といったコミュニティワークの影響の様子をとらえることが望ましい。

そうしたプロセスに沿った記録を用いて，コミュニティワークの最終段階である評価が行われる。評価においては，

① 目標の達成度
② 地域診断や計画実施の妥当性
③ 今後の課題

などがポイントとなるが，計画実施が一定の段階に達したときのみならず，計画の策定の段階においても評価は重視され，それにより計画の修正や再調整を行う，いわゆるフィードバックはコミュニティワークに欠かせない要素

図1 コミュニティワークの援助過程（瓦井作成）

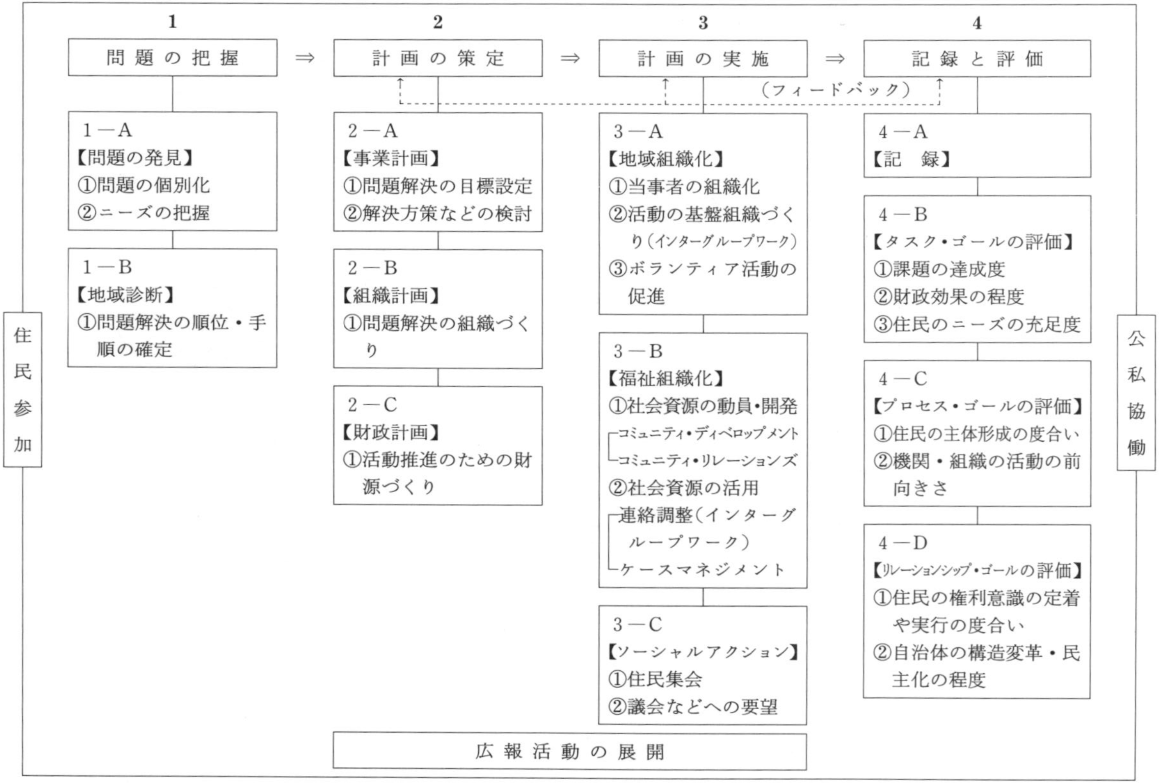

```
                                        公 私 協 働
  ┌─────────────────────────────────────────────────────────────────────┐
  │                                                                     │
  │    1             2              3              4                    │
  │  問題の把握  ⇒  計画の策定  ⇒  計画の実施  ⇒  記録と評価           │
  │                                    （フィードバック）                │
  │                                                                     │
  │  1-A          2-A           3-A            4-A                      │
  │ 【問題の発見】【事業計画】  【地域組織化】  【記録】                 │
  │ ①問題の個別化 ①問題解決の  ①当事者の組織化                         │
  │ ②ニーズの把握  目標設定    ②活動の基盤組織                         │
  │               ②解決方策な   づくり                  4-B            │
  │  1-B           どの検討    （インターグループ      【タスク・ゴールの評価】│
  │ 【地域診断】                 ワーク）               ①課題の達成度    │
  │ ①問題解決の   2-B          ③ボランティア活動       ②財政効果の程度  │
  │  順位・手順   【組織計画】   の促進                 ③住民のニーズの充足度│
  │  の確定       ①問題解決の                                          │
  │                組織づくり   3-B                    4-C              │
  │               2-C          【福祉組織化】        【プロセス・ゴールの評価】│
  │               【財政計画】  ①社会資源の動員・開発  ①住民の権利意識・│
  │               ①活動推進の    コミュニティ・ディベロップメント       │
  │                ための財      コミュニティ・リレーションズ           │
  │                源づくり    ②社会資源の活用       ②機関・組織の活動の│
  │                             連絡調整（インターグ     前向きさ       │
  │                             ループワーク）                          │
  │                             ケースマネジメント    4-D              │
  │                                                 【リレーションシップ・ゴールの評価】│
  │                            3-C                   ①住民の権利意識や  │
  │                           【ソーシャルアクション】 実行の度合いや構造変革・│
  │                           ①住民集会              民主化の程度       │
  │                           ②議会などへの要望     ②自治体の構造変革・民│
  │                                                   主化の程度        │
  │                                                                     │
  │                           広報活動の展開                            │
  └─────────────────────────────────────────────────────────────────────┘
                              住 民 参 加
```

としてある。また評価の際には，タスク・ゴール（課題達成）とプロセス・ゴール（プロセス達成）という2つの枠組みがあることに注意しておきたい。

A　タスク・ゴール

タスク・ゴールは，社会資源の開発・整備などの具体的な課題の達成度や財政効果の程度，また住民がどの程度ニーズに充足したかを量的および質的に評価する基準である。さらにどういった機関・団体がどの程度貢献したかの評価も行うものである。

B　プロセス・ゴール

プロセス・ゴールとは，「計画の策定」から「計画の実施」へのプロセスにおける住民の主体形成の度合い，関係した機関・組織の活動への前向きさを評価するものである。具体的にあげると，

① 活動への住民の関心度や参加度および連帯感の程度
② 機関・組織間の連携や協働態勢の水準
③ 地域社会の問題解決能力の向上の度合い

などが評価のポイントとなる。なおプロセス・ゴールにおいてとくに住民の権利意識や草の根民主主義の定着や実行の度合い，自治体の構造変革や民主化の程度をリレーションシップ・ゴールとして別の評価指標とすることもある。

　以上のようなプロセスを経て，コミュニティワークは終結することになる。その一連の援助過程は図1のように示される。このようにコミュニティワークは，住民の主体性の尊重と問題の個別化，社会資源の最大活用と人間関係の組織化を特質としているのである。

3　コミュニティワークの課題

1　70年代以降のコミュニティ・オーガニゼーションの展開

コミュニティ・オーガニゼーションの理論的発展を背景にして，米国においては60年代以降，連邦レベルから近隣地区レベルの公私機関までが，さま

ざまな実験的・開拓的なコミュニティ・オーガニゼーションのプロジェクトを実施するようになった。またコミュニティ・オーガニゼーションの適用範囲も福祉のみならず，保健・住宅・教育・雇用など生活の課題全般に広がりをみせた。そして70年代以降，今日に至るまでのコミュニティ・オーガニゼーションの主要課題の一つは，マクロ・ソーシャルワークの方法としての実践モデルの構築にある。コミュニティ・オーガニゼーションは社会的なレベルにおける機関・組織への介入をも射程にした実践論として展開してきたのである。

　前述のロスマンは，1987年にその持論のコミュニティ・オーガニゼーションモデルを20年ぶりに改訂している。マクロ・ソーシャルワークの視点から従来の3種のモデルに加えて，

　① 政策分析を通してその発展や改良のための諸条件を明らかにする実践概念である「政策実践モデル」
　② コミュニティ・オーガニゼーションの推進機関・組織における人事や財政の管理，運営の民主化や環境改善といった機能の概念である「アドミニストレーション・モデル」

を新たに付け加えている。こうした傾向は，従来のコミュニティ・オーガニゼーションの住民の主体形成の機能を希薄化させる危険性をはらんでおり，その回避のためにマクロ実践であるコミュニティ・オーガニゼーションがケースワークやグループワークといったミクロ実践との連携を図られるような体系化が課題となっている。[8]

2　コミュニティワーカーの役割

　コミュニティワーカーは地域社会から一定の信頼を得ることによって，その専門性を発揮するために，地域の機関・組織・団体・施設などに所属していることが要件となる。そうしたコミュニティワーカーのうち，社会福祉に関係する者としては，

　① 市区町村社協の福祉活動専門員
　② ボランティア・センターのコーディネーター

第6章　地域援助技術（コミュニティワーク）とネットワーキング

③　福祉事務所などの福祉六法担当ワーカー
④　ホームヘルプ事業の実施主体のコーディネーター
⑤　老人福祉センターや児童館などの担当ワーカー
⑥　住民および当事者組織のリーダー
⑦　民生児童委員

などがあげられる。

　レイン報告書の見解を引き継いで，コミュニティ・オーガニゼーションをソーシャルワークにおける一つの方法論に位置づける理論化を図ったダンハイム（Arthur Dunham）は，コミュニティ・オーガニゼーションを「社会資源とニードとの間の効果的な調整を達成し，維持することである」と定義づけ，そのためのコミュニティワーカーは，広範囲な活動を行う援助者かつ創造的なリーダーでなければならないとして，以下の詳細な役割を規定した。[9]

①実情調査員（fact-finder）　　　⑧交渉者（negotiator）
②分析者（analyst）　　　　　　⑨相談相手（cosultant）
③計画者（planner）　　　　　　⑩管理者（executive）
④相手に刺激を与える者（catalyst）　⑪弁護者（advocator）
⑤解説者（interpreter）　　　　　⑫支持者（promotor）
⑥教育者（educator）　　　　　　⑬社会活動家（social actionist）
⑦会議への参加者（conferee）　　⑭闘争的なリーダー（militant leader）

　一方ロスは，やはりコミュニティ・オーガニゼーションのプロセスにおけるコミュニティワーカーの役割を強調しており，「ガイド」「力を添える人」「専門技術者」「社会治療者」という表現を用いて説明している。[10]

　「ガイド」とは，コミュニティがみずからの目標を設定し，その到達手段を見出すために援助する役割を意味している。その際にロスは，コミュニティに改善点があるのに現状に満足している場合は，

①　ワーカーが主導権をもつこと
②　ワーカーはつねに客観的立場を守ること
③　ワーカーはコミュニティと一体化すること
④　ワーカーは役割を受け入れ，それを説明すること

以上を注意点として与えている。

「力を添える人」(enabler)は,「イネイブラー」と表記されつつあるが,コミュニティの問題解決能力の増強のために側面援助の役割を果たす者のことを意味している。ロスはそうしたイネイブラーの役割を,コミュニティに対する住民の不満の感情に焦点を与え,組織化を励まし,良好な人間関係を作り,共通の目標を強調することと述べている。これ以外に連絡調整やインターグループワークを行い,機関・組織間の協働性を高めることもイネイブラーの役割として含まれる。

「専門技術者」「社会治療者」はそれぞれ専門性を駆使して,資料や助言を与えたり,社会改良をしていく役割を示している。

3　弁護者(アドボケイター)としての課題

ダンハイムが規定した中にもあった,弁護者(アドボケイター)としての役割をコミュニティワーカーが果たすことは,今日とくに重要な意味をもっている。1969年のNASW(全米ソーシャルワーカー協会)の「弁護に関する特別委員会」の報告書により,弁護(アドボカシー)はソーシャルワークの専門的機能として位置づけられている。

スウェーデンでは,住民の利益を擁護することはオンブズマン(スウェーデン語で「代理人」の意)として概念化され,1809年のスウェーデン統治法によって不当・不正な行政執行に対する監視・観察または苦情を処理する制度として発足し,その後北欧諸国から世界各国に広まっている。日本においても1990年に「市民オンブズマン条例」を制定した川崎市に先導されて,長崎県諫早市,新潟市,埼玉県鴻巣市,神奈川県藤沢市が制度を導入したほか,1995年には沖縄県が都道府県で初めてオンブズマンを設置している。また東京都中野区「福祉オンブズマン」,横浜市「福祉調整委員会」,神奈川県逗子市「情報公開オンブズマン」のように対象を限定して取り組んでいる自治体の例もある。

日本におけるこうしたオンブズマンの役割は,

① 社会の一部の人々の利益が損なわれていることを察知して,権利を擁

護する公私の機関と接触すること
② 組織などが当事者の正当な権利を擁護して問題解決ができるように，計画的に側面援助をすること

という形で理解されているものと思われる。しかしこれだけでは調整的機能と仲介的機能の段階に留まっており，弁護者としては不十分である。日本においてはかなり以前から，認知症高齢者や知的障害者の財産に関する権利が擁護されていない状況を指摘されていたが，関係者の努力によりようやく1995年6月，法務省の法制審議会が民法の禁治産制度の見直しを始め，2000年4月から成年後見制度が施行された。このように地域社会において，弁護すべき対象が集団的・階層的な利益・不利益に関係している場合，制度変革的な弁護の機能を図ることも今後のコミュニティワークの課題としてあるのである。

4　ネットワーキングの基礎理論と技術過程，課題

　ネットワーキングは，共生社会を目標として個人・集団・組織・機関などを再組織化していくアプローチである。従来はインフォーマルな結びつきを中心とした運動論のプロセス概念であったが，近年では高齢者サービス調整チームのような行政主導型のネットワーキングもあって，一定の範疇に規定するのは困難である。そこで本節においては，コミュニティワークの文脈でネットワーキングの目的をとらえ，その展開における課題を考える。

1　ネットワーキングの目的
　ネットワーキングは，本来は地域社会の中で生活者としての権利の確立と生活圏域の拡充をめざす市民運動の展開の概念がその本質であり，コミュニティ・ディベロップメントとも関連性をもつものである。また社会学に基礎を置くソーシャル・ネットワークの概念もあるが，これは個人を原点とした社会環境における構造的な組み合わせとして表現されている。
　地域福祉論においてネットワーキングは，要援護者を支えるソーシャル・

サポート・ネットワークを形成する意味で使われることが多い。高齢化社会の到来により，自治体では医療・保健・福祉のネットワークの形成が重要な政策課題となっているが，一方ではそうしたネットワークが形骸化しているといった指摘もあり，その目的はつねに問われるものである。

まずネットワークが要援護者の生活の「場」に正確に対応しているかが問題となる。そのような「場」は，ニーズ発生の場＝家族とそれを包摂する近隣を含む生活拠点をとらえたものでなければならない。なぜなら生活問題はこうしたミクロな生活次元から発生するからである。牧里毎治はその視点に立ってネットワーキングの目標であり対象であるネットワークを，

① 個人に焦点を置いたパーソナルなミクロ・ネットワーク
② 当事者組織や仲間集団を意味するメゾ・ネットワーク
③ 社会制度的な組織の連携をさすマクロ・ネットワーク

に分類し，それぞれのネットワークの構成要素を規定している。[11] 牧里が地域における生活主体に重点を置いているのに対し，松原一郎はサービスの行為主体の側に立ってネットワークのレベルを

① 処遇面での技術的側面が焦点となるクライエント・レベル
② 特定の個人よりも同一のニーズを有する地域社会の集合的特質をアプローチの対象とするプログラム・レベル
③ 個々の政策の整合と調整を行うポリシー・レベル

に段階差を分けている。[12] 両者の論理は表裏の関係にあってその目標は適合するものといえよう。そうしたものは福祉実践の場では，専門職・実務担当者レベルの連携ネットワークが"ミクロ＆クライエント"に，高齢者サービス調整チームなどの機関・団体のネットワークが"メゾ＆プログラム"に該当するであろう。

以上によりネットワーキングは，ミクロな生活圏域における要援護者の生活の営みから出発してトータルな生活圏域に至る，ニーズ充足のための機能的関連領域を重層化していくことであると理解できる。しかしこれだけではその目的やあり方を明確にはしていない。松原はそうしたネットワーキングにおける3原則をまとめている。[13]

① 緊急性の原則——そのターゲット層のみずからの力だけで及ばないニーズの充足の問題であるとか，他の人口層に比べ早期解決の必要性がきわめて高い問題に取り組むこと。
② 普遍性の原則——地域社会に普遍的に見られる福祉問題に対処すること。
③ タスク志向の原則——問題解決，ニーズ充足に代表される課題遂行の側面が「和」の文化に加えて，ネットワークで強調されること。

こうした原則に呼応するように大友義勝は，ネットワークの目的は一人暮らし老人の孤独死を防ぐような緊急対応にあること，その推進には関係者の連携が必須であること，そして当事者の生活に密着しながら問題解決のネットワークを拡充していく大切さを強調している。[14]

2 ネットワーキングの技術過程

地域福祉におけるネットワーキングの目的は，当事者の生活実態に即応して，サービスがより効果をあげるように地域の社会資源を再編・統合化することであるといえよう。これに類似した概念として近年，とくに支持を受けているものに英国で発祥し，日本においても70年代に施設ケアと対置する考え方として地域福祉論の中心概念の一つとなったコミュニティケアがある。そのコミュニティケアの推進には，以下の2つの方向性がある。
① 関係機関・施設がコミュニティでいかに効果的なケアを有機的に行うかという，機関・施設を主体とするもの。
② 住民参加のサービス活動も含んだコミュニティにおける公私すべての社会資源の責任分担と体系化をめざすもの。

しかし日本では，コミュニティケアの考え方が地域福祉におけるネットワーキングと明確に区分されているわけではなく，その範疇に入れられていることも多い。こうした方法論の不明瞭さは，実は重要な問題提起を含んでいる。つまりネットワーキングにおける関係機関ごとの接点は明確であるが，コミュニティとの接点が不明確なのである。

それゆえ今日，ネットワーキングの展開における課題として，福祉コミュ

ニティの形成が焦点となっている。その形成においては，

① コミュニティそのものの実態概念
② 福祉に対する住民の自発的主体性の目標概念
③ 固有の福祉的機能

の三相性から実践理論を確立し，そのために必要なコミュニティワークの方法論を補完することが求められる。そうした福祉コミュニティの形成において，ネットワーキングとコミュニティとの接点を見出すためには，まず生活課題が存在するコミュニティの範域を定めることがポイントとなる。ここではそうしたコミュニティの範域を，表1のように①行政圏・管轄圏，②地域福祉圏，③利用圏，④生活圏，⑤活動圏，に分類して考えてみたい。それぞれのコミュニティの範域には独自の価値観がある一方，牧里や松原が述べた3つのレベルのネットワークにもそれぞれに統一的な理念がある。

福祉コミュニティの形成には，そうしたコミュニティの価値観とネットワークの統一的な理念を，妥当性のある地域福祉の目標に結びつけて固有の福祉的機能として確立することがプロセス・ゴールとしてあり，そしてそれを生活環境に対応させながら，当事者のニーズに対して効率的に機能させることがタスク・ゴールとしてあるのである。

表1　コミュニティの範域 (瓦井作成)

行政圏・管轄圏	○福祉事務所や保健所がとらえる行政区域。 ○民生児童委員の活動区域。
地域福祉圏	○市町村社協が学区や旧町村に設置する小地域社協の活動区域。
利 用 圏	○病院や診療所の利用区域。 ○デイサービスやホームヘルプ事業などの在宅福祉サービスの利用区域。
生 活 圏	○衣・食・住や通勤・通学・娯楽など，住民の日常生活が滞りなく行うことができる区域。福祉的にみれば，その地域における障害者の雇用状況や生活環境の社会的不利（handicaps）の程度などが関係する。
活 動 圏	○住民の自主的・主体的な地域活動の拠点と区域，およびそうした活動を調整するセンター機能の区域。活動展開のための移動（交通）手段の有無も関係する。

3　ネットワーキングの課題

　福祉コミュニティの形成を目標として，ネットワーキングの技術を展開する方向性を見出すことができたが，今後のネットワーキングの課題としては，コミュニティワークの展開と連動させて地域社会の活性化を図ることにある。
　このような視点は，コミュニティにおいてニーズをもつ当事者を「生活者」としてトータルにとらえることにほかならない。当事者が複合的なニーズをもつとき，その生活構造を通してニーズを診断し，適切なコミュニティの範域における社会資源のネットワークがそのニーズに対応する構図を考えていくのである。具体的には，

① 当事者の緊急事態に敏速な対処をする
② 当事者の生活に密着し，予防を図る
③ 普遍的に良いサービスを提供する
④ コミュニティ全体にみられる要因などを除去する
⑤ さらに新しい社会資源を開発する

といったことがテーマとなるが，そのためには前述したコミュニティのそれぞれの範域における専門職・実務担当者レベルの連携のネットワーキングと，医療・保健・福祉の関連機関・団体のネットワーキングの2つの側面において，いかにコミュニティワークの技法を補完させていくかが課題となる。前者においては連絡調整のシステム化が，後者においてはインターグループワークなどによる組織化が改めて焦点となろう。
　こうしたコミュニティの範域を考慮したネットワーキングは，現状では充分に形成されているわけではない。その背景としては，法律や行政機関の縦割り構造やそれぞれの機関・団体に所属する従事者の専門性のギャップの存在を指摘することができる。また地方自治体が保健福祉センターなどを設立して保健と福祉の機能統合をしても，地域保健法と社会福祉六法は依然として保健所と福祉事務所が独立の組織であることを前提としているため，組織的に充分な連携が図れないといった例も多い。そうした障壁を除き，領域や職種を越えた具体的な連携を図れるよう，自治体におけるマクロ・ネットワークが機能して，計画的な政策として打ち出していく必要があるといえよう。

なお，ネットワーキングの具体的展開については，第11章のケアマネジメントの援助事例を参考にして理解を深めてほしい。

5　事例研究：コミュニティワークの実践事例
――社協による父子家庭への援助――

1　事例の概要

> A県B市は，日本海側に位置した港町として歴史のある市である。人口は約9万4千人，世帯数は3万2千余世帯。民生児童委員活動が伝統的に活発なところである。
>
> B市社協の福祉活動専門員であるCさんが，父子家庭の抱える生活課題の深刻さを知ったのは13年前，一人の父子家庭の父親が市社協へ生活相談に訪れたのがきっかけである。ちょうど同じ時期に市民生児童委員連盟（以下，市民児連と略す）が福祉票による調査を展開し，約100世帯の父子家庭の正確な把握ができたこともあって，市社協の児童福祉部会においても父子福祉活動についての積極的な協議がされ，父子家庭への事業を通したアプローチの必要性が認識されるようになった。

2　援助の過程

まず最初に，父子クリスマス会が事業として計画された。市民児連の全面的な協力を得るとともに，Cさんは子どもたちのために国立病院の附属看護学校のボランティアグループにも協力を呼びかけた。父子家庭に対しては一方的な通知に終わらずに，Cさんと看護学校のボランティアが一軒一軒に訪問を行った。当日のクリスマス会では，レクリエーションの他に父親と関係者の懇談会が設定され，Cさんは父子家庭の置かれた状況を密接に知ることができ，コミュニティワーカーとして取り組むべき課題を認識したのである。

翌年には「父子福祉だより」が発行され，父子家庭の情報交流の場として活用された。さらにアンケート調査や聞き取り調査も実施し，そこで明らかになった食事の作り方を学びたいというニーズに対応するために「料理教室」

の事業が実施され，婦人会のボランティア協力の輪も広まった。またそうした事業においても必ず懇談会が内容に盛り込まれた。

　父子福祉活動に取り組んで5年目には，父子家庭の諸事情により子どもを短期間預かる「父子家庭一時養育事業」に，市民児連が実施主体となって取り組むことになり，市民児連と市社協は協働体制をいっそう強化するために「父子福祉推進協議会」を組織した。これにより子どもを預かる一時養育家庭は市社協にボランティア登録され，父子福祉活動は以前にもまして盛り上がりをみせるようになった。またこの推進協議会が軸となって福祉事務所・児童相談所・養護施設にネットワークが築かれ，定期的に年4回，これらの機関・施設・団体による推進会議が開催されるようになり，父子福祉活動の課題や目標を設定した推進計画も策定された。

　さまざまな活動が展開されていくうちに，一時養育家庭を中心としたボランティアも成長していき，「カンガルー」という名前でグループ化され，一時養育事業に対応するようになった。また当事者の父親たちにも，みずからが参加・実践することによって，生活課題を解決していきたいという思いが表されるようになってきた。組織化の時機が近づいていることを察知したＣさんは，父親たちと頻繁に連絡を取りあい，中核となりうる人の意向をまとめて，ひとまず準備会を組織する一方，関係者や当事者の父親と共に父子福祉活動の先進地に視察を行い，市民研修会のテーマにも父子福祉を取り上げて啓発と協調を拡げていった。

　こうして父子福祉活動を始めて9年目に「Ｂ市父子福祉会」が結成され，当事者が自主的に運営するようになり，関係機関に父子福祉制度の拡充の要望を訴えつつ，Ｂ市内に留まらない広域的な組織化活動を展開するようになっている。

6　Q＆A

(問題)

　上記の事例においては，さまざまなコミュニティワークの技法が用いられ

ているが，その説明に関する次の記述のうち，適切でないものを一つ選びなさい。

① 既存の調査をもとにコミュニティワーカーは，父子が集まりやすい環境づくりをするためにレクリエーションを積極的に導入し，そこで必ず座談会を設定することによって，父子家庭の生活問題の把握と診断に努めている。

② インターグループワークとして，一時養育の事業の実施にあたり市民児連と市社協が協働し，さらに父子福祉活動の推進計画策定において行政関係者だけでなく，福祉施設も巻き込んでその社会化も促している。

③ 時間的に余裕が少ない父子家庭の父親に対して，早期に「父子福祉だより」という形で広報活動に取り組み，個々の孤立化の防止と情報の共有化の促進がなされている。

④ 地域組織化として，父子家庭の最も緊急のニーズである一時養育の事業展開において，「カンガルー」というボランティア・グループを組織化し，地域組織資源として位置づけている。

⑤ 父子福祉会が組織化された結果，母子家庭と比較して制度的対応が不十分なことが広く認識され，社会資源の開発・整備を新たなタスク・ゴールとしてソーシャルアクションが展開されている。

(解答)

父子家庭を対象としたコミュニティワークは，全国的に見ても実践例が少ないため，その方法論が普遍化できるまでには至っていない。そのニーズにしても父子家庭となった要因により違いがあり，第三者が精神的な悩みや生活の困難さを一概に把握して対応できるといった性質のものではないといえる。

上記の事例はそういった実情にも配慮して，父子福祉推進のための環境づくりにコミュニティワーカーが最大限の配慮をしていること，そして最も重要なプロセス・ゴールである当事者の組織化に向けて，コミュニティワーカ

ーが先導することなく，父親自身が主体的に福祉問題の解決を図れるよう，その意向を尊重しながら取り組まれていることが評価される点である。

　④の記述において，ボランティア・グループが組織化されたのを「地域組織化」としているのは不適切であり，「福祉組織化」が正しい。地域社会において一般的なボランティアを育成したり，その活動を促進することは，地域組織化の範疇に入るが，この場合は父子家庭の特定のニーズに対して，すでに活動実績のあるボランティアを社会資源として位置づけるためにグループ化を図っているので，福祉組織化の技法を用いたものと解釈される。

　正解は④である。

●注
(1) マレー・G・ロス著，岡村重夫訳『コミュニティ・オーガニゼーション──理論と原則』全国社会福祉協議会，1968年，42ページ。
(2) 同上，目次。
(3) 高田真治著『アメリカ社会福祉論』海声社，1986年，153ページ。
(4) R.M.マッキーヴァー著，中久郎・松本通晴監訳『コミュニティ』ミネルヴァ書房，1975年，56ページ。
(5) 論者によって若干の差異がある。例えば高田真治は「構想（政策）計画」「課題（運営）計画」「実施（執行）計画」「評価（管理）計画」と4段階に分類している。ここでは最もシンプルな形を採用した。
(6) 「地域組織化」「福祉組織化」の用語についても概念が混乱している。岡村重夫は福祉組織化について福祉コミュニティの形成を意図したが，全社協は地域組織化に福祉コミュニティ形成の意味を与え，福祉組織化をサービスの組織化・調整を図るものとした。ここでは過去の社会福祉士国家試験の出題に従っている。
(7) コミュニティ・ディベロップメント（以下，CDと略す）は，国際連合の初期の活動においてとくに重視された方法論である。1956年に国連はCDを「地域社会の住民自身の努力と政府機関の努力とを結びづけることによって，コミュニティの経済的・社会的・文化的諸条件を改善し，これらのコミュニティを国民生活に統合し，そしてそれらのコミュニティが国全体の発展に十分貢献することができるようにするための諸プロセスである」と定義づけ，そうしたCDによって住民自身のイニシアチブや自助および相互協力を促進し，生活水準を改善・向上させる方法を開発途上国において展開してきた。その後，CDは先進工業国の都市コミュニティの問題にも適用されるようになっている。
(8) 定藤丈弘「コミュニティ・オーガニゼーションの理論的枠組の発展」（『社会福祉研究』第43号，鉄道弘済会，1988年）9ページ。
(9) 雀部猛利著『社会福祉学講義Ⅱ』海声社，1984年，97ページ。

(10) マレー・G・ロス著，岡村重夫訳，前掲書，229ページ。
(11) 牧里毎治「高齢者をめぐるソーシャル・サポート・ネットワーク」（沢田清方・上野谷加代子編『日本の在宅ケア』中央法規出版，1993年）233ページ。
(12) 松原一郎「連携と分権の位相」（右田紀久恵編著『自治型地域福祉の展開』法律文化社，1993年）64ページ。
(13) 松原一郎「コミュニティ・オーガニゼーションに見るネットワーク」（右田紀久恵・松原一郎編『地域福祉講座②』中央法規出版，1986年）311ページ。
(14) 大友義勝「秋田県における要援護者を守るネットワーク活動」（『月刊福祉』第71巻2号，全国社会福祉協議会，1988年）70ページ。

● 引用・参考文献
① 高森敬久・高田真治・加納恵子・定藤丈弘著『コミュニティ・ワーク』（社会福祉入門講座5）海声社，1989年。
② 高橋重宏・宮崎俊策・定藤丈弘編著『ソーシャル・ワークを考える』川島書店，1981年。
③ 雀部猛利著『社会福祉学講義Ⅱ』海声社，1984年。
④ マレー・G・ロス著，岡村重夫訳『コミュニティ・オーガニゼーション――理論と原則』全国社会福祉協議会，1968年。
⑤ ロバート・パールマン，アーノルド・グリン著，岡村重夫監訳『コミュニティ・オーガニゼーションと社会計画』全国社会福祉協議会，1980年。

〔瓦井　昇〕

第7章 ❖ 社会福祉調査法（ソーシャルワーク・リサーチ）
〈間接援助技術②〉

　社会福祉調査法（social work research, ソーシャルワーク・リサーチ）は，社会福祉のための調査技術であり，福祉効果を高めるうえで，重要不可欠な技術である。

　と言うのは，社会福祉ではニーズアセスメントに始まり，福祉サービスの評価に至るまで，社会調査法の利用範囲は測り知れないほど広いからである。

　この章では，社会福祉調査法の社会福祉援助過程における意義，および，社会福祉実践との関連性を踏まえつつ，この専門技術について学習をすすめていく。

1　社会福祉調査法の基礎理論

1　社会福祉調査とは

(1)　社会福祉調査の成立

　社会福祉援助における調査・研究が始められたのは18世紀後半以降であると言われている。当時，ヨーロッパでは産業が急激に発達し，その結果さまざまな社会問題が発生していた。このような状況の下で，イギリスのハワード（John Howard）による「監獄事情」（1777年），フランスのル・プレイ（Frederic Le Play）による「ヨーロッパの労働者」（1855年）が，社会改良を目的とする先駆的な社会調査であった。そして19世紀後半ともなると，産業革命の発祥地のイギリスでは，ブース（Charles Booth）が，その著『ロンドン市民の生活と労働』の中で，労働者人口の約30％が貧困という調査結果を報告した。その直後，今度はイギリスのヨーク市で，①貧困の規定をより厳密に調査する，②貧困の直接原因を究明する，③貧困層のライフサイクルを明らかにする，

④ブースの研究と比較することを目的に，労働者家族の貧困調査が実施された。

その結果，次の報告が発表された。まず貧困の種類には，①失業，低賃金，賃金所得者の死亡，子沢山等を原因として，家族の総収入をもっても肉体的再生産能率を維持できない「第1次貧困」にある家族と，②飲酒，賭博，計画性のない支出が原因となり，総収入が他の支出に転用されない限り肉体的再生産能率は維持できる「第2次貧困」にある家族に分類される。

さらにライフサイクルを調べると，労働者の生活は貧窮と比較的余裕のある生活を，生涯のうち5回くり返すという結果が出た。その結果，貧困の原因は個人の怠惰によるものではなく，社会構造にあることが明らかにされた。これが有名なラウントリー（Seebohm B. Rowntree）の『『貧乏研究——地方都市生活の研究』1901』貧困調査である。この研究の意義は，①科学的に貧困問題を調査・分析したこと，②後にイギリスでは「国民扶助法」が成立し国家が貧困に関して責任をもつ意味での社会福祉政策に影響を及ぼしたことであった。

(2) 社会福祉調査の定義

社会福祉調査とは何か。そもそも社会福祉調査は社会調査の一部であり，その定義は「一定の社会または社会集団おける社会（福祉）事業を主として現地調査によって直接に観察し記述する過程」とされており，今日までの系譜において，①行政目的，②社会（福祉）事業目的，③営利目的，④研究目的と4つに分類された[1]。そのため定義そのものは類似するところがあるが，グリンネル（Richard M. Grinnell）は「社会福祉事業に関する問題についての科学的研究であり，調査手順が問題提起から始まる以上，調査目的は質問に対する返答あるいは問題解決することである」と定義している。

(3) 社会福祉援助技術過程おける社会福祉調査の意義

次に社会福祉調査と社会福祉実践がどのように関連性があるのか整理しておこう。まず，図1に示したように調査研究では既存の理論を踏まえて仮説を設定し，調査実施（はじめの段階では観察調査である場合が多い）後に結論，そしてそこからまた新たな理論が生まれる。これが社会福祉実践では理論をも

第7章 社会福祉調査法（ソーシャルワーク・リサーチ）

図1 リサーチにおける理論と実践介入の比較

調 査 研 究：理論⇒⇒仮説⇒⇒観察（調査）⇒⇒結論⇒⇒理論
社会福祉実践：理論⇒⇒介入計画⇒⇒介入⇒⇒結果⇒⇒理論

図2 社会調査手順と介入（インターベンション）手順の比較

社会調査の手順：問題提起⇒⇒調査計画⇒⇒データ収集⇒⇒データ分析⇒⇒結論
実践介入の手順：ニーズアセスメント⇒⇒介入計画（インターベンションプラン）⇒⇒実施⇒⇒評価⇒⇒結果⇒⇒（フィードバック）⇒⇒ニーズアセスメント

出所：図1．2とも D. R. Monette, T. J. Sullivan & C. R. DeJong, *Applied Social Work Research*, Holt, Rinehart & Wnston, Inc. 1990, pp. 12, 34 から翻訳。

とに介入（インターベンション）のしかたを検討し，実践，結果，そこから新たな別の方法（理論）を導くというのと同じ過程になる。さらに詳しく図2では，調査手順と介入（インターベンション）手順においても実践で介入結果がフィードバックされて，ニーズアセスメントに戻る点以外は共通のプロセスをふむ。

2 社会福祉調査の分類

社会福祉調査法を分類する際，主に①方法・目的による分類，②対象範囲による分類に分けられる。それぞれの特徴を紹介しておく。

(1) 方法・目的による分類

一般的にどの分類においても，調査の種類というのは数量的もしくは質的に大別される。社会福祉でも例外ではなく，数量的に調査する統計調査法と，少数のケースを深く調査する事例調査法がある。

① 統計調査法　対象範囲はひろく，あらゆる社会現象，社会問題等を統計的に調べ，その中から関連性，規則性を見出す方法である。仮説を科学的に説明する時に使われることが多い。

② 事例調査法　対象範囲はせまく，少数であり，それぞれの事例ケースを詳細に分析する技法である。仮説を設定するために利用されるときもある。

(2) 対象範囲による分類

　対象者なしに調査は実施されない。そしてその対象者もいくつかの選択方法があり，対象範囲によっても調査は分類できる。

　① 全数調査　対象者となる集団（母集団）のすべてを調査する手法である。対象者を一人も残らず調査でき，正確な資料が得られるならば信憑性はきわめて高い。国勢調査がこの一例として上げられる。調査において誤差が小さいという長所もあるが，莫大な時間，費用，調査員が必要とされる短所も持ち合わせている。

　② 標本調査（一部調査）　この調査は全体の中から一部を代表して選び，全体を推定する手法である。時間，費用，調査員が少なくてすむという長所をもつ反面，標本の選び方と誤差が大きいという短所もある。この抽出法については「調査対象（サンプル）の決定」の項で述べる。

2　社会福祉調査法の技術過程

《調査の実施までの過程》

　社会福祉調査法の過程を簡単に述べると，①調査の枠組み設定，②調査手順の設定，③調査票作成，④予備調査，⑤実施前の留意点，⑥調査の実施，⑦データ集計整理と分析，⑧調査の限界，⑨結論，⑩報告書，となり，ここでは調査実施までの過程を説明する。

1　調査の枠組み設定

　社会福祉調査技術の過程において仮説設定を含めて全過程の方向性を決定する上で，一番重要なのは準備段階である。その内容は以下の8項目である。
1) 問題提起：何が問題であるか明確にする。調査目的および結果を左右する。
2) 調査研究計画検討：検討の必要がある項目を述べるが，特に社会調査の場合，回答率（回収率），費用，時期の3つは結果を左右する。
　(1) 先行研究調査：先行文献から予備知識を得ること，同じ調査研究を繰り返していないかを調べる。

(2) 対象範囲：前ページに述べたように，全数調査，標本調査等。
(3) データ収集方法：郵送法，面接法，観察法等。
(4) データ分析方法：集計方法，統計コンピューターで，どのテストを選択するか。
(5) 時期（日程，期間）：調査が一番有効的に行われる時期を検討する。
(6) 資金：予算があれば，どのように振り分けるか（人件費，諸費など），ないときは可能な資金援助先を探す計画を立てる。
(7) 調査グループ（調査員）の構成：調査にかかわる人員（調査対象者は除く）を専門的，学術的な分野から選び，責任者がグループを運営し仕事を分担する。
3) 研究の意義・目的：この調査結果がどのように社会に貢献できるか。
4) 先行研究から学ぶ点の確認：先行研究から産み出される理論と，その限界およびアドバイスを参考にする。
5) 仮説構築：問題提起をもとに，その現象もしくは問題が起きる条件を考える。
6) 調査項目の定義：調査する項目が同じ概念で調査対象者と調査員に理解されるか。
7) 仮説設定：5)から，例えば，"Aの条件のもとにBが起こる"という仮説（hypothesis）を設定する。（これは後に検定される。）
8) 限界予想：測定の問題点（測定の妥当性，信頼性）を予想する。

2 調査手順の設定

さて調査過程が頭の中で理論的に組み立てられた後，調査技法を最終的に決定し実施する段階に入る。今までの作業と重複するところもあるが，この過程では再確認を含めより詳細まで決定する。

1) 調査目的の明確化：理論的枠組みで調査目的を検討した後，再度目的を明確にすることが重要であり，これは調査結果に大きく影響する。例として，①関連性，②描写，③説明，④評価などの検討があげられる。
2) 調査計画（対象と期間）の決定：すでに対象範囲はこの段階までに決められているので，調査目的を考慮しながら決定する必要がある。種類として

は，①横断手法（1グループ，1回），②縦断手法（1グループ，数回），③関連性手法（複数グループ，1回か数回），④実験的手法（2グループ，2回）等がある。

3) 調査対象（サンプル）の決定：「社会福祉調査の分類」の項で述べたように，現在ではほとんどが標本調査であるため，調査対象（サンプル）を決定しなければならない。サンプルの抽出法により次のように分類される。

(1) 無作為抽出法（random-sampling）：母集団（研究対象の全体＝population）の中のすべてが等しく選ばれる確率がある。調査員の主観が入らないという長所もある。まずリスト（台帳）を作成し，番号をふっておく準備が必要である。①単純無作為抽出法：不規則に並んだ数の中から標本に必要な数だけ選ぶ，②系統的抽出法（等間隔法）：1回目は無作為に選び，その後は等間隔に選ぶ（例：1回目が1～10の中で3であれば，次は13，23……），③2段抽出法（副次抽出法），④層化抽出法，⑤層化多数抽出法などがある。

(2) 有意選択法（Non-random sampling）：①典型法と②割当法の2つがある。

4) データ収集法の決定：データ収集法は現地調査においても，いろいろ種類があるが，ここでは統計法と事例法をもとに分類する。

(1) 統計調査法による現地調査の種類：主に質問紙（questionnair）を用いて調査する手法であり，本人が記入するものと調査員が記入するものとがある。本人記入では，①調査員が調査対象を訪問して用紙を配り後日回収する配票調査（例：国勢調査），②調査対象者に質問用紙を郵送して記入後返送してもらう郵送調査，③対象者を1か所に集めてそこで質問紙を配り記入してもらう集合調査がある。調査員記入では，①調査員が質問用紙を持って対象者を訪問し記入する個別面接調査，②調査員が対象者に電話をして質問し調査票に記入する電話調査とがある。

(2) 事例調査法による現地調査の種類には，1つ1つのケースを詳細に分析する事例調査法では，主に観察法と自由面接法がある。観察法とは調査票などを一切用いず，視覚と聴覚の両方を用いてありのままを記録す

第7章 社会福祉調査法（ソーシャルワーク・リサーチ）

表1 データ収集方法の長所短所比較

タイプ	長所	短所	影響する要因
郵送法	調査員の人件費が安い 時間の節約 対象者の都合に合わせられる 対象範囲が広い 質問項目の定義が統一できる 面接者の偏見がない	回収率が低い 回答率が低い 質問に対し適応不可能 質問順序の変更不可能 回答時の環境が準備できない 期日指定が困難 サンプルが公平に選択されていない可能性がある	援助資金 回答様式 質問文の長さ 対象者の識字力 郵便種類 郵送時期
面接法	適応性が高い 回答率が高い 動作・行動も観察可能 面接時の環境も準備可能 質問順序を自由に選択 面接時間も調整可能	調査員の人件費が高い 時間がかかる 面接者の偏見が入る 面接日時の変更困難 面接者の訓練期間が必要	性別 社会的地位 年齢 服装
観察法	環境に左右されない 継続的に分析可能 動作・行動も観察可能	サンプルが小さい 調査の統一性が不可能	

出所：Kenneth Bailey, *Research Methods*, から翻訳。

る手法であり，さらに詳しく①単純観察法（非統制的）と②客観的観察法（統制的）に分類される。まず単純観察法とは，調査員が第三者として観察する非参与観察と，調査員が対象集団に入り長期にわたり共同生活をすることによって実態を調査する参与観察の2つがある。ブースの『ロンドン市民の生活と労働』が後者の例である。客観的観察法とは調査の形式等を統制され，おもな対象者は小集団である。もう一つの現地による事例調査法である自由面接法とは，面接で対象者との会話を通じて聞き取り記録していく手法である。ここで今まで述べたデータ収集方法のまとめとして郵送法，面接法，観察法の3つの長所，短所，調査に影響する要因を簡単にまとめる（表1）。

3 調査票作成

前にも述べたように一般的に広く利用されている調査手法は，本人記入にしろ他者記入にしろ質問用紙（questionnaire）である。質問項目，回答形式，長さ，質問順序，所要時間により調査結果が影響されることもあるので十分

図3　さまざまな標本抽出法

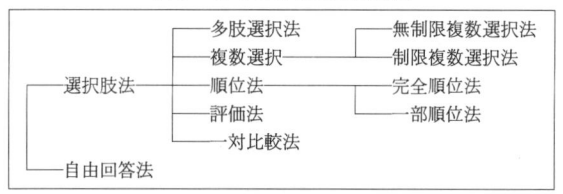

```
                ┌─多肢選択法      ┌─無制限複数選択法
                ├─複数選択        ├─制限複数選択法
        ┌選択肢法┼─順位法         ┌─完全順位法
        │       ├─評価法         └─一部順位法
        │       └─対比較法
        └自由回答法
```

出所：古谷野亘・長田久雄著『実証研究の手引き』ワールドプランニング，1992年，61ページ。

に考慮することが必要である。以下手順と留意点をまとめる。
1) 質問文の作成：質問文を作る際，次のことに気をつける。
　(1) 質問項目の中の用語を明確に定義する。（例："高齢者"という語を用いた場合，人により何歳を高齢者と呼ぶか違うので定義をしておく。）
　(2) 曖昧な用語（それについて，そのような等）はなるべく避ける。
　(3) 専門用語や略語は使わない。
　(4) ダブルバーレル（2つ以上の概念が含まれた文）は避ける。（例：「白や黒が好きですか？　はい，いいえ」の質問で「はい」の場合，どちらか両方かわからない。）
　(5) ステレオタイプ語（肯定と否定の両方の意味を持つ語）は使わない。
　(6) キャリーオーバー・エフェクト（carry-over effect）に注意する。（配列上の問題で前の質問の答えが，次の質問の答えに影響する可能性があるか。）
　(7) ろ過質問（filter question）も使用できる。（一般的な質問から徐々に調べたい質問に焦点をしぼっていく。）
2) 回答形式の決定：回答形式にはいろいろな種類がある。特に，選択肢の作り方でイエス・テンデンシー（yes tendency）といって一般的に「はい」と答える傾向があるので「はい」と「いいえ」が混じるようにしたり，選択肢の並び方においても，回答が多そうな選択肢をいつも一番最初におかないように気をつける。
3) 調査票の構成：調査票に書いておく項目は，①表題，②調査の主体者（調査に関する問い合わせ先），③依頼文（調査目的，秘密保持の確約等），④方法と時期，⑤質問文と回答用紙，⑥フェイスシート（調査票の中で性別，年齢，職

業,学歴等,対象者個人の属性についての部分)である。

4 予備調査

予備調査はプリ・テスト (pre-test) とも呼ばれ,調査票の完成後,対象者の一部に実際回答してもらう調査である。これによって調査項目,内容,回答様式が適切であるか等を再度検討あるいは訂正することができ,より確かな調査結果を導く点において意義がある。

5 その他実施前の留意点

実施前の作業準備が行われている際,調査にかかわる重要な留意事項の中に,調査対象者から調査の主旨や内容の理解を得,調査者の信用を得ることがある。そして対象者の人権を守るために調査内容および結果について秘密保持を守ることを前提に調査が実施される。さらに調査に参加する調査員を集めて説明と指導をする機会をつくるべきである。

6 調査実施

このような準備を経て,調査を実施することになる。

《調査の結論をどう導くかの過程》

7 データ集計整理と分析

回収された調査票は,①点検,②符号化,③集計,④統計検定,⑤分析検討という順序で整理される。

①点検 (editing) とは,調査票の回答欄に記入漏れや誤りを発見して訂正し,集計しやすくする作業である。集計値が正確に出るために重要な作業である。

②符号化は,調査項目と回答に対してカテゴリーをつけて分類し,符号を付けて (coding) 集計しやすいようにする。

③集計では,データの集計方法および集計表についてもいろいろ種類がある。それらには,単純集計といって個々の分布がわかり,これをもとに頻度分布表,棒グラフ,円チャート等が作成できるものと,交差(クロス)集計といって2つ以上の項目の関連性を見つけることができるものがある。これら2つだけからも簡単な分析や傾向がわかる。この集計作業を行うには手集計

表2 尺度の種類と適切な統計テスト

尺度の種類	例	適切な統計テスト
名義尺度： Nominal scale	性別 宗教 年齢（若い／高齢）	最頻値（mode） 中央値（median） カイ二乗（χ^2）検定（Chi-Square）
順序尺度： Ordinal scale	年齢（若年／中年／高齢） 収入（低／中／高） 態度・状態（強く反対／賛成／強く賛成）	最頻値（mode） 中央値（median） カイ二乗（χ^2）検定 相関係数
間隔尺度： Interval scale	年齢（実数） 収入（実数） 身長（cm）	平均値（mean） 標準偏差 重回帰分析 ピアソンの積率相関係数 分散分析（Anova） T-検定
比率尺度： Ratio scale	間隔尺度と同じ （ただし，0も含む）	間隔尺度に同じ

と機械集計がある。手集計には「正」の字を作っていく劃線法，別の用紙に一度転記して集計するアセンブリングシート（assembling sheet）法，カード法がある。この中でカード法のみ交差（クロス）集計ができる。機械集計には，いろいろな方法があるが，現在ではほとんどコンピューターである。集計整理が終わったあとはその結果から表，グラフ，チャートをつくりまとめる（類似点，相違点，関連性等）。

　④統計検定とは，調査の対象を母集団で選ぶ以上．その調査結果が母集団においても通用するかを調べることである。この時使われるものが調査計画検討の時に作成した仮説（統計的仮説）である。統計的仮説とは否定されるためにつくられ，仮説（hypothesis）に対して帰無仮説（null-hypothesis）と呼ばれ，帰無仮説を否定することがつまり，仮説を立証することになる。ただし，帰無仮説を破棄する場合もあり，これを危険率と呼び一般的に社会科学分野では5％とされている。

　⑤分析検討を行う場合，問題になるのは，測定値の基準である。測定値には大きく分けて4つの尺度があり，それによりコンピューター分析による適

第7章 社会福祉調査法（ソーシャルワーク・リサーチ）

切な統計テストの種類が変わる。表2は，そのまとめである。

8 調査の限界

一般的に調査というものは何かを測定するために利用される。ただし，社会福祉を含めた社会科学においては，社会現象や社会問題等，測定が難しい。そこで測定の妥当性（validity）と信頼性（reliability）を検討することによって測定が評価することができる。[3]

1) 測定の妥当性とは測定の正確さを意味する。詳しく分類すると8種類あるが，その中に①表面的妥当性（face validity）と②内容的妥当性（content validity）がある。両方とも測定の尺度を内容的に正確かどうか問い掛けている。例えば，医者や救急病院の報告による児童虐待を調査する場合，児童本人からの通報でない限り，報告者の主観が入るため測定の妥当性は低いと言える。

2) 測定の信頼性とは，これも妥当性と同じく測定の正確さを意味するが，こちらは毎回一致した測定値（真値と誤差）が出るかを測定する。この場合一番よく使用される方法が同じ測定を期間をおいて行う再検査法（test-retest）がある。

9 結論

このような経過を経て，調査研究の結論がまとめられる。

10 報告書の構成

調査結果を文章としてまとめた書類を作成する。内容は，①タイトル，②要約（abstruct），③序文，④調査方法，⑤調査結果，⑥考察（調査結果の可能な利用分野，調査の限界，今後の課題等），⑦引用文献（reference），⑧注，⑨付録（appendix）で構成される。

3 社会福祉調査法の課題

最後に最近の北米における社会福祉調査の傾向を述べる。まず，福祉サービス全般においては，毎年厳しくなる福祉財政の削減により能率的かつ効果的なサービスが求められている。アメリカのリサーチ研究を集めた専門誌を

見ても特に最近その存続をめぐり話題となっている「要扶養児童家族援助（AFDC）」や「医療扶助（Medicaid）」等のプログラム・エバリュエーションが強化される傾向がある。

と同時に臨床的なリサーチがより研究されている北米では，ニーズアセスメントのためにリサーチを利用し，サービス基準を作成したり明確化することにより個別のケースに対応している。さらにより高度な専門性を求めてリサーチの技法に関する研究も数多くみられ，そのため多くの社会福祉系の大学でも統計分析コンピューター（SPSS等）を必修科目としてリサーチの技術向上に力を注いでいる。

その結果，福祉政策や福祉援助計画の策定には，ソーシャルワーク・リサーチによる明確な根拠を要求されるようになってきた。

このような北米を中心とする国際的動向の中で，日本では，政策立案や福祉援助の中での社会福祉調査（ソーシャルワーク・リサーチ）の有効性はまだ十分に認識されているとは言えず，政策や援助計画の合理性が問われる事態も起きている。今後，社会福祉従事者の一人ひとりがリサーチの技術を身につけ，援助の中にその技法と結果をどう生かしていくことができるかが今後の大きな課題である。

4 事例研究：ソーシャルワーク・リサーチの活用事例
―― 養護老人ホームにおける調査を活用した処遇改善 ――

1 事例の概要

> 山田さんが生活指導員として勤務する「山の上養護老人ホーム」の職場会議の席上で，3月のある日，調理担当の職員から「最近食べ残しが多くて処理に困っている」という話がでた。それはいつ頃からかとか，調理担当者の勤務時間上の制約のため半製品が増えているのではないかとか，入所者が高齢化してきて自力で食べられない人が増えているからだとか，そのような人の食事介助の時間が足りないとか，いろいろな意見がでた。が，結局どうしようということもなく話は終わってしまった。山田さんは，調

理担当者は現に食べ残しの処理に困っているので，次回にまたこの話を出す可能性があり，何らかの解決策を考えなければならないと思った。そこで，山田さんは施設長とも相談して，なぜ食べ残しが出るのかについて入所者にアンケート調査することを次回の職場会議に提案することにした。

　4月の職場会議の席上では，山田さんの提案した調査をしてみようという案には賛否両論あったが，とにかく食べ残しを減らしたいので，そのために役立つのなら調査して欲しいという調理員の意見が通って，調査を行うことになり，その調査計画を次回の職場会議に山田さんが提案することになった。

　5月の職場会議で山田さんは，この問題は職員間のいろいろな利害が絡む問題であると考え，職員が調査員になると客観的な結果が得られない可能性があるので，実際の調査は大学生のボランティアグループに調査員をお願いし，聞き取り調査で行う提案をした。これは，仕事の負担が増える心配をしていた職員から好評であり，気が楽になった職員から調査内容についての積極的な意見が沢山でてきた。配食の時間，食事の場所の雰囲気，材料の傾向（残る素材），料理の仕方，分量，味付け，嗜好への配慮，食事介助のあり方，など非常に多岐にわたる意見がでた。これらを山田さんが調査をしてくれる学生たちと一緒に調査表にまとめることになった。

　6月の職場会議で，山田さんは学生たちとまとめた調査票を提案した。その調査票は，あまり細かいのも集計の段取り等を考えると大変なので，質問項目は，①量について，②食材について，③調理方法について，④味付けについて，⑤食事時間の設定について，⑥食事をする場所について，⑦食堂の設備や雰囲気について，⑧食事介助の仕方について，⑨間食について，などに関する希望，⑩なぜ食べ残しがでるのかという意見，⑪その他の食事に関する希望，の11項目であった。この案について，職員の中から「刻み食の是非」や「食堂の席についての希望」があるのではとの意見が出て，結局誰と一緒に食べたいかもあるだろうと，「食堂の席についての希望」も調査項目に加えることになった。「刻み食」については，それを必要とする人には聞き取り調査が難しいだろうとの意見もあって，調査項目としては取り上げないことになった。回答方法については，学生たちは集計の問題もあって選択肢を用意する調査を望んだが，食べ物のことでもあり嗜好性が強く，選択肢として回答してもらうと本音の意見がでないのではという職員の意見が強く，全部フリーアンサーとし，後で回答を分類する方法が取られることになった。

2　調査の過程

　このような整理の後，7月の下旬にボランティアの学生12人が，一人ひとりの入所者に一人約30分をかけて丁寧に聞き取り調査を行った。この山の上老人ホームには100人の入所者がいるが，聞き取り可能で回答をしてくれたのは63人であった。37人の未回答者は痴呆や全く意識がないため食事をしない寝たきりの入所者が中心であったが，回答するのを嫌がったためにむりに聞かなかった入所者も14人いた。学生たちは，聞き取り結果をもとに集計と分析に取り組んだ。そこであらわれた結論として報告された要点は，①量については現在の量に対していろいろな意見があって，全くバラバラな希望がでている。②食材については，野菜の希望が多く，次が魚であって，肉への希望が少ない。③調理方法については煮物の希望が多く，油を使った調理や焼く料理の希望が少ない。④味付けについてはいろいろの希望があってまとめられない。⑤食事時間については朝食を早くして欲しいという声が多い。⑥食事をする場所は，特にベッドで食事介助をうけている人から皆と一緒に食べたいという希望が多い。⑦食堂については，席が混み合っていて中で動きにくいという意見が多い。⑧食事介助についてはもっとゆっくりという声が多い。⑨間食についてはあまり希望がなかった。⑩なぜ食べ残しがでるのかについては，全体的に固いものが多く歯が不安定なので食べにくいという声が強かった。しかし，これは小さく切ったりするなどして食べやすくすれば良いので，変に柔らかくするとおいしくないといった細かい意見も多かった。食堂の席についての希望はあるらしいのだが，ほとんどの人が明確な回答をしなかった，等の結果をまとめた。

　これらの結果は，9月の職員会議で報告され，職員の間でいろいろと議論があったが，取り敢えず，①食材を希望に近づける，②調理方法は煮物を多くする，③嗜好が多様なので一部の献立をそれぞれが選べるようにする，④食べやすいように固めのものは小さく切って出す，⑤食事介助の時間を5分程度伸ばす，といった改善が行われることになった。そしてこの改善のために，調理員だけが料理をしていたのではこのような改善をする時間がないため，調理員・介護員の勤務体制も少し変えて，入所者一人ひとりの食嗜好に

第7章　社会福祉調査法（ソーシャルワーク・リサーチ）

配慮した工夫をすることになった。

　この結果，食べ残しの量は改善以前に比べて徐々に減り，11月には半分程度にまで減って，結果的に調理員がその後始末に追われる時間が大幅に節約され，翌日の仕込みに時間を取れるようになってきたと，12月の職員会議で報告があった。

5　Q&A

問題 1

　この事例における調査の活用について，以下の内，適切な見解はどれとどれか。その組み合わせを選びなさい。

　a　仮説の設定や，選択肢の設定が的確であり，課題に対して明確な調査結果がでている点は評価できる。

　b　なぜ調査が必要なのか，その調査をどう活用するかが明確であり，その意味では意義のある調査と言える。

　c　先行調査研究についての調査が行われた形跡が全くないが，この種のアンケート調査としては全く差し支えない。

　d　学生ボランティアによる調査グループが構成され，活躍したことは調査を進める上で大変有効であった。

　　　　　①a b　②b c　③c d　④a c　⑤b d

解答

　aについては，この調査は選択肢の設定を行っておらず，意見の聞き取り調査になっているため，数値指標をともなう明確な結果を出しておらず，そのためこのような見解にはなりえないと考えるのが妥当である。bについては，この調査事例の特徴はまさにこの点にあると言え，この問題で「適切な見解」に該当するであろう。cについては，社会調査ではどのような調査であれ先行調査研究を調査することは必須の用件であり，その意味で，この見解は誤り。dについては聞き取りや面接調査は調査員の活動が適切に展開で

きるかどうかに負うところが大きいのだが，この調査事例では学生ボランティアの活動と上手く噛み合っており，この文は，適切な見解と言えよう。したがって適切な見解は，bとdである。

正解は⑤である。

問題 2

この調査事例では，作成した調査票を除いてある。事例に即して，調査票を作成する場合の配慮事項として以下の内，不適切なのはどれとどれか。その組み合わせを選びなさい。

 a 調査票を作成する前に，まず調査計画書を作成し，その段階で目的や仮説や結果の活用方法などについて検討することが，有効な調査票を作成する上で有効である。
 b より明確な数値指標をえるために，フリーアンサーによるプリテストを実施し，分類項目を整理した上で，選択肢を用意した調査票を作る方が明確な結果を得やすい。
 c 質問項目に対応する選択肢の配列については，その配列に特に注意を払わなければならない。
 d 質問票の作成にあたっては，このような施設内調査の場合は，フェイスシートを省いてしまっても差し支えない。
 e どのような場合でも，面接調査で質問していく場合は，明確な回答がなくても，質問者が回答者を良く観察して，その反応が判ればそれを回答しても差し支えない。

　　　　①a c　②b d　③d e　④a e　⑤b c

解答

調査を行う場合，まず調査計画をたててその内容を明確にしてから調査票が作る方が，あとで調査票の手直しが少なくて済むなど利点が多い。したがってaは適切と言えよう。bも一般的によく行われる方法であり，この事例の場合でも不適切とは言えない。選択肢を用意している調査票の場合，回答

が最初の選択肢に集まりやすい傾向があるなど，注意すべき事項が多い。したがってcは適切。どのような調査であれさまざまな傾向を分析するには最低でも年齢性別程度のフェイスシートは必要であり，この場合も，歯の状態などはフェイスシート項目とすべきであろうから，このdは不適切。eは微妙な文章であるが，明確な回答がなければ，D.K.（わからない）又はN.A.（回答ナシ）とすべきであり，まして「どのような場合でも」とはならないので，これも不適切。

したがって不適切なのは，dとeであり，正解は③である。

● 注
(1) 安田三郎著『社会調査ハンドブック』第3版，有斐閣，1982年，3—4ページ。
(2) 古谷野亘・長田久雄著『実証研究の手引き』ワールドプランニング，1992年，61—69，133—136ページ。
(3) 同上，133—136ページ。
(4) Social Work Research & Abstract（現在は Social Work Research と Social Work Abstract に分化）。

● 引用・参考文献
① R. M. Grinnell, *Social Work Research and Evaluation*, 4th ed.
② 森井利夫編『社会福祉援助技術——ソーシャルワーク入門』学文社，1992年，115—139ページ。
③ D. R. Monette, C. R. DeJong & T. J. Sullivan, *Applied Social Research*, 2nd ed., Fort Worth : Holt, Rinehart and Winston Inc., 1990, pp. 12, 34.
④ 福祉士養成講座編集委員会編『社会福祉士養成講座⑩　社会福祉援助技術各論II』中央法規出版，1992年，79—131ページ。

〔川廷　宗之〕

第8章 ❖ 社会福祉運営法（ソーシャルウェルフェア・アドミニストレーション）とスーパービジョン
〈間接援助技術③〉
〈関連援助技術①〉

　社会福祉運営法（social welfare administration, ソーシャルウェルフェア・アドミニストレーション。以下アドミニストレーションと言う）は、「社会福祉運営管理法」とも訳され、社会福祉間接援助技術の一つである。

　ソーシャルサービスを合理的、効率的に展開するための実践と研究の技術としても理解され、その含意は「社会福祉施設の運営管理から、広く所得、医療、教育、住宅の保障をも含んだ福祉国家論にまで波及してきている[1]。」

　こうした多義的な使用はひとまず視角の違いとして説明することもできる。すなわち、アドミニストレーションには「実際の運営とその学問的研究の両方の意味があるが、前者の場合は社会福祉運営、後者の場合には、社会福祉運営論となる[2]。」以下詳述していく。

　さらにはまた、この章では、社会福祉運営をはじめ、社会福祉援助活動における指導監督の技術であるスーパービジョンについても学習しておきたい。

1　ソーシャルウェルフェア・アドミニストレーションの基礎理論

ソーシャルアドミニストレーションの定義

　「管理」、「経営」、「運営」、「行政」など、いずれに訳出するにせよ、アドミニストレーションは、団体や組織のあるところ必ず必要とされる機能である。すでに旧聞に属するがサリー（Rosemary C. Sarri）は、*17th Encyclopedia of Social Work*（NASW, Vol. 1, 1977）のなかでパーソンズ（Talcott Parsons）の組織理論に依拠して、組織の異なる3つのレベルで変動するアドミニストレーションの機能を挙げている。

第8章　社会福祉運営法（ソーシャルウェルフェア・アドミニストレーション）とスーパービジョン

　第一のレベルは制度的(institutional)レベルである。制度的レベルとは，社会的目標を社会的行為へと変換し履行する際の運営的な諸活動にあてはまる。社会的な諸価値は常にこのレベルに関係しているので，関心はまた政治的な面にも向けられる。アドミニストレーター（administrator）は組織目標を具現化したり，理事会，スタッフ，利用者（クライエント）に対してリーダーシップを発揮することを期待される。ポリシー（方針）とアドミニストレーションの二分法はもはや受けいれられない。社会的要請は組織行動に外的な影響を及ぼすけれど，組織目標の運用が図られるにつれて内的な特質と互いに影響し合う。機関が扱う特定の社会問題を確定したり組織の活動分野を設定することもまた，制度的レベルのアドミニストレーションの機能となる。別のレベルで修正される活動形態ではあるけれど，組織の境界を決めたり組織―環境の関係のマネジメントはとりわけ制度的レベルでは重要となる。制度的レベルの活動にはそのほか，報告，コミュニティへの説明，特定の社会的イメージを育てることなどがある。

　第二のレベルは管理的(managerial)レベルで，利用者と専門的な下位組織の間の仲介(mediation)に関係している。ここに含まれる課題は，有効性や生産性を高める資源の調達と配分，組織設計，コーディネーション，そしてスタッフの管理などである。新しい職員の募集，人選，訓練，スーパービジョンの全部が，管理的レベルに属する。目標や活動範囲が与えられれば，管理的レベルの活動は，とりうる多様な目標達成の手段に関する意思決定を含む。スタッフの目標達成の努力の相互依存と統合を成し遂げるのが難しいことがよくあるので，ヒューマンサービス組織の規模と複雑さの増大はこのレベルに深刻な問題を提起する。しかしながら，有効性を発揮するには，人間行動の環境要因である全般的な組織風土は優先順位を反映していなければならない。

　第三のレベルは専門的(technical)レベルである。これには専門的活動の遂行，つまり，利用者への助言，送致，教授，物的資源の提供などにかかわる下位組織を含まれる。実行可能な組織目標達成のテクノロジーの選択，実施，統合，および管理に関係する。短期的および長期的な計画は，標準化，定型化，定期的な計画達成のアセスメント，職員の有効性などの問題を含んでい

る。アドミニストレーターは直接，目標間の矛盾や優先順位を処理しなければならない。また，目標達成の継続的な職員開発の仕組みを用意しなければならない。

それぞれのレベルはアドミニストレーションの特徴的な機能を包含しているけれど，レベル間にはまた重複や相互浸透もある。アドミニストレーションの機能分析へのこうしたアプローチは，変動する活動を強調して，知識と技能をいろいろ結びつけて利用することを含意しているのである。

アドミニストレーションはまた，そのプロセスにしたがって，計画し，組織化し，統制する活動としてもとらえられる。ここでの組織化とは，スタッフの配属，コーディネーション，リーダーシップの発揮などの活動をさす。スタッフへの情報のフィードバックを含む統制とは，目標達成の評価と，次の活動への方向づけである。こうした分析視角のひとつの典型が，循環的な「計画し，実施し，評価する（plan-do-see）過程」とするアドミニストレーションの理解である。

こうしたアドミニストレーションの理解は，社会福祉施設の科学的な運営管理に道をひらくところとなった。施設ではその目的，方針にもとづいて，処遇計画を立案し，それを効果的に履行していくために，総じて次のようなアドミニストレーションの課題が認められている。(1)人事管理：職員の採用・配置・訓練，職場の人間関係，給与・勤務体制などの労働条件の整備。(2)処遇管理：効果的な処遇プロセスと処遇の組織化の点検・改善。(3)建物・設備管理：施設の建物・設備の整備・保守。(4)財務管理：資金（資源）調達，予算管理，健全な財政運営。

アドミニストレーションを施設の科学的運営の方法とする限り，ソーシャルアドミニストレーションは施設管理論とほとんど同義となり，議論の趨勢はいきおい施設のアドミニストレーションとなる。そして施設の科学的運営に必要なアドミニストレーションのテクノロジーとして，組織の合理的編成を主題とするヴェーバー（Max Weber）の官僚制理論，仕事の設計と付与を主題とするテイラー（Frederick Taylor）の科学的管理法，職場の人間関係を主題とするメイヨー（Elton Mayo）の人間関係論などが知られている。

第8章　社会福祉運営法（ソーシャルウェルフェア・アドミニストレーション）とスーパービジョン

しかし冒頭でも述べているように，ソーシャルアドミニストレーションをソーシャルサービスのアドミニストレーションとし，ソーシャルサービスの政策形成とその管理・運営（行政）を意味する「社会福祉行政」「社会福祉政策（社会福祉計画）」と解するときは，施設のアドミニストレーションを「ソーシャルウェルフェア・アドミニストレーション（social welfare administration）」としてこれと区別することもある。

2　ソーシャルウェルフェア・アドミニストレーションの技術過程

社会福祉援助活動をすすめるうえで，それにかかわる職員の人となりが重要なことは言うまでもない。しかし，有能な職員をいくらたくさん集めても，しっかりした運営管理のもと一人ひとりの力が最大限に発揮され，統合されていかなければ，かえって無用な混乱を招くことになりかねない。

施設の合理的な運営管理は一般に，運営過程の分析と改善，運営上（目的実現のため）の条件（①人事管理，②建物設備管理，③事務管理，④財務管理）の整備に焦点をあて，それらを総合的に実施することで効果があがるとされている。その意味で，社会福祉施設がその目標を効果的に達成するうえで，地域社会のニーズに即した社会福祉施設（機関）の合理的な運営管理の技術とされるアドミニストレーションの意義は大きい。

アドミニストレーションを目標・計画―実施―評価（「plan-do-see」）の3段階の過程としてとらえるなら，社会福祉施設の組織形態とともに，処遇目標，方針＝施設処遇の具体的内実が明示されねばならない。施設の処遇目標，方針の決定なくしては，各人がバラバラでその場かぎりの対応しかできないのである。とりわけ児童の人格形成，発達保障や人権擁護をかかげ，その実現にかかわる児童福祉施設における児童養護のいとなみは，職員一人ひとりが処遇の目標や方針をどう理解しているか，それをどのように実践してどう評価したか，という行為ぬきには成立しない。

処遇の目標，方針は，①民主的な運営管理，②科学的な運営管理，③運営管理の社会化，という運営管理の基本をふまえて，施設ごとに決定されるが，

もっとも包括的にはノーマライゼーション理念の実現にある。処遇の具体的内実をなす処遇の目標，方針の決定をみたら，次にその目標，方針を具体的な業務として展開するための処遇計画をたてなければならない。小国英雄は，処遇計画の過程を次のように示している。処遇目標，方針(処遇計画を規定する諸条件，①職員配置，②職員の労働条件，③運営経費，④建物設備条件)(主任会議または職員会議)→基本となる処遇計画→(各セクション会議または個人)→各セクションの処遇計画，個人別処遇計画→(主任)(職員会議)→全体処遇計画の確定→個人の執務方針。ここでは全員参加の職員会議もしくは主任会議が重要な意味をもち，しかも会議で一応の決定をみた全体計画を，次に個々のセクションごとに，また職員個人単位で自らの職務に応じて，処遇計画を検討・具体化して，さらにそれをもう一度全体(主任)会議に集約して全体計画として確定するとなっている。

　また硯川眞旬は，アドミニストレーションを目標・計画—実施—評価の過程とする基本視角は共有しながらも，運営管理の過程をアドミニストレーションの技術過程として図１のとおり整理している。さらに，この技術過程には，ⅰ．施設活動の広報，ⅱ．施設の地域活動，ⅲ．施設の社会福祉協議会への参加，ⅳ．同業種団体への参加などの「⑦施設の対地域関係の促進」も含まれている。

　このように近年では，社会福祉施設(機関)の連絡調整と連携協力化，さらには市民(利用者)参加やサービスの地域開放をはかるアドミニストレーションがもとめられているのである。またコミュニティワークと機能のうえで重複しているところがある。

3　事例研究：ソーシャルウェルフェア・アドミニストレーションの活用事例——児童養護施設における福祉効果の高揚——

1　事例の概要

　　短大で保育士資格を取得し，念願かなって施設保育士として児童養護施

第8章　社会福祉運営法（ソーシャルウェルフェア・アドミニストレーション）とスーパービジョン

図1　ソーシャルウェルフェア・アドミニストレーションの過程

① 対象地域社会の診断…
　具体的な目標は職員の積極的関心を高める。
　その前提は社会事業の活動の社会的背景を明確化すること。
　その調査項目として，①自然環境，②商業・産業の発展状況，③政治の発展状況，④住民の生活文化状況＝宗教，教育，保健医療，社会福祉の概況がとりあげられている。

② 地域社会の社会福祉ニーズの検討
　対象地区内外の各種機関・施設の協力によって実施し，できうれば，総合地域福祉計画へ導く。

③ 施設として解決可能な問題の選択
　多くの問題のうち，生活の必要からより切迫した問題の程度により順位を付し，最先順位の問題を，既存資源の活用，新規資源の開発などにより解決を促す可能性が見きわめられた場合に，その問題をとりあげる。
　選択課題の解決の必要性を大衆に広報する。

④ 施設の重点課題としての位置づけ，基本計画の策定
　①必要な職員，財源の確保，地域社会の協力可能性の程度に見通しをつける。
　②新計画の実施により，職員の負担過重，精神的動揺等を伴わないよう配慮する。
　③従来の事業計画を整理し，問題解決の困難なもの，他事業に利用者の移管が必要なもの等につき，地域社会の協力を求めて処理する。

⑤ 重点課題の解決のための実施計画の立案
　①施設の全体的目標を部門目標，個人目標に細分する
　②各部門の長期目標を短期目標の積上げに組み替える。
　③別に年間行事を計画し，関係者の結束をつよめる。
　④計画案を職員会議の承認を得て，協力関係をつよめる。

⑥ 実施促進，評価………
　①個人目標，部門目標の達成の程度により業績を評価し，必要に応じて今後の指導方針を修正する。
　②行事の手順を改善し，全職員の関心をたかめるように配慮する。
　③職員会議の記録，職員の指導記録を再点検し，突発事故の防止に努める。
　④ある活動過程の一段落した際に，その過程の合目的性を検討する。

出所：硯川眞旬著『社会福祉方法体系論研究』八千代出版，1982年，269—270ページ。

> 設T学園に就職した保育士Sは，1か月もしないうちに施設長に退職を願い出た。施設長がS保育士に，「あんなにはりきっていたのに，突然どうしたの？」と聞くやいなや，S保育士はワーッとその場に泣き伏してしまった。しばらくして落ち着きを取り戻したS保育士は，担当児童のうち新任の自分とあまり年齢が違わない男子高校生から無視され，どうかかわったり指導したらよいか戸惑い思い悩んでいる自分の気持ちを切々と訴えた。そんな自分自身がなさけなくつらい気持ちでいたところへ，古参のA保育士から「子どもから馬鹿にされるなんて，大学でいったい何を勉強してきたのやら」とあてこすりを言われ，すっかり落ち込んでしまい，仕事への意欲が急に萎えてしまったと心情を吐露した。

2　アドミニストレーションの過程

　施設長は短大時代に児童養護施設で実習したS保育士の経験をかって採用したことや，誰でも最初から自信をもって適切に児童に対応できるわけではなく，生活をともにするなかで児童から多くを学び，それを糧として成長していくうちに次第に自信もできてくることを話してきかせ，職場にとどまるようS保育士を励ました。施設長はS保育士をなぐさめ励ます一方で，新任のS保育士をあたたかく見守るのではなく逆に足をひっぱるようなベテラン保育士Aの態度は，T学園における職員相互のチームワークや信頼関係をそこない，ひいては施設における養護効果を高めるうえでマイナスの影響をおよぼすものと考え，職員会議でとりあげることにした。

　職員会議で全職員がこの問題を話しあうなかで，次のような状況が浮かびあがってきた。日ごろから児童が食堂にやってきては，栄養士や調理員に保育士や児童指導員のうわさ話をしたり時に悪口やグチを言っては憂さばらしをし，それをうのみにした調理員たちの間では，児童に同情的になり，つい保育士や指導員の対応に批判的な目を向けることが多かった。たまたまある調理員が児童から聞いたS保育士の話を古参保育士への気安さも手伝ってA保育士にもらしたようであった。古参のA保育士もまた，自分より若い世代の同僚保育士や指導員との間にコミュニケーションギャップを感じていたこともあって，ろくに話の真偽を確かめもせずS保育士にぶつけてしまった。

第8章　社会福祉運営法（ソーシャルウェルフェア・アドミニストレーション）とスーパービジョン

　この職員会議での話しあいを通じて，さまざまな問題をかかえて施設生活を余儀なくされている児童の処遇に日夜懸命につとめている保育士や指導員の苦労の実情をすべての職員があらためて理解し，T学園の処遇方針について全職員が再確認することができた。また職員同士，特に児童の処遇に直接かかわる職員と間接的にかかわる職員間，ベテラン職員と若い職員との世代間に，コミュニケーションギャップが存在していたことも反省した。この結果，今後は職員相互の意志疎通を積極的にはかり，各部門の職員が一致協力して児童の処遇にあたることを申し合わせた。S保育士も退職の願いをひとまずとり下げ，気持ちをあらたにして施設保育士としてもう少しこの職場にとどまることになった。

　これ以来，施設長は理事会の了解をえて，新しい職員を採用する際には可能な限り全職員で採否の決定をくだすことにしている。こうすることで職員間に，新任職員に対しては，自分たちが責任をもって選んだ仲間という意識が生まれ，新任職員の研修やオリエンテーションにも職員一人ひとりが真剣に取り組めるようになる。職員一人ひとりが自分の仕事の内容を点検し周到な準備をして新任職員の研修にのぞむので，職員自身にとってもよい勉強の機会ともなる。新任職員も職員の熱意あふれる働きかけを感じ，これに一生懸命こたえ一日もはやく職員の仲間入りがしたいという一体感が芽生え，職員相互の絆が強まるのである。

　処遇の目標・方針を具体的に実行していくのに，職員の意志統一は欠かせない。職員の意志統一なくして，組織的で意図的な施設養護のいとなみは成立しない。したがって，職員には施設の目標・方針を理解するだけでなく，施設長のリーダーシップのもと，協働して目標達成にむかうチームワークの形成がもとめられる。職員の意志統一をはかりチームワークを形成するには，職員会議が重要な役割を果たす。会議で相互に思っていることや意見を自由に交換するなかで，チームワーク形成に欠かせない職員同士の相互理解も生まれるのである。

　とかく，保育士・児童指導員などの直接的に児童とかかわる職員が施設養護の中心的な役割を果たしていると思われがちであるが，決してそうとは言

表1　自己点検チェックポイント

	項目	法令	内容
1	法人理事会	義務	開催の内容, 記録, 回数, 理事の任免, 理事の構成
2	法人監事の責任	義務	運営の点検, 財政状況の確認(意見を述べているかどうか)
3	資産状況	義務	保存, 保守の適正, 記帳の確実性
4	管理規定 (職員会議)	一部 義務	運営の基本, 編成, 定員, 職員, 会議, 職務任務分担等, 会議の種類, 目的, 主席者の責任, 記録
5	人事管理 (就業規則) (健康管理) (職員の研修) (給与規則)	 義務 義務 義務	職員の資格と配置, 採用手続, 任免, 給与規則, 就業規則, 健康管理研修 作成の内容, 労働時間, 休日休暇, 有休消化率, 夜間体制 健康診断, 生理休暇, 女子の深夜勤 研修参加の状況, 研修内容の復命 支給内容, 基準諸手当, 退職金, 職員宿舎
6	設備状況 (防災規程)	義務 義務	最低基準による点検, 防災による点検, 設備内容の適正 防災訓練の実施, 消防諸届の点検, 防災, 火気等責任者の任免と点検
7	処遇状況 (日常生活) (児童の健康管理) (指導体制)	 義務	処遇方針の確立(計画の策定過程と周知, 結果の総括) 食事, 入浴, 理髪, 日常の被服, 外出外泊, 行事, レクリエーション 定期健康診断, 病歴記録, 身長, 体重測定 部屋割, 業務体制, 引継ぎおよび指導体制, 育成記録, 日誌
8	経理状況 (予算執行)	義務	経理規程, 経理執行の実際と執行状況のチェック策定の基準と職員の分担, 執行の実際と職員の責任
9	地域社会状況		地域との関係, ボランティアのかかわり, 施設設備・職務内容のかかわり

出所:全国社会福祉協議会養護施設協議会編『養護施設ハンドブック』全国社会福祉協議会, 1990年, 287ページ。

えず, 事務部門や給食部門との連携や協働なくして, 施設養護の目標を達することはできない。施設養護の目標を効果的に達成するためのチームワークの前提は, 職員同士が互いの職務内容を理解し, 信頼し尊重することからはじまり, 処遇の目標・方針の共通理解にたって, 協働するなかで自己を省み, 自らの変革と成長をねがうことにある。職員が一体感をもって協働し, 成長しあっていける民主的な組織体制をつくろうとする努力が, ゆるぎないチームワークを形成していくのである。新任研修や現任訓練は職員の資質の向上のほか, 処遇目標・方針の共通理解やチームワークの形成にも大きな影響を

第8章　社会福祉運営法（ソーシャルウェルフェア・アドミニストレーション）とスーパービジョン

与えるのである。

　効果的な目標達成には，表にある運営管理のチェックポイントを自己点検するのもひとつの方法であろう。

　次節でアドミニストレーションの課題について，ふれておきたい。

4　ソーシャルウェルフェア・アドミニストレーションの課題

1　ティトマス学派のソーシャルアドミニストレーション

　アドミニストレーションの学問的研究に功績のあったティトマス（Richard M. Titmuss）は，これを「社会的諸サービスの関する政策形成とその管理（policy making and administraion）として把え」，その課題を「基本的には一連の社会的ニーズの研究と，欠乏状態のなかでこれらのニーズを充足するための組織（それは伝統的には社会的諸サービスの研究とか社会福祉とよばれるものである）がもつ機能の研究」とした。つまり，「あれやこれやの社会的諸サービスの諸形態なり，方法を現象的に追うのではなく，その底に流れる社会的諸サービスの目的なり，機能を究明することこそ，社会福祉管理学の建設に欠かせない」と考えたのである。

　キンケイド（Jim Kincaid）によれば，ティトマスはソーシャルワーカーになるために必要とされた法制と，非人間的であったヴィクトリア時代の救貧法から気前のよいベヴァリッジ体制への道徳的進歩に対する評価の鼓吹とが結びついた，無味乾燥な研究であったアドミニストレーションをいかに，またなぜ，国家権力がすべてのタイプの財政的，福祉的，環境的資源の社会的配置に影響を及ぼさなければならないかの解明であるソーシャルポリシーという分析的研究に変貌させたのである。

　ティトマスによれば，ソーシャルポリシーとは，「基本的には対立する政治目的ないし目標の選択と，いかにしてそれを実現するかにかかわる。」これに対して，アドミニストレーションは，主として，「我々がソーシャル・サービスとよんでいるものを配達し供給するための人間組織（human organization）と公的機構（formal struture）についてのもの」となる。

167

以後，1970年代までイギリスのアドミニストレーションの領域は，ティトマス学派（ティトマスを中心とする学派）がその主流をなしていた。しかし70年代以降の福祉国家へのコンセンサスの喪失を背景として，イギリスでもティトマス学派とは異なった立場からのアドミニストレーションが登場してきた。[8]

2　新しい学派の台頭

　この立場は，これまでティトマス学派が前提としてきた「利他主義と社会的統合の生きた体現としての，英国福祉国家の熱烈な賞揚」[9]を批判的に問い直すことになった。その結果，「基本的に，ティトマス学派の社会福祉行政学はそれ自体イデオロギーである事実を分析評価し，明確化することが求められる」[10]に至った。ティトマス学派の研究姿勢を一概に否定するものではないが，それが「福祉の内側から政策分析（policy analysis）する道を選び，社会分析や政治経済分析視角を軽視してきた」として，「社会福祉政策（ソーシャルポリシー）の役割機能，その公式および潜在的目的を，異なった発展段階の社会を背景に把握する研究で補完すべき」（括弧内筆者）[11]と主張したのである。

　この新学派とも言うべき立場のそれは，いずれも社会福祉政策論をいくつかの議論に分類，整理することから出発している。例えば，ドニソン（David V. Donnison）は，ソーシャルポリシーのさまざまなアプローチを，①制度論的および政策志向アプローチ，②システム論および多元主義アプローチ，③マルクス主義アプローチおよび構造主義的アプローチに類別し，ティトマスをマーシャル（Thomas H. Marshall）とともに①に分類している[12]。こうした研究手法は，社会福祉政策を「特定の社会における政治的，経済的政策の一手段と認識し」，「政策の機能，その現実の政治，経済，社会への影響および政治，経済，社会制度との関係の考察」[13]をその主題とする。そこにはまた，アドミニストレーションとは「研究分野であって，決して思考様式ではないこと」や，「政策課題はどれ一つとっても，特定学問領域の範囲内では論じきれない」との基本的了解がある。かくて，アドミニストレーションに，学問研究分野として豊かさと研究課題の拡がりをもたらすところとなった。

　しかしながら，アドミニストレーションの二つの流れは言わば相互補完的

とされる。ティトマス学派が提起した研究分野と課題は限定されたものではあったが，政策形成や政策効果の評価など今なお有効な視角も少なくない。必要なことは，「特定ソーシャル・サービスの働きの詳細な経験主義的研究」―〈ティトマス学派〉―を「広義の研究分野，社会福祉政策と一体化し，かつその研究を近年の新たな理論的関心」―〈新学派〉―と一体化することである。ティトマス学派はサービスの働きと効果の理解に多大な貢献をした。新学派は，社会福祉政策を一般化して理解するのに必要な哲学的，政治学的，経済学的，社会学的文脈を提供する。「両者を一体化できれば，二つの流れは共に社会福祉政策の理解を豊かにし，『より良い』社会福祉政策の設計と実施に貢献できるだろう」。いずれか一方だけでは，不十分なのである。

5 スーパービジョンの基礎理論と技術過程，課題

1 スーパービジョンの定義

組織は，目的のための組織（work organization）と人と人の関係によって成り立つ組織（human organization）という2つの局面が表裏一体の関係をなしている。さらに，サービスの組織化に関する一定の側面は専門技能の制度化に由来している。したがって，健康，教育，福祉といった諸施設の特性は，そこでの主要な働き手が専門家という地位を占めることによって，内外の影響，すなわち管理上の影響や患者の要望から隔離される度合が大きくなる点にある。

人の組織の成り立ちは，主要な働き手である専門家の専門的知識が技術を尊重し，それを組織目標の達成にむけて動員することからはじまる。そして，専門性が発揮されるように，人と人との関係をとり結ぶのが「ミドルの管理者」の役目である。ミドルの管理者が「直属上長として第一線職員を対面的に指導監督する活動」をスーパービジョン（supervision）という。

ソーシャルワークの文脈での定義の一つによれば，「スーパービジョンとは，ソーシャルワークの実践家が，彼にとり責任のあるもう一人の実践家に，彼の能力の最高にまで行うことができるように援助する過程」と解される。

そうした責任を履行するなかでスーパーバイザー（管理者）は，スーパーバイジー（指導監督を受ける人）との好意的な関係のなかでの相互作用において①管理的（administrative），②教育的（educational），③支持的（supportive）な機能を果たす。スーパーバイザーの最終的な目標は，機関の方針や手続きにしたがって，機関のクライエント（顧客）に，量的にも質的にも実行可能な最高のサービスを提供することにある。

　管理的機能の基本は，組織目標の達成にむけて人を説得することである。[20]組織の規律維持や命令伝達にかかわって，相手をいかに自分の方向にむけさせるかである。これを効率よくできることが組織の効率向上に貢献する。その際，地位パワー，つまり，職階を唯一の手掛かりに指示を与えたり，説得することは効果的ではないとされる。合法化されたパワーとしての専門的権威に支えられていることが必要である。

　教育的機能の基本は，スーパーバイジーの専門性の向上をはかり，援助者としての職務遂行能力を高めるように援助指導することである。自己覚知や職業倫理の確立を促すなどして，ソーシャルワーカーとしての成長発展を側面から援助するのである。

　支持的機能とは，仕事に自信を喪失したり不満をいだいている援助者に，情緒的支持を与えたり援助を行って，励ますことである。

　上記の定義の重要な点は，スーパーバイジーとの好意的な関係のなかでの相互作用によって諸課題が遂行されることを強調することにある。[21]そこでは，スーパーバイザーとスーパーバイジーの関係は，ソーシャルワーカーとクライエントとの関係とパラレルであって，以下の3つの要素から成ると考えられる。①共感的関係（仲良くする一般的能力），②信頼（スーパーバイザーに対して率直で，成功だけでなく過ちや失敗をも共有するソーシャルワーカーの力量），③ケアリング（スーパーバイザーによるクライエントやワーカーへの関心の伝達）。

2　スーパービジョンの実際と技術過程

　スーパービジョンは通常，個人スーパービジョンとグループ・スーパービジョンに分けられる。

第8章　社会福祉運営法（ソーシャルウェルフェア・アドミニストレーション）とスーパービジョン

　スーパーバイザーとスーパーバイジーとの1対1の関係でなされるのが，個人スーパービジョンである。スーパーバイザーはスーパーバイジーの記録をもとに援助過程をたどり，スーパーバイジーが援助者としてどのようにクライエント（顧客）の問題をとらえ，どのような援助方法を採用しようとしているのかなどを話し合う。この過程でスーパーバイザーから援助者が見逃したり，気づいていない点について助言しその対応を指導して，スーパーバイジーの問題理解の深化を助ける。それはまた，スーパーバイジーの自己洞察や自己覚知にもつながる。専門家としての職務遂行能力を高めるうえで，スーパービジョンは欠かせない。

　個人単位ではなく，何人かを集めて行うスーパービジョンをグループ・スーパービジョンという。グループ・スーパービジョンはスーパーバイザーとスーパーバイジーの関係の密度という点では個人単位のそれに及ばないけれど，グループメンバーが多様な意見を交換するなかで，互いの人となりを尊重することを学ぶことができることに一つの長所がある。グループ・スーパービジョンはまた，メンバーが相互に支持されており，学習する機会となることで，クライエント（顧客）への対応＝処遇についての意思統一とチーム・アプローチを容易にし，職場全体のモラールの向上にも役立つ。

3　スーパービジョンの課題

　文献[22]レビューから明らかになったアメリカにおけるスーパービジョンの最近のトピックを概観しておく。

　第一は，スタッフにとっての有用性である。仕事のストレスや御しやすさは，第一線のソーシャルワーカーとスーパーバイザー双方にとって重要な問題となる。スーパービジョンに費やす十分な時間がないというスーパーバイザーのストレスは，スーパーバイザーの力量だけではなく有用性にも強い影響を与える。

　重大なストレスを引き起こしバーンアウト（burnout）をもたらす分野のソーシャルワーカーにとって，有用性は特に重要となる。バーンアウトという用語は，ほとんどスーパーバイザーの支援を受けることができないままある

一定の期間激しいストレスを処理するワーカーが示す症候群を説明するのに使われるようになっている。

　第二は，担当ケース量やトラウマ（精神的外傷）である。担当ケース量も第一線ワーカーのストレス源となる。アメリカのワーカーはますます，より少ない資源でより多くの仕事をすることを求められるようになる。ケース量の増加，クライエントに迫る問題の複雑化，他の利用可能な資源の制約が結びついて，ワーカーの仕事を一層難しくする。

　クライエントの日常生活での出来事や情動の強い影響を与える特徴からも，ワーカーは高いレベルのバーンアウトを経験する。なかでも関係するワーカーだけでなくその同僚にも感じられる心の痛手となるような出来事が影響を及ぼす。トラウマが及ぼす情緒的ストレスを過小評価してはならず，その影響を考慮する優れたスーパービジョンが，危機介入の分野で仕事をしているすべてに不可欠なものとなる。

　第三は，多様性（違い）の影響である。ソーシャルワーク専門職が次第にその関心を日常的な仕事のなかでの違いに向けるにつれて，スーパービジョンやアドミニストレーションの文脈にも同じような問題が起きている。その重要なひとつの問題は，管理的役割に就いている女性が少ないことである。一般に女性は，直接サービスの地位に配属されてそこにとどまる傾向がある。同じような問題が，管理的役割に就く人種や民族グループのメンバーの人数についても起こっている。第一線スタッフと管理者の人種や民族が多様となり，サービス利用者に似てくるように計画された差別撤廃措置（affirmative action program）が連邦，州，市町村，民間の各機関で始まっている。その結果，管理的役割に就く女性や少数民族の数が次第に増えてきたのにつれて，管理的役割に就くようになったこうした集団の経験の質について関心が高まってきている。

　管理職に就いている黒人女性の仕事の満足に関するこれまでの調査の所見は，白人男性を母集団とする所見を追認している。すなわち，他の条件が等しければ，ポジティブな仕事の評価を得ている，仕事にある程度の権限をもっている，明記された責任と職務がある，各自の経験，訓練，教育にふさわ

しい地位に就いている，以前は男性が占めていた地位に就いている黒人女性は，自分の仕事により満足を覚えるだろう。

最近の文献では，文化相互間のいわゆる比較文化的スーパービジョンへの関心も次第に高くなってきていることが認められる。比較文化的スーパービジョンは望ましいけれどもまた同時に対応も難しい。アフリカ系アメリカ人の専門家について情緒的支援，社会的な攻撃，非難などの経験を考察した研究では，ひそかに名声を傷つけるような社会的攻撃が，ソーシャルワーカーに重大（本質的）でかつネガティブな影響を与え，しかもその影響は社会的な支援では容易に消滅しないとされている。同僚ワーカーやスーパービジョン関係についてアフリカ系アメリカ人のソーシャルワーカーの理解をひそかに傷つけるような強い影響力に関する報告のなかで，ワーカーの認知パタンがスーパーバイザーのジェンダー（文化的・社会的性差）や人種に左右されるとも言われている。スーパーバイザーの地位に就く女性や少数民族が比較的最近増えていることや，スーパービジョンに与えるジェンダーや人種の影響に関する最近の研究もまだ試験的で予備的な域をでていないので，比較文化的なスーパービジョンの研究成果の一層の蓄積がまたれる。

6 事例研究：スーパービジョンの実施事例
―― 保育所における主任保育士の役割 ――

1 事例の概要

　Ａ保育所の管理者は，学童保育のプログラムの中止を，保護者に申し入れた。保護者は動揺したが，やがて自発的に会合をもち，話し合いをはじめた。保護者たちはともかく管理者に再考をもとめる嘆願書の提出を決める一方，中止の白紙撤回を求めて行動をおこすことにした。そして，マスコミを通じてひろく市民の支援と協力をよびかけるとともに，学童保育担当の指導員や保育士にも自分たちの行動に参加するよう働きかけた。指導員や保育士はまず，保護者一人ひとりを共感的態度で受け入れ，管理者側にプログラムの中止は保護者はもとより子どもたちに多大な不利益をもた

> らすことを，積極的に明らかにしていくことに努めた。

2 スーパービジョンの過程

　A保育所の主任保育士はスーパーバイザーとして，学童保育のプログラムがこのところ財政的理由から運営危機に陥っていることを，指導員や保育士が把握し理解できるように資料をもとに彼（彼女）らに説明した。そして指導員や保育士がおかれている緊張にみちた立場を共感的に受け入れながら，A保育所が抱える顕在的または潜在的な諸問題を彼（彼女）らと一緒に点検するとともに，利用者（保護者・子ども）一人ひとりの状況についても検討を重ねた。保護者が嘆願書を取りまとめていること，そして指導員や保育士にも活動に加わるよう求めていることも承知しながら，主任保育士はスーパーバイザーとして，それ以外にも解決に向けていくつかの選択肢があることを彼（彼女）らに示唆した。その一方で，主任保育士は管理者に保護者の憤慨を含め，申し入れの成り行きをつぶさに報告した。スーパーバイザーには，保護者を中心として地域でソーシャルアクション（中止の反対運動）が起こること，しかもそれは社会的使命（「児童の健全育成」）を負託されているA保育所にとってつらい試練となることが，容易に予測された。しかしソーシャルアクションが，参加者にとって成長の機会となることも，管理者に伝え理解を求めた。主任保育士は指導員や保育士に支持的態度で対応して，ストレスを支えると同時に，事態が保護者にとって望ましい方向で解決されないかもしれないというスーパーバイザーとしての見通しを彼（彼女）らに伝えた。活動をともにするなかで指導員や保育士はやがて，培った連帯感に支えられて合意形成に向けた相互の配慮が保護者のなかに確実に生まれつつあることを強く確信するようになった。主任保育士は指導員や保育士の努力を評価しそれを管理者に伝えるなかで，保護者と協調して自治体への補助金増額の要求，保護者と協力してバザーや廃品回収などの資金調達の自助努力，保護者とおやつを共同購入して経費を抑制するなどの手立てを講じて，プログラムを継続するように進言した。この間，指導員や保育士は，地域の児童館などの児童クラブ（放課

後児童対策事業）や女性の自主的な保育グループなどとの共同保育も選択肢として考えられることを，管理者に提案した。後日，A保育所の管理者から提案されたこの共同保育の試みは，保護者の大きな賛同の拍手をもって迎えられるところとなった。

7 Q&A

問題1

ティトマスは，ソーシャルアドミニストレーションを「社会的諸サービスに関する政策形成とその運営管理」としてとらえ，「家族および集団のなかでの関係を軸として，個人生活の諸条件の改善を目的とした社会施策の研究」と定義している。この定義についての解説で，正しいものを選びなさい。

① ソーシャルアドミニストレーションは，社会福祉の施設機関・団体等サービスを効果的に展開するための専門的技術のことである。

② ソーシャルアドミニストレーションは，組織や団体のアドミニストレーション一般とは異なり，社会福祉施設・機関・団体の運営管理を分析，研究することを目的としている。

③ ソーシャルアドミニストレーションは，社会福祉の政策形成と制度の運用も研究対象の1つとしている。

④ ソーシャルアドミニストレーションは，社会福祉運営の改善をめざして，組織化することで関係方面にはたらきかけたり，国・自治体に直接的にはたらきかける専門的技術のことである。社会福祉間接援助技術の一技術とされ，地域援助技術とならんで地域援助活動を促進するための重要な技術である。

⑤ ソーシャルアドミニストレーションは，社会，文化，経済等，社会を構成する諸要素の変動によって多様化する社会的ニーズに対して，将来予測にたった計画をあらかじめたてることで，そうした社会変化に対応する専門的技術のことである。

解答

　ティトマスは,ソーシャルアドミニストレーションを,社会的諸サービスに関する政策形成とその運営管理(それは日本的にいえば社会福祉となる)ととらえ,その研究の基礎には社会的ニーズの研究がなければならないと考えた。つまり,社会的ニーズを充足する組織・方法＝社会的諸サービスの目的・機能を究明することこそ,ソーシャルアドミニストレーションに欠かすことができないと考えた。しかしそこに含まれるあまりにも多くの諸課題(政策形成とその効果,社会福祉の組織の運営過程,社会的費用,資源配分,利用者の権利,中央・地方政府の役割など)をみるとき,社会福祉の政策形成と運営管理としてのソーシャルアドミニストレーションの体系化はいまだみちなかばにある。

　しかし,ティトマスに代表されるようにイギリスでは,社会福祉の援助過程をさすだけでなく,学問分野や研究主題を表す用語としても使われている。アメリカでは福祉施設団体の運営管理という狭い意味で用いられることが多かったが,1960年代以降,社会政策の視点から広く制度の運営管理におよぶ方向にあるといわれている。④は社会活動法(ソーシャルアクション)。⑤は社会福祉計画法(ソーシャルウェルフェア・プランニング)。

　正解は③である。

問題 2

　次の文章は,理事会が決定した方針と計画に基づき,それを誤りなきよう実行する運営管理者(施設長)の任務についての記述である。文中の空欄AからDにあてはまる単語の組み合わせの正しいものを選びなさい。

　施設長は,①施設に入所(利用)する者の生活と(^A　　　　)を擁護し,その保護者(家庭)や地域に潜在する人々のニーズに積極的に対応していく(^B　　　　)管理者としての任務,②施設職員の人事管理者としての任務,③施設の事務,(^C　　　　),建物設備の管理者としての任務,④地域福祉とのかかわりで地域社会における(^D　　　　)の管理者の一員としての任務等,きわめて重要な役割をになっている。

第8章 社会福祉運営法（ソーシャルウェルフェア・アドミニストレーション）とスーパービジョン

	A	B	C	D
①	人権	処遇	財務	社会福祉
②	健康	目標	文書	医療福祉
③	人権	処遇	文書	社会福祉
④	健康	処遇	財務	保健福祉
⑤	発達	目標	文書	社会福祉

解答

　施設長は利用者の立場にたって施設運営の基本方針と具体的な処遇計画を，自らのリーダーシップのもとに決定し，施設処遇を指揮して目標達成につとめる。そしてその目標がより効果的・効率的に達成できるように予算の編成と執行の監督，ならびに施設の建物設備の整備と安全の管理責任をおう。さらに，地域社会のニーズに対応した連絡調整と連携協力，市民参加とサービスの地域開放などの地域社会の社会福祉の管理者の一員としての任務を期待されている。施設の機構，人事，事務，財務，建物設備の整備は運営管理の条件をなすものである。文書管理は事務管理と同義である。

　正解は①である。

問題 3

前掲の事例をよんで，管理的スーパービジョンの説明としてもっとも適切なものをひとつ選びなさい。

① 管理的スーパービジョンとは，スーパーバイジーが決められた書式や手順に則って仕事を行っているかチェックすることである。

② 管理的スーパービジョンでは，代弁的役割よりも，仲介的な役割をスーパーバイザーの第一義的な役割と考える。

③ 管理的スーパービジョンでは，スーパーバイザーとは中間管理職とされ，組織の機能を活性化させ，社会的ニーズに敏感にこたえていくことは，もっぱら上級管理職の専決事項となる。

④ 管理的スーパービジョンとは，グループ・スーパービジョンにより

スーパーバイジーの資質や能力を比較して判断して人材を適材適所に配置することである。
⑤ 管理的スーパービジョンでは，スーパーバイジーが与えられた役割や目的を組織の一員として適切に遂行しているかを評価し，情緒的なレベルの葛藤には介入しない。

解答

プログラムの変更に際して遭遇した管理的決定と利用者の間に生じた葛藤の事例である。この場合のスーパーバイザーの役割は，スーパーバイジーであるスタッフにプログラム継続の障害となっている事柄を説明し，スタッフが組織の枠をこえて地域の諸資源にも目をむけ，かつそこに働きかけていく能力を高めるように援助することである。

スーパーバイザーの管理的役割とは，総じて与えられた任務の履行を援助することにある。そこには，スタッフとコミュニティとの間だけではなく，スタッフの間や，組織内の各部局の間にたって各種の活動をコーディネーション（調整）することも含まれる。こうした規準はまた，スタッフや管理者に，組織の働きを持続させるための方針や手順を立案して実施することを働きかけることも意味する。

プログラム（サービス）が命令と統制のもとで運営される限り，管理者とスタッフ（スタッフと利用者）双方の間で葛藤（対立）は例外というよりも常のことであり，それがフォーマルないしインフォーマルシステムでのほとんどの相互作用を成している。管理的スーパービジョンは，葛藤を調整して組織の働きを活性化させ，社会的ニーズに敏感にこたえていくためにこそあり，その過程を通じてスーパーバイジーはもちろんスーパーバイザー自身も成長していくのである。

管理的スーパービジョンで仲介役割は，スーパーバイザーが管理者またはスタッフのいずれか一方の立場にくみしないための準拠枠となり，スーパーバイザーを組織風土の調停者とする。しかし，この役割は，あらゆる問題に対してある一定の立場を取らないことでも，中立でいることでも決してない。

第8章　社会福祉運営法（ソーシャルウェルフェア・アドミニストレーション）とスーパービジョン

スーパーバイザーが管理者とスタッフの間の現実の利害対立を調整するなかで，葛藤をそらすことでもない。むしろ逆で，仲介役割を効果的に遂行するには，表面下でくすぶっている葛藤を顕在化させなければならない。スタッフの立場の代弁や管理者との対決という手段の行使にあたっては慎重でなければならないが，それがスーパーバイザーにとって不可欠な時もあるだろう。かりに弁護役割をとるにしても，スーパーバイザーは管理者とスタッフの間には共通の立場がなくてはならないという見方を失ってはならない。

以上のことから，管理的スーパービジョンのこの事例において，スーパーバイザーには仲介的役割こそ第一義的な役割とされるべきである。

正解は②である。

●注
(1) 福祉士養成講座編集委員会編『社会福祉援助技術総論』中央法規出版，1989年，129ページ。
(2) 岡田藤太郎著『社会福祉学一般理論の系譜』相川書房，1995年，239ページ。
(3) 小国英雄論文，全社協・老人ホームにおける入所者処遇に関する研究会編『老人ホーム処遇論』全国社会福祉協議会，1979年，259ページ。
(4) 社会保障研究所編『社会保障の新潮流』有斐閣，1995年，78ページ。
(5) 同上，79ページ。ティトマスは具体的課題として，以下の点をあげている。①政策形成とその予測および予想外の結果と分析と記述，②構造，機能，組織，計画の研究と施設および機関の運営過程に関する歴史的，比較法的研究，③社会的ニードおよびニードへの接近方法に関する研究やサービスや処置，移転などの成果の活用と類型の研究，④社会的費用およびマイナスの福祉の性格，属性，分布についての研究，⑤時系列的に可処分資源の分布と分配を分析すること，および社会的諸サービスの特定の影響の分析，⑥議員，専門ワーカー，行政官および社会福祉制度が操作・運用される場合に直接関係するグループなどの役割と機能の研究，⑦被保険者とか社会的サービスの受益者およびユーザーという観点からみた，市民の社会的権利に関する研究，⑧社会法，行政法をはじめ，その他の諸規定に示される社会的諸施設の価値と権利を配分する（中央および地方）政府の役割に関する研究。
(6) 岡田藤太郎著，前掲書，139ページ。
(7) 同上，121ページ。
(8) 社会保障研究所編，前掲書，106ページ。
(9) 岡田藤太郎著，前掲書，138ページ。
(10) 星野信也「ソーシャル・アドミニストレーションの現状と発展」（日本行政学会編『アドミニストレーション』ぎょうせい，1986年）83ページ。

(11)　同上。
(12)　社会保障研究所編，前掲書，106ページ。
(13)　星野信也，前掲論文，84ページ。
(14)　同上，85ページ。
(15)　同上。
(16)　田尾雅夫著『行政サービスの組織と管理』木鐸社，1990年，147ページ。
(17)　エリオット・フリードソン著，進藤雄三・宝月誠訳『医療と専門家支配』恒星社厚生閣，1992年，167ページ。サービスの非人間化について，「全制的施設」と呼ばれる居住用の施設では，サービスを受ける過程において，個々人は自己というものを剥奪・画一化・無力化・体面喪失，さもなければ自尊感情の喪失を体験すると，ゴフマンは主張している（E. ゴッフマン著，石黒毅訳『アサイラム』誠信書房，1984年）。
(18)　畠山弘文著『官僚制支配の日常構造』三一書房，1989年，173ページ。福祉ワーカーに対する査察指導員のほか，巡査に対する巡査部長・係長，教師に対する教務・学年主任ないし教頭，看護婦に対する看護婦長など。
(19)　福祉士養成講座編集委員会編『社会福祉援助技術各論Ⅰ』中央法規出版，1989年，98ページ。
(20)　田尾雅夫著，前掲書，283ページ。
(21)　NASW, *19th Encyclopedia of Social Work*, ③, 1995, p. 2373.
(22)　*Ibid.*, pp. 2376-2377.

●引用・参考文献────────
①　硯川眞旬著『社会福祉方法体系論研究』八千代出版，1982年。
②　全社協・老人ホームにおける入所者処遇に関する研究会編『老人ホーム処遇論』全国社会福祉協議会，1979年。
③　全国社会福祉協議会養護施設協議会編『養護施設ハンドブック』全国社会福祉協議会，1990年。
④　NASW, *17th Encyclopedia of Social Work*, Vol. 1, 1977.

〔小尾　義則〕

第9章 ❖ 社会活動法（ソーシャルアクション）
〈間接援助技術④〉

　社会活動法（social action, 以下ソーシャルアクションという）は，社会福祉の運動論的活動の展開へ援助する技術である。

　例えば，ソーシャルアクションは，障害をもつ人たちや高齢者を初めとする社会的弱者と呼ばれている者たちが，従来施行されてきた「与えられる福祉」から「獲得する福祉」や「消費する福祉」へと意識改革を進めていく過程において，そのための社会福祉運動の中で用いられる技術である。

　障害をもつ人たちや高齢者の権利獲得運動に代表される当事者運動の躍進は，社会福祉行政にも大きな影響を与えていることは言うまでもないが，ソーシャルアクションの展開を通して強化されるセルフ・ヘルプ・グループの自覚や凝集性にも着目していかなければならない。

　この章では，こうした社会福祉運動の中で展開されるソーシャルアクションを社会福祉の間接援助技術の一つとしてとらえ，この基礎理論と技術過程について学び，その後に，事例の検討を通して今後の課題と展望を探っていきたい。

1 ソーシャルアクションの基礎理論と技術過程

　ソーシャルアクションについて牧里毎治は，「広義の福祉を含む社会福祉の制度・サービスの創設・改善・維持をめざして国や地方自治体，つまり議会や行政機関に立法的・行政的措置をとらせようする組織的な対策行動および企業や民間団体に対して行われる社会行動である」[1]と定義している。そして，その内容は社会運動のように政治運動や労働運動を中心に政治経済体制の変革を目指すものではなく，あくまでも福祉関係者を主体として社会福祉の向

上を第一義的なものとするところを強調している。さらに，市民運動や住民運動とは異なり，「社会的弱者」と呼ばれている人たちおよび彼らをサポートする福祉関係従事者やボランティアが中心をになう運動として特徴づけている。

1 ソーシャルアクションとは

　ソーシャルアクションは社会福祉運動と混同されがちであるが，福祉施策の確立や円滑な福祉制度運用を求める運動の総体を「社会福祉運動」と称し，その中で展開される援助技術を「ソーシャルアクション」と呼んでいることが重要である。1960年代からの「コミュニティ・オーガニゼーション」や1980年代の「コミュニティワーク」との関連において，ソーシャルアクションは地域福祉という分野においてより重要な役割を持つようになってきている。障害をもつ人たちや高齢者が福祉関連施設を生活の基盤としていた「施設ケア」が政策中心の時代を過ぎ，米国の自立生活運動や北欧のノーマライゼーションの思想に強い影響を受けた「地域ケア」という政策へと移行していく中で，援助技術としてのソーシャルアクションは「草の根からの福祉」という観点からも重要視されているのである。

　かつてのソーシャルアクションは，重度の身体障害をもつ人たちや重度の知的障害をもつ人たちのように，自ら発言することが困難であったり，著しい制限を受けている人たちに代わって，研究者や専門家に加えて社会事業家や福祉労働者が施行する代弁的機能（アドボカシー）の一環として実施されてきた。社会福祉施策の対象が社会的弱者のみならず一般市民へと拡大されていくにつれて，ソーシャルアクションの特色も変容してきている。しかしながら，ソーシャルアクションの目標が多様化していくことにより，具体的な方法に関しては多種なものが出現してきてはいるものの，援助技術の展開課程においては一定の法則が保たれているのである。

2 ソーシャルアクションの展開過程

　ソーシャルアクションの展開の過程は，次にあげる6段階を基本として考

第9章　社会活動法（ソーシャルアクション）

図1　ソーシャルアクションの展開過程

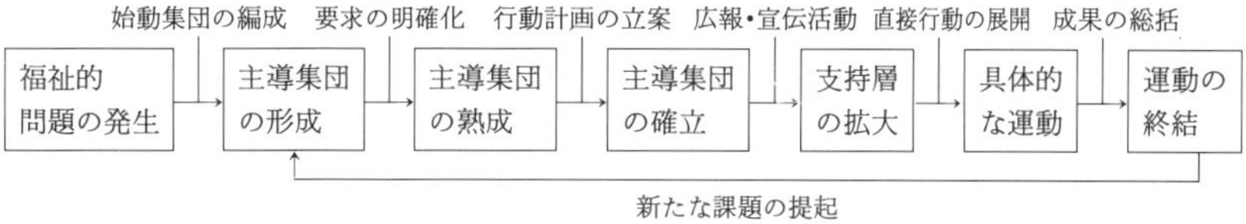

```
始動集団の編成  要求の明確化  行動計画の立案  広報・宣伝活動  直接行動の展開  成果の総括
┌────────┐ ┌────────┐ ┌────────┐ ┌────────┐ ┌────────┐ ┌────────┐ ┌────────┐
│ 福祉的 │→│ 主導集団 │→│ 主導集団 │→│ 主導集団 │→│ 支持層 │→│ 具体的 │→│ 運動の │
│ 問題の発生 │ │ の形成 │ │ の熟成 │ │ の確立 │ │ の拡大 │ │ な運動 │ │ 終結 │
└────────┘ └────────┘ └────────┘ └────────┘ └────────┘ └────────┘ └────────┘
                    ↑                              新たな課題の提起
```

えることができる。(2)

(1) 主導集団（イニシアティブ・グループ）もしくは運動体を形成する。

　運動をスタートさせるためには，最初にエンジンを点火させる役割を遂行するグループが必要となってくる。このような始動集団の役割は問題提起はもちろんのこと，その問題の所在や重要性をも主張していかなければならない。物体を移動させる時と同様に，動き出してからは比較的容易であっても，その始動は最大限のエネルギーを必要とする。ソーシャルアクションの展開においても，住民全体の盛り上がりによるものも多少は存在するが，主導集団が火付役となった事例が大半である。

(2) 学習会，調査，視察などの活動によって問題の把握，要求の明確化を図る。

　エンジンをスタートさせた運動の舵取りを円滑に行っていかなければならないのが，第2段階の課題である。主導集団に属している成員は，取り扱おうとしている問題の現象や事象に対する個々の認識を深めていかなければならない。学習会，調査，視察等の方法による迅速な問題把握がなされることにより，成員個々が要求を明確にとらえ，打ち出していくことができる。

(3) 集団討議（グループ・ディスカッション）を通して解決されるべき問題を限定し，行動計画を立てる。

　個々人が把握した問題や要求はあくまでも個人レベルの問題であり，それをソーシャルアクションへと発展させていくには，問題に対するグループ成員の共通認識を確立しなければならない。グループ成員が10名を数えるならば，その問題認識は10通りあるものと考えておかなければならない。同一問題に取り組もうとしていても，切り込み方の角度によって切口が異なることは当然であり，起源を同じくする異種の問題を集団討議を通して整理するこ

とにより，何から始めればよいのかを限定していくのである。そして，目標とするべき問題が限定されることにより，ソーシャルアクションの具体的な行動計画が立案できる。

(4) 広報，宣伝活動によって世論を喚起し，支持層，支援層をふやす。

提起した問題が正当な訴えであり，その重大さや深刻さは改善されるべきであることを新聞記事や宣伝ビラを始めとするメディアを通して世間に呼び掛ける段階である。提起された問題に対して多くの賛同者を得られるか否かが，ソーシャルアクションを成功に導けるかどうかの鍵を握っていると言っても過言ではない。ソーシャルアクションの成功例としてあげられている事柄の多くは，支持層や支援層を広げていき，最終的には市民運動と呼べるレベルにまで運動を成長させている。小さなグループによる訴えが価値のないものというわけではないが，行政を初めとする大きな壁に風穴を開けようとするならば，小さな力を結集させて大きな力を創造していかなければならない。

(5) 住民集会，デモ，署名，陳情，請願，団体交渉(対話集会)，裁判闘争などの直接行動を展開する。

ある程度の支持層や支援層を身に付けることにより，具体的な運動展開を見せるのがこの段階である。前段階までの意見統一や支持層の拡大という内部調整を中心に行ってきた機能とは違い，ソーシャルアクションの目標となる相手が選定され，直接的な行為で運動を進めていくことができる。抽象的な運動から具体的な活動へと移行することにより，「相手」の存在を意識した活気ある展開が見られることがある。この活気というものがグループを魅力的なものとし，凝集性を高めていくと思われる。

(6) 運動の成果，影響，問題点を総括し，新たな課題を提起する。

これがソーシャルアクションの最終段階である。ソーシャルアクションが成功すると住民の意志が反映される改革がなされ，運動の成果として評価される。しかし，ソーシャルアクションによる変革がもたらされなかった場合にも，何らかの影響を与えたことは確かなことである。改革がなされた場合には，どのようなポイントでのアクションが適時的であったを検証していく

ためにも「運動記録」が必要であるし，改革まで持っていけなかった場合にも反省材料としての記録を常にとどめて置くことが重要である。そして，改革を成し遂げたかどうかにかかわらず，時間を経過し，影響を与えたという観点から，新しい時点での新たな課題を提起することがソーシャルアクションを継続していく力となっていく。

以上のような経過でソーシャルアクションは展開されているが，現実としては必ずしもこの通りに運ばないことも多い。そのような時には，無理をして本来の流れに戻そうとするのではなく，流れに逆らうことがないよう臨機応変に対応していくことが重要である。

2 事例研究：ソーシャルアクションの展開事例
――「誰でも乗れる地下鉄にする運動」の教訓――

1 事例の概要

> ソーシャルアクションの事例としては，障害をもつ人たちによる運動や保育所設置運動などが代表例とされている。この節においては，京都市における「誰でも乗れる地下鉄にする運動」を取り上げ，ソーシャルアクションの展開を追っていきたい。
> 京都市の地下鉄は1972年にその構想が発表され，1981年に足掛け11年の歳月を掛けてその一部が完成した。当初の京都市発表によると，この地下鉄も従来の地下鉄と同様，エレベーターを設置せず，車両に乗り込むまでに数十段の階段を降りなければならないとしたのである。この発表に並行し，地上を走る市電の廃止も決定された。このふたつの発表は，市の意図するところである「便利な公共交通機関」とは相反し，障害をもつ人たちにはますます行動する足を奪われたという状態になった。

2 ソーシャルアクションの過程

「公共交通機関は，ハンディをもつ人たちをも含めた全市民が乗車できる

ものにするべきである」という理念を根底に，長橋栄一を代表とする「車いすと仲間の会」をはじめ，「こひつじ会」，社会福祉問題研究会，京都市肢体障害者協会，友愛会などの団体が中心となり「誰でも乗れる地下鉄にする運動協議会」が，1972年の後半に組織された。この組織は，地下鉄の各駅にエレベーターを設置させることを目的としており，その内容は障害をもつ人たちだけを対象とするものではなく，高齢者や妊婦をも含めたハンディをもつ人全体を対象とするものであった。

1972年の協議会結成時から署名運動が始められ，1973年の1月には2万人の署名とカンパが集められた。1972年12月に京都市に対し請願書を提出して，1973年1月には3回にわたる陳情を行い，「アクセシブルな地下鉄」を勝ち取るためのソーシャルアクションが始まったのである。

1973年3月からは本格的な署名運動が始まり，ここから約1年間にわたり京都市各地では車いすで署名を求める姿が毎日見られたのである。同年5月には市議会の協力により，1万人を越える署名を添えて，市長に対して直接請願を実現させた。この直接請願が，エレベーター設置に向けての大きな前進となった。これに加えて，同年7月8日に京都平安女学院講堂において決起集会がなされ，老人団体，婦人団体，労働組合の人々が集まり，その総数は800人を数えた。この集会後，市役所までの道のりで94人の車いす使用者を含めたデモ行進が実施された。この集会とデモ行進により，この活動が障害をもつ人たちだけのものではなく，全市民的な運動へと展開していったのである。

一方，行政サイドでは「障害者のためのモデル街づくり推進懇談会」が「地下鉄建設に伴う老人・障害者に対する配慮等について」という意見書を提出し，その後「障害者のための街づくりに関する全体計画書」も市長に提出した。これらの展開と並行して，婦人連合会や老人クラブの活発な活動により，21万人の署名が集まり，1974年3月に市議会へ請願し行政を動かすに至った。

この市議会において代表質問に答える形で市長は，全国初の試みとして高齢者や障害をもつ人たちが利用できる地下鉄にするべく，主要な駅にエレベーターを設置していくことを検討しているという発表をした。そして同年9

月の市議会において，議員の満場一致により地下鉄にエレベーターを設置していくことを決定したのである。⁽³⁾

このソーシャルアクションにより，1981年に開業した地下鉄烏丸線には主要4駅にエレベーターが設置されており，14年を経過した現在は1つの駅を除いた全駅が利用可能となっている。この運動が成功した理由は，障害をもつ人たちのみの要求ではなく，全市民を含んだ運動展開を実現できたことがあげられる。このソーシャルアクション事例は，運動展開の理想的な流れに沿っているかのように順調な手順を経てきている。単一グループの要求ではなく，全市民に対応する要求であることを念頭におき，正当な運動展開を心掛けることが留意点としてあげられる。

3　ソーシャルアクションの課題

ソーシャルアクションは，1960年代の米国において社会福祉援助技術（ソーシャルワーク）のひとつとして認識され，専門のソーシャルワーカーが用いる方法・技術として位置付けられた。当初のソーシャルアクションは，先でも少し述べたが，自分自身が苦しい状況に置かれながらも自らは発言することができない人たちに代わり，ソーシャルワーカーに代表される専門家が代弁的に行う活動を指していた。しかしながら，時代が移り変わる中で，障害をもつ人らの当事者や彼らを取り巻く人々（家族や福祉関係者）による「草の根からの運動」の重要性が叫ばれるようになり，ソーシャルアクションの主体も専門家から当事者関係グループへと移行してきたのである。また，活動主体が当事者へと変容した意味は「住民サイドの福祉」を中心として考えなければならないとする地域福祉的観点の要素が含まれていることを忘れてはならない。

地域住民を組織化していくことで福祉的行為を育てていこうとする援助技術は，コミュニティ・オーガニゼーションやコミュニティワークと呼ばれているが，近年になりソーシャルアクションがこれらの二方法と内容的な類似点を持つようになって来たと言われている。⁽⁴⁾このような方法論の接近は，ソ

ーシャルアクションの主体と援助の対象がともに「地域住民」であるという認識の深まりと，コミュニティ・オーガニゼーションやコミュニティワークの対象が同一の「地域住民」であるという目的意志の共通性が大きな要因としてあげられる。ソーシャルアクションは，ケースマネジメントという実践技術が地域社会を単位として発展してくるなかで，住民ニードの把握や新しい機関およびサービスの創造を司る必要不可欠な援助技術としてとらえられるようになって来ている。

　情報化社会といわれる現在において，ソーシャルアクションの具体的技法も変化してきている。世論を形成するために用いられたビラやチラシ，そしてポスターや機関紙などは，マスメディアの発達によってテレビやラジオというより迅速で表現力が豊かな媒体へと進化している。さらに，かつての座り込みや団体交渉で用いられていた「悲痛な叫び」とは異なった「統計」による理論的な要求運動は，客観的で説得力のある主張を導くばかりではなく，行政を初めとするソーシャルアクション対象の理解も求めやすくするのである。

　1960年代から継続しつづけている米国の自立生活運動は，障害をもつ人たちによるソーシャルアクションである。自立生活運動は「障害をもつアメリカ人法（Americans with Disablity Act：ADA）」の制定をもって，休止の時代を迎えている。しかし，自立生活運動というソーシャルアクションは，米国内に押し留まることなく全世界へと広がり，障害をもつ人たちが人間らしい生活を営む権利があると主張し続けている。小さな主導集団によって始められたソーシャルアクションが徐々に拡大充実し，市民運動へと発展するような運動展開にしていかなければならない。

4　Q&A

問題

　事例で取り上げた「誰でも乗れる地下鉄にする運動」において，ソーシャルワーカーが最も配慮すべきであると考えられる事柄を選びなさい。

第9章 社会活動法（ソーシャルアクション）

① 運動の適切な手順
② 専門家による代弁機能
③ 市民参加への運動展開
④ 当事者主体の運動展開
⑤ 行政への配慮

解答

　専門家の手によるソーシャルアクションが展開されていた時代のソーシャルワーカーの役割と機能は，運動の手順が順序良く進んでいるのかを監視して修正していくことが主となっていた。このソーシャルアクションにおける監視的役割は「住民主体」の運動へと変化するなかでも重要であることは言うまでもないが，ソーシャルワーカーが運動体の外部から手を差し伸べるという感覚ではなく，集団の1人として機能していくなかで客観的な役割を遂行していかなければならないのである。そして，ソーシャルワーカーは集団の中で凝集性を高めていくことや内部の問題を処理することに務めながら，社会福祉関係機関やさまざまな関連団体との連絡調整というマネージメント機能をも果たしていかなければならない。要するに，「住民主体」の運動においてソーシャルワーカーの役割が減少していると考えるのではなく，その役割と機能はより洗練された高度なものを必要とされてきていると考えるのが妥当であろう。

　正解は③である。

●注

(1) 牧里毎治「ソーシャルアクション」（京極高宣監修『現代福祉学レキシコン』雄山閣出版，1993年）199ページ。
(2) 岡本民夫・小田兼三編著『社会福祉援助技術総論』ミネルヴァ書房，1990年，167ページ。
(3) 谷口明広「重度身体障害者の自立生活に関する一考察」（同志社大学大学院文学研究科社会福祉学専攻修士論文，1984年）166ページ。
(4) 岡本民夫・小田兼三編著，前掲書，166ページ。

●引用・参考文献
① 岡本民夫・小田兼三編著『社会福祉援助技術総論』ミネルヴァ書房，1990年。
② 右田紀久恵編著『地域福祉総合化への途』ミネルヴァ書房，1995年。
③ 仲村優一監修『社会福祉方法論講座Ⅱ 共通基盤』誠信書房，1985年。
④ 高森敬久・高田真治・加納恵子・定藤丈弘著『コミィニティ・ワーク』海声社，1989年。

〔谷口　明広〕

第10章 ❖ 社会福祉計画法（ソーシャルウェルフェア・プランニング）
〈間接援助技術⑤〉

　社会福祉計画法（social welfare planing, ソーシャルウェルフェア・プランニング）は，社会の動向をにらみながら，国民の要請にこたえて，社会福祉をのぞましい方向へと計画的に改変していくことを目的にした技術である。

　社会福祉計画とソーシャルプランニング（social planing, 社会計画）との関連という観点から言及すると，高度経済成長の補完的役割として登場した「ソーシャルプランニング」は，1960年代後半から「福祉」という要素を加えていき，現在では一部門が独立して「社会福祉計画」となったと考えることができる。要するに，「ソーシャルプランニング」の中に含まれて出発したのではあるが，地域福祉という考え方が台頭してくることにより，福祉関係施策を専門として計画的にかつ合理的に進めていくものとして「社会福祉計画」が強調されてきたのである。

　社会計画について三重野卓は，「当該社会状態の制御を意図して，公共当局を中心とした主体が事前的に設定した目標（福祉,「生活の質」の観点）と，その目標達成のために対応づけられた最適な手段からなるフレームであり，実際の公共活動に方向性を与えるもの」[1]と定義している。この定義をよく読むと理解できるように，「生活の質（ＱＯＬ）」に代表されるような福祉的なものが事前に設定される目標とされているという内容は，時間を経過してくるなかで「社会計画」という言葉が「社会福祉計画」という言葉と重なる部分が拡大していることを示していると思われる。

　そこで，本章ではソーシャルプランニングについて学び，この技術を社会福祉援助活動のなかで，いかに活用して「社会福祉計画」を実施していくか，事例検討をもまじえて学習することにしたい。

191

1 社会福祉計画法（ソーシャルウェルフェア・プランニング）の基礎理論と技術過程

1　社会福祉計画法の必要性・重要性

　さて，第2次世界大戦後のわが国は経済的に目覚ましい発展を遂げ，「バブル経済」に代表されるような数回にもおよぶ経済成長期を経過し，経済大国という名称を代名詞とされるようになった。その中でも1960（昭和35）年に出された「所得倍増計画」は，60年代から70年代の高度経済成長期をもたらし，「ワーク・ホーリック（働き虫）」といわれる日本人像や国民性をも形づくったと言っても過言ではない。しかしながら，この経済成長の影には"現在も後遺症に苦しむ状況"を作り出した「公害」が存在した。高度に計算された「経済計画」のもとで発展し続けてきた日本経済は，さまざまな公害病の発生により，国民に大きな疑心を植え付けた。

　多くの大切なものを犠牲にして成り立ってきた高度経済成長に対して，国民は「人間が幸福になるために必要なものは経済だけではない」ことに気付き，教育や住宅，さらに医療や社会保障にまで至る非経済的な領域にあるものを求めるようになってきた。このような非経済的な領域の発展は，経済的発展とならぶ両輪として機能し，国民の精神的な安定に大きく寄与したと言える。「福祉国家」という考え方が資本主義国家を存続させていくために必要な方法としてとらえられるならば，非経済的な領域の発達を司る「社会計画」は，経済大国を存続させるための有効なる方法であったと言えるのではないだろうか。政府の考え方をみると，経済的成長を"ムチ"だとすれば，非経済的成長は"アメ"として国民に向けられていたとも推測できる。

　そして，1970年以降に訪れた社会福祉の見直しは，次々に表面化してくる問題を消化しきれずに歩んできているが，地方自治体の取り組みを計画的なものに変容させていった。さらに，1980年代から盛んに叫ばれるようになった高齢化社会への突入は，社会福祉分野の中でも「地域福祉」が重要であると認識させ，地域福祉計画の必要性を痛感させてくれた。このような高齢化

第10章 社会福祉計画法（ソーシャルウェルフェア・プランニング）

社会における「地域福祉の重要性」と北欧での取り組みから始まった「ノーマライゼーションの思想」とが相乗効果をもたらし、「住みよい街づくり運動」に代表されるような社会福祉計画が立案・施行されている。

こうしたところに、その専門技術であるソーシャルウェルフェア・プランニングの必要性・重要性がある。

2　ソーシャルプランニングとは

そこで、ここでは社会福祉計画を含む「ソーシャルプランニング」について解説しておくことにしたい。ソーシャルプランニングの特徴として最近になり大きく取り上げられているのは、前述した地域福祉に対する絶対的要望とノーマライゼーションの具現化要望とがあいまって強調される「理想的な地域社会の創造」である。以前のソーシャルプランニングは、専門家集団による政策目標の設定、政策手段の選定、政策の実施というように、行政サイドの意見により進行していく構図ができあがっていた。しかし、近年当事者サイドの見解や意見が尊重されるようになり、その重要性が認識されるようになって、ソーシャルプランニングが目指す目標も変化してきていると言える。「草の根からの福祉」という言葉で表現される住民主体の福祉活動を意識するということは、「住民の声」を尊重するためのニード調査や環境アセスメントを充分に行い、地域住民の要求したものを優先していくという考え方である。このような住民ニードは、ソーシャルアクションという形で表面化してくる場合があるので、専門的援助者としてはさまざまな住民活動に目を向けていく必要がある。

3　ソーシャルプランニングの過程

ソーシャルプランニングの過程は、大別して、①情報の収集、②収集した情報の整理・分析、③作成された計画の実施(2)という三つに分けられる。まず①情報の収集は、アンケート調査や聞き取り調査を初めとするさまざまな調査活動が基本であることは言うまでもなく、関係機関が保有する多種多様な既存資料をも大切に検証していかなければならない。なかでも「聞き取り調

査」といわれる直接的面接技法は，個人が持っている真のニードを明らかにしていく最良の方法である。特に障害をもつ人たちのような社会的弱者と表現される者へのアプローチは，小さく弱い声でしか発言できない人たちに代わって代弁的機能を発揮する重要な役割も兼ね備えていると言えるのである。さらに調査の他には，パネル・ディスカッションやシンポジウム，そしてバズセッション等も情報収集に欠くことができない技法である。

　次に②収集した情報の整理・分析に関しては，「どのような重要資料も整理・分析されなければ，ただのごみくず」と言われるように計画に結び付いていくような具体的処理をしなければならない。多様な資料を整理するために用いられる方法としては「KJ法」が代表格とされるが，近年にみる目覚ましいコンピューターの普及によって，手作業から電算化の時代が福祉関係機関にも到来したと考えるのが妥当であろう。ここで注意しなければならない点は，調査主体者が事前に設定した計画目標の枠内に，収集した情報を無理矢理押し込まないようにすることである。事前に設定した計画目標の範囲内で情報整理が不可能になった場合は，元の計画に問題があったことを認識する必要があるのではないだろうか。そして，事前計画を修正していくことは本来必要な作業であることを忘れてはならない。

　③作成された計画の実施では，さまざまな用途で用いられる財源の確保と実施主体となり牽引車となりうる人たちを初めとする人的資源の確保が重要である。このような財源と人員の確保が困難であるならば，計画のすべては机上の空論となり，住民の賛同を得ることさえもできないような貧相な結果を生み出すのである。わが国が歩み続けてきた経済計画のシナリオはさまざまな問題点を抱えながらも高い信頼性を得る結果を導くことができたが，現存するソーシャルプランニングには計画実施技法が確立されておらず，そのシナリオ作成のマニュアルも作成されていないような現状である。「いつ，だれが，どこで，なにを，なぜ，どのように（要するに5W1H）」実施していけばよいのかを適切に表した指標を提示していくことは，現場に対応した計画を推進していく上でも大変重要な課題となっている。

　ソーシャルプランニングの展開過程をもう一度整理すると，①構想計画，

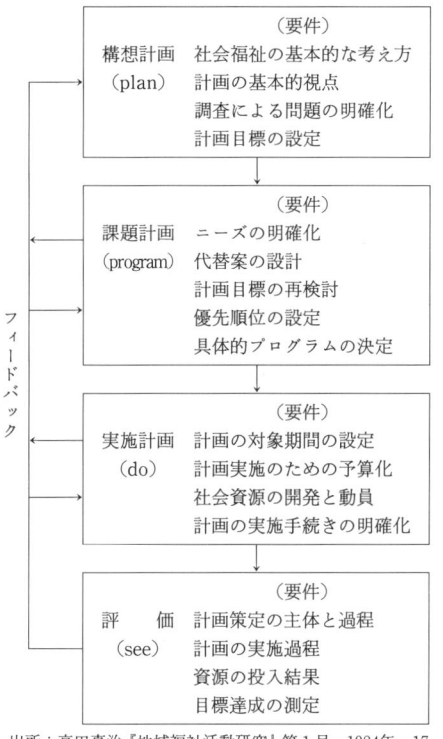

第10章　社会福祉計画法（ソーシャルウェルフェア・プランニング）

図1　社会福祉計画の手順と要件

```
        構想計画    （要件）
        （plan）   社会福祉の基本的な考え方
                  計画の基本的視点
                  調査による問題の明確化
                  計画目標の設定

        課題計画    （要件）
        （program） ニーズの明確化
                  代替案の設計
                  計画目標の再検討
                  優先順位の設定
                  具体的プログラムの決定

  フ
  ィ    実施計画    （要件）
  ー    （do）     計画の対象期間の設定
  ド              計画実施のための予算化
  バ              社会資源の開発と動員
  ッ              計画の実施手続きの明確化
  ク
        評　価     （要件）
        （see）    計画策定の主体と過程
                  計画の実施過程
                  資源の投入結果
                  目標達成の測定
```

出所：高田真治『地域福祉活動研究』第1号, 1984年, 17ページ。

②課題計画, ③実施計画, そして④評価計画(3)というようになる。計画を実施するための段階として第3段階までの説明は前述して終えているが, 最終段階として欠かすことのできない計画が「評価」というものである。長い年月を掛けて実施してきた計画が終結して, 一応の成果として実を結ぶ段階になると, どのような援助技術においても「評価」が必要となる。ソーシャルプランニングにおける「評価」は, 他の援助技術での評価とは異なり, 精神的な安定や情緒面の安定という見えないものではなく, 地域社会に存在するさまざまな視覚的物体を評価基準にすることができるという点では比較的容易であると言える。しかしながら, 物質的な評価基準にばかり頼っていると, 地域社会におけるソフト面の充実が疎かになるのではないかという懸念が表

出してくる。ソフト面の評価を測定する方法としては，やはりアンケート調査に代表される方法が用いられる。要するに，ソーシャルプランニング実施の原点である「情報の収集」へとフィードバックしていくと考えてもよい。さらに言えることは，計画が終結してからの評価となると「結果が出された後の取り返しのつかない事態」を招くという危険性も考えておかなければならず，実施計画が進行している中での適切な評価を適時に行い，実施計画自体の変更も柔軟性を持って対処していく心構えが必要になる。そのためには計画の進行段階を常に記録していくことが必要であるし，住民が理解できるように情報を公開していくことが必須条件であるとともに，専門家ではない一般市民にも理解できるような記録内容が必要なのである。

2 事例研究：ソーシャルプランニングの実施事例
──「福祉のまちづくり」とＡＤＡの視点──

　ここでは，ソーシャルプランニングの実施に際する（具体事例に共通する）重要な事柄を掲げ，事例研究の基礎的視点としたい。特に「福祉のまちづくり」の具体的事例の全容をイメージしつつ，これらの視点の重要性を確認してほしい。
　さて，地域福祉の重要性が叫ばれるようになったのは，英国の精神衛生分野で発達したコミュニティケアの考え方と北欧で誕生した知的障害をもつ人たちに対するノーマライゼーションの思想に強い影響を受けたことによる。わが国でも1981年の国際障害者年に端を発し，「高齢化社会」の到来という危機感が増大していくにつれ，ノーマライゼーションという考え方が地域福祉の目標として定着するに至っている。「施設ケア」から「在宅ケア」へ，そして「地域ケア」という変遷の中で，ノーマライゼーションを具現化させていく最も理解しやすい方法は，「福祉のまちづくり」を中心に展開されてきている。この「福祉のまちづくり」の理念は，北欧のノーマライゼーション概念に加えて，米国の自立生活概念から大きな示唆を与えられている。自立生活概念に包含されるさまざまな考え方の中でも「機会平等思想」は，「福祉のま

第10章　社会福祉計画法（ソーシャルウェルフェア・プランニング）

ちづくり」の基礎を固めている思想と言っても過言ではない。そして，この「機会平等思想」を具体化して法律にまで高めたものが，1990年に米国で制定された「障害をもつアメリカ人法（Americans with Disability Act：以下，ADAと略す）」であり，わが国の「まちづくり運動」にも多大な影響を与え続けている。

ADAは大きな4本柱から成り立っており，その2本が「福祉のまちづくり」のハード面とも呼べる規定から構成されている。

　　その一つとしてADAは，レストラン，ホテル，ショッピングセンター，オフィスなどの公共的施設におけるアクセスを保障している。ADAが制定される前は，市役所や郵便局というような公共施設へのアクセスが保障されてはいたが，一般人が常時に使用する施設へ拡大されたことに大きな意味が隠されている。なぜならば，障害をもつ人たちも一般人と同じレストランやオフィスで活動できるのならば，われわれが熱望して止まない"ノーマライゼーション"の実現への第一歩が踏み出されたと考えてもよいのである。かつて「障害をもつ人たちの楽園」と言われていたバークレー市のことを熟知している者は，これらアクセスの問題がすでに片付いたと思っているかもしれないが，全国規模となると相当に大きなものとして残っている。障害をもつ人たちにとっての住み良い街づくりが，このように進んで来ているなかで，米国においては公共的施設だけではなく，個人の家もアクセシブルにして欲しいという要望が強くなってきている。
　　二つ目にADAは，輸送機関におけるアクセスを保障している。バークレー近郊の主要輸送機関である地下鉄やバスは，車いすのままでも何の問題もなく，乗降できるようになっている。しかし，バークレーのあるカウンティー（郡）を離れると，日本と変わりのない状況も存在する。1988年にカリフォルニア州独自に法制定された「アクセス法」の規定により大都市近郊に生活している者は幸福であるが，他の地域ではADAによる規制が必要であることは確かである。輸送機関と言われるものは，市内を走る地下鉄やバスだけではなく，大陸を横断する長距離バス"グレーハウンド"や長距離列車"アムトラック"も含んで考えられている。

このように「福祉のまちづくり」は，ハード面と言われるノーマライゼー

ション環境の整備から着手されてきている。わが国でもＡＤＡの影響を受けて，全国の自治体レベルで「福祉のまちづくり条例」（各自治体により名称は異なる）が制定され，本格的に取り組む時代が訪れたと言える。「福祉のまちづくり」の展開に関して加藤薗子は，①障害者の人間としての諸権利を保障する，②すべての人の住みよいまちづくりにつながる，③民主的な社会づくり，という段階を提示している。(6)「福祉のまちづくり」に関する地域住民の認識は，希望的観測をも含めて第2段階に入ったところと考えることができる。しかしながら，「住みよいまちづくり」という内容を思考すると，上のようなハード面ばかりではなく人的障壁を軽減していくような施策も並行して行っていかなければ，「仏作って魂入れず」的な社会を形作る危険性をはらんでいると言える。ソーシャルプランニングの事例として「福祉のまちづくり」を取り上げてきたが，社会福祉計画の中で用いられる技法をソーシャルプランニングとしてとらえるならば，社会福祉関連機関の地域配置や社会福祉施設の設置計画という具体的内容を考えても地域福祉を基盤とした「住みよいまちづくり」に完結していくのではないだろうか。

3 ソーシャルプランニングの課題

　以前の政治体制に見られるような中央集権と言われる状況の下では，中央政府で決定されたことが全国の自治体における政策を直接的に動かしていたと考えられるが，自治体の独自性や重要性が叫ばれる近年においては，地方分権という考え方が定着してきたと考えられる。アメリカ合衆国では各州が一つの国家的な色合いを持っていると認識しているし，ＡＤＡの施行規則に関しても各州独自の観点から達成状況を査察している。わが国においてもソーシャルプランニングはあくまでも自治体レベルで考えていくのが基本であると思われる。なぜならば，ソーシャルプランニングが対応しなければならない問題は多種多様にわたり，それが互いに絡み合うという複雑構造からなっているので，小地域レベル単位でのコンセンサスを得ていかなければ，住民参加型の社会福祉計画が成り立たないのである。

第10章　社会福祉計画法（ソーシャルウェルフェア・プランニング）

　ソーシャルプランニングを専門職とするソーシャルプランナーが存在しないことは，今後の大きな問題となっていくことが予想される。現状では都市計画の専門家や建築家などを中心として，社会福祉の研究者が意見をはさんでいくという構図で専門家集団によるアプローチが通例化してきている。しかしながら，障害をもつ人たちや高齢者という社会的弱者の意見を住民全体の合意事項として確立していくには，多様なソーシャルワーク技術を駆使する必要がある。障害をもつ人たちの運動団体や高齢者の団体としての意見よりは，住民合意の要求であるならば自治体の政策にも反映されやすいと考えられるのである。このような専門職として地域福祉というフィールドから考えてみても，現存する職種では「コミュニティワーカー」が適任であろう。わが国において「コミュニティワーカー」として考えられるのは，地方自治体レベルに存在する社会福祉協議会の専門職員である。社会福祉協議会の専門職員がより高度なソーシャルワーク技術を身に付けることにより，地域レベルの住民同意を基本とした社会福祉計画が現実のものとなるのである。

◢　Q＆A

(問題)

　ノーマライゼーションの具現化として注目を浴びているものに事例で取り上げた「福祉のまちづくり」があります。「福祉のまちづくり」を解説した次の文章の中で，正しいものの組み合わせを一つ選びなさい。

　　a．「福祉のまちづくり」という考え方は，機会均等化の保障やメインストリーミング等と同じように米国における「自立生活運動」から生まれた考え方である。
　　b．「福祉のまちづくり」とは，障害をもつ人たちも地域の中で，普通の生活を営んでいくことが理想であるとし，現存している障害者関連施設の解体を目指しているのである。
　　c．「福祉のまちづくり」とは，障害をもつ人たちも一般の人々と同じように地域の一員として生活するのが普通であり，障害をもつ者のニー

ども特別なものとして扱われるのではなく，ごく自然に満たされていく街を築いていこうという考え方である。
d．「福祉のまちづくり」という考え方は，権利擁護等の特別な配慮を必要とし，身体的には制限を受けていないと思われる精神薄弱者には当てはまらないものである。
e．「福祉のまちづくり」とは，障害をもつ人たちの生活条件をノーマルなものにしていこうとする取り組みであり，小規模化した施設の配置やグループホームの設置は，その具体例として示唆することができる。

①aとcとe　②bとc　③cとe
④bとdとe　⑤eのみ

(解答)

　1981年の国際障害者年を契機として，わが国にも「自立生活運動」が紹介され，誰もが人間らしく生きることのできる「住みよいまちづくり」が意識されるようになってきた。しかしながら，当事者団体による意識の高まりだけが先行する形になってしまい，高齢者や一般市民をも含めたノーマライゼーション理念を意識した「まちづくり」が強調されるようになった。そして，その理念が反映され，実際に行政レベルで政策展開がなされたのは1990年代に入ってからであった。1991年に運輸省は「エスカレーター整備指針の通達」を出し，同じく1993年には「鉄道駅におけるエレベーター等の整備指針の通達」で車いす使用者の交通アクセスの改善を求め，翌年（1994年）には補助金制度も導入して推進を図っている。建設省に関しても1992年に「人にやさしい建築物促進事業」を提示し，1994年に「人にやさしいまちづくり事業」を展開すると同時に「高齢者，障害者が円滑に利用できる特定建築物の建築の促進に関する法律」（通称ハートビル法）を制定し，官公庁に関連しない民間の建築物に対しても障害をもつ人たちを受け入れるような設備を整えなければならないとする規定を確立したのである。

　1993年末に「障害者基本法」が出されたことにより，地方自治体の取り組みも活発になってきている。1990年に神奈川県が「建築条例の改正」に着手

第10章 社会福祉計画法（ソーシャルウェルフェア・プランニング）

したのを皮切りに，1992年には大阪府と兵庫県が条例を制定し，現在では月単位で自治体による条例制定が行われていると言っても過言ではない。今後は各地で条例が制定され施行されていくなかで，現実として規定が守られているのかを査察していく必要があろう。

　正解は③である。

●注
(1)　三重野卓「社会計画 Social Planning」（京極高宣監修『現代福祉学レキシコン』雄山閣出版，1993年）196ページ。
(2)　岡本民夫・小田兼三編著『社会福祉援助技術総論』ミネルヴァ書房，1990年，164ページ。
(3)　同上，163ページ。
(4)　定藤丈弘「地域福祉理念の新展開──当事者主体の理論構築をめざして」（右田紀久惠編著『地域福祉総合化への途』ミネルヴァ書房，1995年）44ページ。
(5)　斎藤明子訳『アメリカ障害者法〔全訳〕』現代書館，1991年。
(6)　加藤薗子「福祉のまちづくり」（京極高宣監修『現代福祉学レキシコン』雄山閣出版，1993年）538ページ。

●引用・参考文献
①　高田真治著『社会福祉計画論』誠信書房，1979年。
②　京極高宣著『市民参加の福祉計画』中央法規出版，1984年。
③　右田紀久惠編著『地域福祉総合化への途』ミネルヴァ書房，1995年。
④　定藤丈弘・岡本栄一・北野誠一編『自立生活の思想と展望』ミネルヴァ書房，1993年。

〔谷口　明広〕

第11章 ケアマネジメントとコンサルテーション
〈新しい援助技術②〉　　〈関連援助技術②〉

　ケアマネジメント(care management)は，これまでケースマネジメント(case management)と呼ばれていた援助技術であるが，このように呼び名を変えて，今日広く普及してきている。

　この援助技術に関心を示しているのは社会福祉士を中心にしたソーシャルワーカーだけでなく，看護婦や保健婦，さらには介護福祉士と保健・福祉分野の専門職者がそれぞれの立場から取り組みを進め始めている。また，利用者のニーズに対応して適切なケアサービスを提供していくにはこのケアマネジメントのシステムと方法が不可欠であることもすでに認識されている。

　さらに，社会福祉とソーシャルワークが対応するニーズの複雑・多様化が進展しており，その問題の解決には社会福祉と保健・医療の連携が不可欠になってきている。コンサルテーション(consultation)とはソーシャルワーカーが他分野の専門職者と相談し，クライエントを援助する技術であり，近年はスーパービジョンとの関係でも重要視されている技術である。

　本章ではこれらの新しい援助技術の概略を理解し，また，これからの課題について考えることとする。

1 ケアマネジメントの基礎理論と技術過程

1　ケアマネジメントの定義

　ケアマネジメントという用語はイギリスのコミュニティケア政策の指針である'Community Care in the Next Decade and Beyond'(「今後10年間及びそれ以降のコミュニティケア」1990年)のなかで使用され，それまで一般的に使われていたケースマネジメントにとって代わって，イギリスでは公式の用語と

第11章 ケアマネジメントとコンサルテーション

なったものである。このように用語が変えられた理由は，ケースという用語に含まれている対象者を見下げたような表現への抵抗感や，マネージするのはケース，すなわち人ではなくて，ケアサービスだからである。

　このような点で用語の言い換えが行われたのであるが，ケースマネジメントとケアマネジメントは基本的には同じ取り組みだと考えても差し支えはない。ただし，わが国でも1994年12月に発表された厚生省の「高齢者介護・自立支援システム研究会」の報告書『新たな高齢者介護システムを目指して』のなかで用語としてはケアマネジメントが使用され，それ以降はケアマネジメントという用語が定着したかにみえるので，本章でもこちらの用語を使用する。また，看護の領域ではケア・コーディネーションという用語も使用されているが，これも同様の取り組みを指す用語である。

　ところで，イギリスのケアマネジメントの手引書では，ケアマネジメントを「個々人のニーズに対応してサービスを仕立てる（tailor）プロセスである」と述べている。(1)これは，サービスが専門化，多元化している状況のなかで，一人ひとりの個別的なニーズに合わせて，各種のケアサービスを組み合わせて援助パッケージを作り上げるというケアマネジメントの真髄を簡潔明瞭にまとめあげた定義である。

　また，同じくイギリスのオーム（Joan Orme）らは，ケアマネジメントを，「アセスメントを受け，そのニーズがサービス供給を受けるのに十分な優先順位にあるとみなされたクライエントに対するケアパッケージを組織化し，監督する仕事に対して英国でつけられている名称」としている。(2)

　日本でケア（ケース）マネジメントが最初に紹介されたのは，1983年であるが，(3)その後，積極的な紹介と実践への導入が図られてきた。例えば，全国社会福祉協議会では「ケースマネージメント研究委員会」を設置し，1990年に報告書を出している。その報告書ではケースマネジメントを仮の定義とことわりつつ次のように定義している。

　　「ケースマネージメントというのは，虚弱・障害老人など複雑なニーズをもち，かつ精神的もしくは身体的ハンディキャップのため，現代社会の高度に専門分化した各種のサービスや，民間団体，友人，隣人などの

支援を，自分自身では適切に活用できない人を対象として，そのような人が，常にニーズに最も合致したサービスを受け，また民間団体，友人，隣人などから，可能な限りの支援を受けているようにするために行われる，一連の援助の措置，もしくはサービスのネットワーク内で行われる相互協力活動のことを意味する。」[(4)]

このような定義を見てくると，ケアマネジメントが今までのソーシャルワーク，特にケースワークとよく似た活動であるとの印象がもたれる。すなわち，ケースワークでは各種の社会資源を用いて援助を行うという側面があり，それには間接的な処遇といった名称が与えられており，ケアマネジメントはその部分に該当すると感じられる。しかし，表面的には両者は似ているとしても，異なる面があることも事実である。

例えば，ケースワークはその目的を「治療」に置くのに対して，ケアマネジメントの目的はサービスをうまく活用して，生活を営ませることである。また，ケースワークでは面接を効果的に行うために，質問票の利用は極力避けてきたのに対し，ケアマネジメントはアセスメント表を積極的に活用しようとしている。

このような違いはあるとしても，ケアマネジメントの内容はさまざまな援助専門職のなかでも特にソーシャルワークに近似しているために，この仕事の担い手としてソーシャルワーカーにかかる期待には大きいものがある。しかし，その一方で，ソーシャルワークは心理・社会的アプローチを重視し，ケアの中心となる身体的な側面にはあまり関心を向けてこなかった。そのために，医療や看護の専門職者との協力が不可欠となっているのが現状である。

2 ケアマネジメントの必要性

カプラン（K. O. Kaplan）によると，ケアマネジメントの取り組みはすでに1863年という早い時期にアメリカのマサチューセッツ州で行われたが，1970年代前半まではほとんど注目はされなかった[(5)]。しかし，1970年代中ごろから，アメリカの各地で社会サービスの調整や組み合わせの重要性が認められるようになって，さまざまな実験的なプロジェクトが実施に移された。この頃か

らケアマネジメントへの関心が高まっていったのである。

　わが国でケアマネジメントの必要性が言われ出したのは1980年代頃からであるが，なぜこの頃からケアマネジメントが必要になってきたのであろうか。それにはいくつかの理由が考えられる。

(1) 長期的なケアの必要なニーズの増大

　高齢化の進展と共に寝たきり老人や痴呆老人，身体的・精神的な虚弱老人が増大した。それらの人々は他者からの介護や世話を必要としており，それらの仕事は主として家族によって担われてきた。しかし，家族の小規模化や女性の社会参加の進展と共に家族の介護機能は急速に低下し，介護の社会化が要望されることとなった。このように，長期的な介護サービスに対する社会的なニーズの拡大と介護サービスの増大がケアマネジメント導入の背景として考えられる。

(2) 在宅福祉対策の重視

　施設から在宅へは社会福祉の合言葉のひとつであるが，ノーマライゼーション思想の影響や，福祉サービスの費用抑制の影響を受けて在宅福祉が重視されるようになった。施設と異なり，在宅サービスは利用者のニーズに即したサービス提供が困難である。そのために，利用者の立場に立って，ニーズの把握から，必要で，適切なサービスを確保し，利用者の生活を継続的に見守っていく人物が必要である。家族がこのような機能を果たすことも可能であるが，家族よりも老人の介護と福祉に関する専門的な知識と技能をもっている専門職者が行う方が良いと考えられる。このような視点から在宅福祉にはケアマネジメントの機能が不可欠となるのである。

(3) 在宅福祉サービスの専門分化

　かつての在宅福祉サービスと言えば，ホームヘルプ・サービスぐらいしかなかった。ホームヘルパーが家事を中心として高齢者の在宅での生活を支えていた。このホームヘルパーの援助では在宅生活が不可能な人は老人ホームへ入所する以外には選択肢はなかったのである。しかし，その後，デイサービスやショートステイ，給食サービス，入浴サービス等の在宅福祉サービスが導入されてきた。これらのサービスは福祉領域のサービスであるが，保健・

医療領域の老人保健施設や病院もデイケアやショートステイを行うというように在宅の介護・福祉サービスの専門分化が進展した。これは利用者の側から言えば，利用できるサービスの選択の幅が拡大したこととともに，自分のニーズに合わせて適切なサービスを選択しなければならなくなったことでもある。このような選択を援助する仕組みとしてケアマネジメントが必要になってきた。

(4) サービス供給主体の多元化

近年の在宅福祉サービスの特徴はサービスの専門分化とともに，供給主体の多元化が進展したことである。すなわち，サービスを供給するのは公的な部門だけではなく，ボランティアや住民参加型サービスと呼ばれている非営利部門，さらにはシルバーサービスとも呼ばれている営利部門も介護を中心としたサービスを提供している。これも利用者側からみれば，どこで，どのようなサービスが，どのような条件で利用できるかが把握できにくい状況を作りだしている。したがって，ここにも利用者のニーズや希望を的確に把握し，適切な条件でサービスを確保するケアマネジメント機能が必要となる。また，ケアマネジメントはこのようなフォーマルなケアの他に，家族や地域が自発的に行っているインフォーマルなケアを活用することも目的としている。

(5) サービス費用の抑制

アメリカやイギリスでケアマネジメントが導入された原因のひとつは，サービス費用の抑制ということであった。すなわち，在宅で，ニーズに即した適切なサービスを利用し，不必要な施設入所や無駄なサービス利用を回避することで費用を抑えることがケアマネジメントの目的なのである。しかし，幸いなことに，わが国では今のところはこのような方向でケアマネジメントが利用されることはなさそうである。

3　ケアマネジメントの技術過程

ケアマネジメントを独自の援助技術たらしめているのはその援助過程である。この過程については研究者の立場でそれぞれ独自の表現がなされている

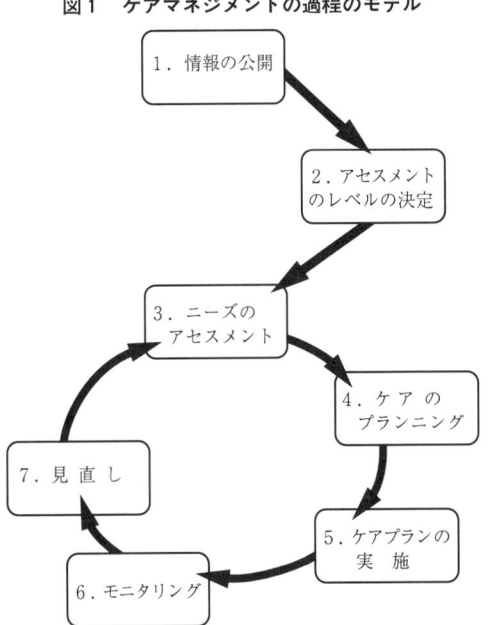

第11章　ケアマネジメントとコンサルテーション

図1　ケアマネジメントの過程のモデル

```
1. 情報の公開
    ↓
2. アセスメント
   のレベルの決定
    ↓
3. ニーズの      → 4. ケアの
   アセスメント      プランニング
    ↑                  ↓
7. 見直し ← 6. モニタリング ← 5. ケアプランの
                              実　施
```

出所：Department of Health, *Care Management and Assessment, Practitioners' Guide*, p. 10.

が，その中心的過程がアセスメント→ケアプランの作成→ケアプランの実施→モニタリング→見直し（再アセスメント）であることでは一致している。ここでは，イギリスのケアマネジメントの手引書（以下，『手引書』と記す）で使用されている過程のモデル（図1）にしたがってその過程を概観してみる。

(1)　情報の公開

　ケアマネジメントは介護サービスに関する情報の提供から始まる。この段階は個別的に情報を提供するのではなく，広報紙やメディアを通じてマス的に情報を提供する段階である。一般に，福祉サービスに関する情報は今必要な人以外の，将来必要になる可能性のある人にはうまく届いていないのが現状である。つまり，サービスが十分に知られていないのである。このような状況を克服し，効果的に介護・福祉サービス情報を届けていくことがこの段階の任務である。

(2) アセスメントレベルの決定

これはケースワークでいえば，インテークの段階に相当する。この段階では相談を受けつけ，必要な情報を収集し，主訴を把握する。また，訴えられたニーズ以外に潜在化しているニーズがないかどうかを確認する。また，利用者本人や介護者の援助過程への参加を促進する。そして，次のアセスメントをどのレベルで行うかを決定する。

(3) ニーズのアセスメント

『手引書』によれば，利用者のニーズに対応してアセスメントには6つのレベルが設定されている。すなわち，

① 簡単なアセスメント

表1 アセスメントのレベル

アセスメント	ニーズ	サービス	機関	スタッフ	サービスの実例
① 簡単なアセスメント	簡単 明確	既存	単一	受付係または 総務係	バスの定期券 障害者用自動車，
② 限定的アセスメント	簡単，明確 低危険性	既存，利用 基準が明確	単一	職業資格保持者	低レベルの家事支援
③ 複数機関によるアセスメント	簡単，明確 低危険性な 複数のニーズ	多くの機関が 実施	複数	職業資格保持者または 同等者	食事援助，キロポディ，基本的看護
④ 専門家によるアセスメント					
a) シンプル	明確，専門的 低危険性	既存， 専門家による	単一 または 複数	専門家の助手	簡単な補装具
b) 複合的	不明確，複雑 高危険性	既存または新規 専門家による	単一 または 複数	専門家 専門職者	住宅改造
⑤ 複合的アセスメント	不明確， 相互関連性 複雑，危機的 高危険性	既存または 新規 サービスの 個別的結合	単一 または 複数	専門職者	言語治療
⑥ 包括的アセスメント	不明確，複数， 相互関連性 高危険性， 重大	既存または 新規 サービスの 個別的結合	複数	専門職者と／ または専門家	家族療法 ケアの代替または 集中的な家事支援

出所：Department of Health, *Care Management and Assessment, Practitioners' Guide*, p. 42.

② 限定的アセスメント
③ 複数機関によるアセスメント
④ 専門家によるアセスメント
　　a） シンプル
　　b） 複合的
⑤ 複合的アセスメント
⑥ 包括的アセスメント

である。それぞれのアセスメントが対応するニーズ，サービス，機関，スタッフ等は表1のとおりである。

　要するに，アセスメントとは利用者と介護者が抱えている問題を明確にする段階である。しかし，ケアマネジメントのアセスメントは伝統的なケースワークの診断やアセスメントとは異なって，心理・社会的な領域には限定されずに，身体的な側面にまで及ぶことが特徴である。したがって，この領域のアセスメントには医師や看護婦等の医療関係者の協力が不可欠となり，職際的な協力が必要となる。

　また，老人保健施設や特別養護老人ホームのような施設におけるケアプラン作成のためのアセスメントは身体・精神医学的な側面の把握が中心となるが，在宅で行われるケアマネジメントのアセスメントはそれだけでは不十分であり，経済的側面や社会・人間関係的な側面についても把握することが必要となる。

(4) ケアのプランニング

　次の段階では，ニーズのアセスメントに基づいてケアのプランニングを行う。これは今までは処遇計画と呼んでいたものである。ケアのプランニングでは，ニーズに即して適切なサービスの種類を必要な量だけ確保する計画を立てることになる。しかし，サービスには例えば所得制限がついていたり，民間サービスには高い利用料金が設定されていたりするので，利用者側の条件を勘案しつつ計画をたてることが必要となる。また，この過程はケアマネジャーが一方的に行うのではなく，常に利用者の参加を得ながら計画を作成することが重要である。

在宅ケアでは1週間の各曜日を午前と午後，そして近頃は夜間も組み込んでサービスの単位として必要なサービスや家族の協力を当てていく。いわゆるウィークリー・プランを作成することとなる。ケアマネジメントでは，このようにいろいろなサービスがばらばらに，断片的に提供されたり，サービスが重複したりすることを回避するために，これらのサービスをひとまとめにして，「サービス・パッケージ」として提供するのである。
　なお，ケアプランの作成は利用可能な既存のサービスを前提に作成するのではなく，利用者と介護者のニーズを中心に据えた「ニーズ本位のアプローチ」を採用することが必要である。また，確保すべきサービスの量や質に関しても，かつての福祉サービスのように，必要最低限を確保することを目標とするのではなく，QOL（生活の質）の視点から最適な生活，あるいは物質的，精神的にも豊かな生活が営めるレベルのサービスの量と質を確保するようなプランが重要である。

(5)　ケアプランの実施

　次の段階はプラン化されたサービスを確保して，プランを実施へ移していくことが課題となる。ケアプランを作る機関が自前のサービスをもっている場合には，容易にそれらのサービスが利用できるであろうが，そうでない場合には，サービスを他機関や他施設から確保することが必要になる。
　公的なサービスにはさまざまな利用資格条件がつけられていることが多いし，民間サービスには料金の問題がある。ボランティアのサービスには継続性の問題があり，またサービスの質には十分な配慮が必要である。介護サービスは金銭の給付とは異なり，対人サービスであり，個別的な対応が必要である。サービスの利用者にもさまざまな人がいるし，サービス提供者も専門職者であり，皆が一定レベル以上とはいえ，さまざまである。したがって，ケアマネジメントではこのような個別的な対人的レベルでの配慮や調整も必要となるのである。
　ケアプランを実施するに当たって，既存のサービスで十分対応可能な場合は問題とはならないが，既存のサービスでは十分な対応ができまい場合も発生するであろう。そのような場合には，今までの福祉サービスでは，既存サ

ービスでできる範囲の対応をすることで一応は許されたのであるが，ケアマネジメントでは「ニーズ本位のアプローチ」をとるために，さまざまな工夫を行ってニーズの充足をはかったり，新たにサービスを作り出したりする姿勢が要求される。したがって，ケアマネジメントはケースワーク的な素養だけではなく，コミュニティワークの技術も必要となる。

(6) モニタリング

ケアマネジメントの特徴はこのモニタリングの段階を重要視することである。すなわち，伝統的なケースワークではクライエントを社会資源に結びつけてしまえば，それで処遇は終結というように扱われることが多かったのであるが，ケアマネジメントはそれで終わりとはせずに，サービスが利用者のニーズに即して適切に提供され続けているかどうかを長期的に見守っていくのである。これはケースワークがどちらかといえば，短期的な処遇で終わるケースを好んで扱っていたのに対して，ケアマネジメントの対象は長期的なニーズだからである。モニタリングの過程でニーズとサービスのミスマッチが発見できれば，新たなサービスを提供し直すこととなる。

利用者と介護者のニーズは刻々と変化していくのであり，それに即応的に対処することが必要であるから，実際のサービス提供者とケアマネジャーの連絡・連携は重要である。また，この過程では利用者への見守りと共に，サービスそのものの監視，サービス提供者へのサポートを行うことも必要になる。ケアマネジャーはスーパーバイザー的な役割もはたさなければならない。

(7) 見直し

利用者のニーズがそれほど変化せず，サービス提供が順調にいっているように見える場合でも，定期的な見直し作業は必要である。

すなわち，この段階では，サービスの目的の達成度の測定，成功や失敗の原因把握，ニーズの再アセスメント等を行うことによってケアプランの修正を行う。

このようにして，ケアマネジメントは図1に示しているような循環的な過程を歩むことになる。

4　ケアマネジメントの機能

　ケアマネジメントの具体的な仕事は上の7つの過程を遂行することであるが，このような業務を通じて次のような機能を果たすことが期待されている。すなわち，①調整機能，②対人支援機能，そして③開発機能である。[(7)]

(1) 調整機能

　ケアマネジメントは多くのケアサービス提供者が一定の目的に向かって共通の認識のもとにサービスを効果的に利用者に届けるように調整を行わなければならない。それぞれのサービス提供者の意見を調整したり，役割分担を調整することが必要となる。ひとつの機関や施設がすべてのサービスを提供していれば調整も容易であるが，複数の機関や施設がサービスを提供している場合には調整は困難になる。

　そのような問題を解決するために，地域を基盤にしたケース検討会議やケースカンファレンスを開催することもケアマネジメントの任務となる。このようなケース検討会議をスムーズに運営するためには，普段から地域の機関や施設，そしてスタッフとの間にネットワークを形成しておく努力も大切である。

　また，個別的なケースへのケア支援を効果的に行うためには，地域に利用可能で，柔軟性をもつサービスが十分に準備され，また，それらがシステム化，あるいはネットワーク化されていることが必要である。ケアマネジメントはこのような地域のケアシステムを整備するために，機関や施設との調整を行う機能も求められている。

(2) 対人支援機能

　ケアマネジメントでは利用者と介護者が提供されたサービスをうまく利用できるように支援しなければならない。例えば，援助を受けることへの不安を取り除いたり，サービス提供者との人間関係を調整したり，生活に関する相談を受けたりすることが必要である。

(3) 開発機能

　ケアマネジメントは既存のサービスの範囲内でのみニーズを充足するための方法ではない。サービスが硬直的な場合には，柔軟なものに改めたり，サ

ービスが不足している場合にはあらたに開発したりすることも重要な機能である。したがって，そのためのボランティアの養成や，民間サービスの開発支援もケアマネジメントの任務なのである。

このように，ケアマネジメントには，介護・福祉サービスを必要とする人々がうまくサービスを利用できるように個別的に，直接的に援助する側面，すなわち「直接的ケアマネジメント」と，ケアマネジメント機関を運営したり，地域を基盤にしてケアシステムやケアネットワークを作ったりする側面，すなわち「間接的ケアマネジメント」がある。

2 事例研究：ケアマネジメントの援助事例
――老人介護支援センターを舞台にして――

1 事例の概要

> この事例は，老人介護支援センターで取り扱った援助事例である。老人介護支援センターとはゴールドプランが策定された際に在宅介護支援センターとして新設された施設である。在宅の高齢者と家族を対象にして，看護婦，保健婦，ソーシャルワーカー，介護福祉士のうち2人がペアを組んで，24時間ベースで介護相談を行い，サービス利用に関して福祉事務所等との調整を行うことが主たる目的であり，地域においてケアマネジメントを行う中心的な機関として期待されている。
>
> A子さん（78歳）は長年ひとり暮らしを続けてきたが，近頃は病気がちになり，家事をすることが少しつらくなってきた。地域の民生委員に相談したところ，老人介護支援センターに連絡があり，ソーシャルワーカーが訪問した。

2 ケアマネジメントの過程

ソーシャルワーカーはA子さんの話を聞きながら，困っていることを把握しようとした。A子さんは毎日の食事の準備がつらいこと，身体が少し不自

由になってきて，トイレに行きにくいこと，これ以上身体が不自由にならないように少し身体を動かしたいこと，犬を飼っているが，引っ張られるのが心配で散歩にも連れていけないことを訴えた。

　ソーシャルワーカーはこのような訴えをもとにして次のようなケアプランを作成した。

　すなわち，食事の準備については週に2回公的なホームヘルパーを派遣する。また，健康状態を把握して，アドバイスをするために月に1回保健婦が訪問する。また，機能維持のためには週に1回デイサービスセンターを利用する。犬の散歩については民生委員を通じて近所の人に依頼するというプランであった。

　ソーシャルワーカーは福祉事務所やデイサービス・センターに連絡をとって，できるだけ早くサービスが利用できるように調整活動を行った。サービスが提供されるようになると，ソーシャルワーカーはホームヘルパーやデイサービス・センターとできるだけ連絡をとり，また時々はA子さんにも連絡をとることによってモニタリングを実施した。また，3か月に1回程度はサービス提供者全員でケース会議を持つようにして再アセスメントを行うようにした。

　さて，この事例はケアマネジメントといっても重度の寝たきり老人の介護問題ではないので，ソーシャルワーカーやホームヘルパーといった社会福祉のスタッフが中心となって援助が可能という意味では，比較的単純な援助事例である。それでも，数種の専門職とボランティアが参加しているし，かかわっている機関・施設も数か所になっているので，それらの間の調整が重要な仕事となっている。

　最近はこのようなひとり暮らし老人が増加しており，元気な時は良いとしても，病弱になっても家族のケアが期待しにくい状況となってきている。ケアサービスの充実が不可欠である。

第11章　ケアマネジメントとコンサルテーション

3　ケアマネジメントの課題

1　ケアマネジメントの担当者

　ケアマネジメントはソーシャルワークの独占物ではなく，介護に深く関係している医療関係者，例えば医師，保健婦，看護婦，そして福祉領域とも関係する介護福祉士が強い関心を示している。先の事例で取り上げた老人介護支援センターでは福祉と医療の専門職者が連携してケアマネジメントを行う体制がとられており，チームマネジメントと呼ばれている。

　介護やそのアセスメントに関しては医学的な知識がかなり必要となり，心理・社会的アプローチを行うソーシャルワーカーが単独でケアマネジメントを行うことは，先に示したような事例は別としてかなり困難だと思われる。もし，ソーシャルワーカーが単独でケアマネジメントを行うのであれば，医学と介護に関する知識や技術を習得することが不可欠である。

　しかし，サービスを捜し出したり，サービス担当者を調整したり，新たなサービスを造成したり，スタッフの養成を行うことはソーシャルワークが得意とするところである。このような視点から，これからのケアマネジメントは単一の専門職が独占的に行うのではなく，職際的な協力のもとで取り組むことが最も望ましい方向性である。

2　エンパワーメント

　エンパワーメントは比較的新しいソーシャルワークの概念である。これはソーシャルワーク援助の目的であり，利用者がパワーをもてるように援助することである。それではパワーとは何であろうか。パワーとは「われわれが自分の人生を自分で決めるために必要な力」である。そのような力をもたせることがエンパワーメントである。

　この社会では高齢者は全体的にパワーをもてない状態，すなわちパワーレスになっている。それは，例えば経済的基盤が脆弱だとか，健康の状態が悪いとかいう理由によっている。しかも，虚弱や寝たきりになったのではます

ますパワーレスになってしまう。

　ケアマネジメントはソーシャルワークと同様にエンパワーメントを目指すものでなければならない。例えば，年金等によって経済的な基盤を強化することやサービス利用について利用者の選択権を認めること，また利用料金を徴収することはエンパワーメントにつながるであろう。しかし，痴呆老人のようにエンパワーメントがかなり困難な人もいる。そのような人に対しては，アドボカシーによってエンパワーすることも可能である。

3　「新しい介護システム」とケアマネジメント

　わが国では今までの家族を中心とした介護システムを社会的な介護システム中心に転換していこうとする取り組みが進められている。その方向性を示したのが『新たな高齢者介護システムを目指して』と題された報告書である。この報告書では措置に基づく福祉領域に設定されている介護サービスを普遍化・一般化し，福祉のように特別なニーズをもつ人のみが利用できるのではなく，誰でもが必要な時にはいつでも利用のできる社会的な介護のシステムを構築しようとするものである。そのために財政については社会保険を新たに作って保険料中心のシステム運営が導入されようとしている。

　また，このシステムのなかで，相談やニーズアセスメント，サービス提供とモニタリングを行うケアマネジメントの導入も示されている。

4　コンサルテーションの基礎理論と技術過程，課題

1　コンサルテーションの定義

　コンサルテーションについてはかなり以前からその重要性が指摘されているにもかかわらず，わが国ではまだ十分に体系化されていないし，研究の蓄積もなされていないのが現状である。そのようななかで，黒川昭登はコンサルテーションを次のように規定している。

　　「コンサルテーションとは，独立して仕事をする能力のあるワーカーが，
　　業務遂行上，ある特定の専門的な領域の知識や技術について助言をえる

必要のある時，その領域の専門家つまり，コンサルタントと相談することを言う。」[8]

また，ブラウン（Allan Brown）はコンサルテーションに関するテキストをまとめているが，そのなかで，カプラン（G. Caplan）とインスレイ（V. Insley）の定義を引用している。

まず，カプランによると，コンサルテーションとは，

「2人の専門職者が交わる過程である。すなわち，2人の専門職者とは専門家であるコンサルタントと現在の仕事上の問題に関してコンサルタントの援助を必要としているコンサルティである。また，問題とはコンサルティが仕事上で直面し，他の専門家の領域の問題だと判定された問題である。」[9]

また，インスレイによると，コンサルテーションとは，

「技術的な知識や，ひとりまたはそれ以上の人物との専門職的関係の利用を取り入れる過程である。その目的は，コンサルティが自分の専門職としての責任をより効果的に遂行するのを容易にすることである。」[10]

このように，コンサルテーションとはある領域の専門職者が，自分の担当しているケースの処遇に当たって，他領域の専門的な知識が必要となった場合に，その知識を十分にもっていないために，その領域の専門職者にアドバイスをもとめる過程のことである。要するに，ソーシャルワーカーがケースワーク援助を行っている時に，クライエントが精神医学的な問題をもっているように思われる時には精神科医に相談するような仕事のことである。この場合に，相談をする側はコンサルティで，相談を受ける側はコンサルタントと呼ばれるのである。

2　スーパービジョンとの相違点

ソーシャルワーカーがクライエントの援助に関して他者の援助を受ける方法としてスーパービジョンの方法がある。このスーパービジョンとコンサルテーションはどのような違いがあるのか，またどのような関係にあるのか。

黒川は専門職者としての熟練度，自立度の違いに着目して，スーパービジ

表2 スーパービジョンとコンサルテーション

スーパービジョン	コンサルテーション
・強制的	・任意
・スーパーバイジーはスーパーバイザー（ふつうは上司）に責任をもつ	・自由意思で参加する自発的な関係
・スーパーバイザーは同じ専門職	・コンサルタントは同じ専門職の場合もあれば関連専門職の場合もある
・議題はスーパーバイザーとスーパーバイジーで選ぶ	・議題はコンサルティが選ぶ
・スーパーバイザーはスーパーバイジーが選ぶのではなく，組織的な役割である	・コンサルタントは必要とする知識と技術をもとにしてコンサルティが選ぶ
・決定の責任は共同してもつ	・決定の責任はコンサルティにある
・継続的な活動	・時間限定的な契約
・無料のサービス	・有料の時もあるし，それは契約に基づく

出所：A. Brown, *Consultation*, p. 4.

ョンがまだ自立途上にあるワーカーが指導を受けることであるのに対して，コンサルテーションは専門職者として自立した者同士の関係であるとしている。また，前者が上司，部下の関係であったり，責任性の問題でも違いがあるとしている。[11]

また，ふつうスーパービジョンはその機能として，管理的機能と教育的機能と支持的機能があるとされているが，コンサルテーションはワーカーを管理したり，教育したりするものではないし，しいて言えば，他領域からその専門的知識でワーカーの仕事を支持するものと言うことができる。

ブラウンは両者の違いを表2のように整理している。この比較によると，スーパービジョンは組織の運営の中に組み込まれたフォーマルな性格が強いのに対して，コンサルテーションはワーカーが自発的に行うインフォーマルな性格が強い方法と言うことがわかる。例えば，スーパーバイザーは組織の中で決められた役割であり，ワーカーが自由に選べるものではないのに対して，コンサルタントは自由に選ぶことができる。しかし，ワーカーが仕事をするなかで，組織外の専門家にスーパーバイズを受けている例もあり，スーパービジョンが完全に組織的な役割とばかりは言えないことにも注意しておくことも必要である。

3　コンサルテーションの技法

　まずどこでコンサルテーションを行うかである。これは大きく2つに区分できる。ひとつはワーカーの属する機関や施設内で行うコンサルテーションである。最近の社会福祉機関や施設はソーシャルワーカー等の福祉専門職ばかりでなく，医師，保健婦，看護婦といった保健・医療専門職も多く設置されている。ソーシャルワーカーは援助の過程で必要に応じて，これらの専門職者にアドバイスを求めることができる。そのためには，各専門職にはお互いにコンサルテーションの役割があることが認識されていなければならない。また，最近ではケース処遇に当たって，保健・医療・福祉の連携が必要となるケースも増加してきており，職際的なケース・カンファレンスがもたれることも多くなってきた。このような場を活用して，グループ・コンサルテーションとすることも可能であろう。また，ソーシャルワーカーが数人いる機関や施設ではソーシャルワーカー同士でインフォーマルな形でピア・コンサルテーションを行うようなことも考えられるであろう。

　もうひとつの方法は機関や施設外にコンサルテーションの場を求める方法である。機関や施設内に適当な専門職者がいない場合にはこの方法を取らざるをえない。このような場合に備えて，多くの機関や施設では嘱託等の形で医師等の専門職者を確保していることが多いが，どんな場合にもすぐに専門家に相談ができるネットワークを作っておくことが必要である。

4　コンサルテーションのタイプ

　ブラウンはコンサルテーションを3つのタイプに整理し，さらにそれらを7つに小分類している[12]。すなわち，

① 実際の援助を行っている時にコンサルタントはいないタイプ（非参加型コンサルテーション）

② 援助を行っている時にコンサルタントがおり，何らかの役割を果たしているタイプ（参加型コンサルテーション）

③ コンサルタントは直接的に情報を入手するが，その時には積極的に関与はしないタイプ（観察型コンサルテーション）

である。

　非参加型コンサルテーションは，さらに，
　　ⓐ　個別指導型　専門家が個別的に相談にのり，アドバイスする。
　　ⓑ　並列的ピア・ペア・コンサルテーション　同僚が1対1で，お互いにコンサルテーションし合う。
　　ⓒ　ファシリテイター付きのグループ・コンサルテーション　グループによるコンサルテーションで，進行役がいるもの。
　　ⓓ　グループ・スーパービジョン　ⓒの変形で，進行役がスーパーバイザーのもの。
　　ⓔ　ピア・グループ・コンサルテーション　同僚が上下の関係なく，グループで行うコンサルテーション。
に区分されている。

　参加型コンサルテーションは，
　　ⓕ　ジョイント・ワーク　コンサルタントとコンサルティが個人や家族の処遇に共同で取り組む。
　　ⓖ　リブ・コンサルテーション　処遇面接にコンサルタントも同席するが，コンサルタントとしての役割に徹する。
である。
　③の観察型コンサルテーションをもう少し説明すると，コンサルタントは直接的観察やビデオ等から処遇に関する情報を入手し，後に，コンサルティからの要請でコンサルテーションを行う方法である。
　ソーシャルワーカーは当然のこととしてすべてに精通していることはないので，クライエント処遇に関して他領域からの専門的なアドバイスを必要としている。それらの人たちからうまくアドバイスを受けて，処遇に生かせることも重要な技術なのである。

5　コンサルテーションの課題

　コンサルテーションの技術はいまだに十分に情報もないし，整理，体系化もされていない。わが国ではまずここからの取り組みが必要であろうが，社

会福祉とソーシャルワークを取り巻く社会的背景も高齢化の進展と共に大きく変化した。ソーシャルワーカーが援助する対象者のニーズも心理・社会的な枠組みではとらえられず，身体・心理・社会的という枠組みのなかで考えることが必要となってきた。具体的に言えば，寝たきり老人を中心とした「介護」ニーズが量的にも増大し，QOL思想の普及とともにサービスの質も要求されるようになってきた。医師，保健婦，看護婦，OT，PTといった医療専門職者も介護の取り組みに関心をもち，参加するようになってきた。

そのため，保健・医療・福祉の連携や統合が話題となるようにもなってきた。ソーシャルワーカーはこのような環境の中で仕事をしなければならないのである。わかりやすく言えば，社会福祉領域においては，今までの援助の主役はソーシャルワーカーであったのが，ソーシャルワーカーだけが主役を独占できる時代ではなくなった。医療関係者も同じように主役として登場してきた。

このようななかで，ソーシャルワーカーは医療の専門職者と連携を組むことが必要になってきた。連携を組むようになると，ソーシャルワーカーの独自性が今まで以上に問われることとなってきている。ソーシャルワーカーは一体何をする専門職なのかである。また，連携を組むためには他の専門職の考え方についても知らなければならない。コンサルテーションの立場から言えば，他職種はアドバイスをしてくれる人物ではなく，一緒に仕事をする同僚ということになる。したがって，ケース・カンファレンスも職際的に行われることが多くなり，職際的なコンサルテーションという考え方の導入も必要になってきている。

5　Q&A

(問題)

本文中の事例を読んで，次のようなケアマネジャーの対応のうち，その態度として望ましいものを一つ選びなさい。

　①　ケアマネジャーはA子さんの生活状態をあるがままに把握するため

に，事前連絡はせずに訪問した。
② ケアマネジャーは既成のアセスメント票があるので，その項目をきっちりと聞き出すことに主眼をおいて面接した。
③ ケアマネジャーはホームヘルパー等の利用条件等をあらかじめA子さんに伝えてから，サービスの利用希望があるかどうかをたずねた。
④ ケアマネジャーはボランティアの利用可能性はまったく考慮せずに，もっぱら公的なサービスの調整を心がけた。
⑤ ケアマネジャーはA子さんの状態を正確にアセスメントするために，A子さんの了解をとって医師の意見も聴取した。

(解答)

次の点から正解を考察すればよい。
① 事前に連絡をするのは当然である。
② アセスメント票にとらわれることなく，クライエント中心の面接を心がけるべきである。
③ ケアマネジメントでは，サービス中心ではなく，ニーズ中心のアプローチが重視されている。
④ ケアマネジメントはインフォーマルなサービスも視野に入れた援助方法である。
⑤ 本人以外の資料源へアプローチする際には必ず本人の了解をとることが必要だから，これは，正しい。
したがって，正解は⑤である。

●注
(1) Department of Health, *Care Management and Assessment, Practitioners' Guide*, 1991, HMSO.
(2) J. オーム & B. グラストンベリー著，日本社会福祉士会監訳『ケアマネジメント』中央法規出版，1995年，184ページ。
(3) 東京都社会福祉審議会『高齢化社会に向けての東京都の老人福祉施策とそのあり方について』(答申)のなかで，ケースマネジメントの必要件が述べられた。

(4) ケースマネージメント研究委員会編『ケースマネージメント』全国社会福祉協議会，1990年，10ページ。
(5) K. O. Kaplan, *Recent Trends in Case Management*.
(6) Department of Health, *op. cit.*
(7) 『高齢者在宅ケア・ケースマネージメント研究班・中間報告書』1990年，33ページ。
(8) 黒川昭登著『スーパービジョンの理論と実際』岩崎学術出版社，1992年，288ページ。
(9) A. Brown, *Consultation : Aid to Successful Social Work*, Heinemann, 1984, pp. 2-3.
(10) *Ibid.*, p. 3.
(11) 黒川昭登著，前掲書，288ページ。
(12) A. Brown, *op. cit.*, pp. 12-16 の記述をもとに整理した。

●引用・参考文献
① 白澤政和著『ケースマネージメントの理論と実際』中央法規出版，1992年。
② 福祉士養成講座編集委員会編『社会福祉援助技術』中央法規出版，1992年。
③ 福祉士養成講座編集委員会編『社会福祉援助技術総論』中央法規出版，1992年。
④ 福祉士養成講座編集委員会編『社会福祉援助技術各論Ⅱ』中央法規出版，1992年。

〔杉本　敏夫〕

第12章❖ソーシャルワークの生成と発展

　社会福祉の方法・技術のもつ社会的な意味や役割を理解し，より有効な社会福祉実践への取り組みを可能にするうえで，ソーシャルワークの生成史を学習することはきわめて重要である。

　周知のとおり，ソーシャルワークは慈善博愛事業，社会事業，社会福祉といった生活困難者を社会的に援助する社会的な領域や社会制度の中で発達してきた専門的な援助技術である。

　そこで，本章ではこのようなソーシャルワークの発展を歴史的に把握することを目標とする。

　ソーシャルワークが対象とする人々の生活問題はその時代を反映して歴史的に大きく変化してきている。例えば，ソーシャルワークが英国で生み出され，アメリカに渡ったころ，すなわち，19世紀末ころから20世紀の初頭では，貧困が生活問題の中心であった。また，日本にソーシャルワークが本格的に紹介，導入された第2次世界大戦直後の時代でも，日本では貧困問題が中心的な社会問題であった。そのような時代にはソーシャルワークの対象の中心は貧困問題を抱えている人々であった。

　しかし，時代が進み，世の中が全体として豊かになるにつれて，貧困問題のもつ比重は低下した。また，その予防的な社会制度として医療保険，年金保険，失業保険等の社会保険制度が確立するにつれて経済的な面での生活の安定性は大きく向上し，人々の生活問題も貧困だけではとらえられなくなり，人間関係の問題や生活環境の問題等にまで拡大し，より複雑な様相を帯びてきた。

　このような時代の特色を反映して，ソーシャルワークもその対象はもとより，理論，技術，あるいは重点の置き所においても大きく変化してきている。

第12章　ソーシャルワークの生成と発展

　しかし，過去の理論や技術はその時代のものであり，すでに過ぎ去ったものとして無視してよいというものではない。現在の援助技術は過去の実践や研究を基盤にして形成されてきたものであり，それが理解できて，はじめて現在の援助技術の諸側面も確実に理解できるというものである。例えば，現代のソーシャルワークのアセスメントはリッチモンドの社会診断の理解があってはじめてその意義がわかるであろう。

　また，過去の理論や技術が新しい時代になって再び脚光を浴びることもある。例えば，最近になって注目されるようになったケースマネジメント，あるいはケアマネジメントにはリッチモンドのケースワーク論，特にその間接的な処遇との共通性が見直されている。

1　ソーシャルワークの源流と確立・体系化の時期

1　ソーシャルワークの源流

　ソーシャルワークは始めからひとつのまとまった援助技術として発展してきたのではない。すなわち，現在，ソーシャルワークと言われている技術を構成しているのはケースワーク，グループワーク，コミュニティワーク，社会福祉調査，社会福祉運営管理，社会福祉計画法，ソーシャルアクションであるが，これらはもともとは個々別々の方法として発展してきたのである。特に，社会福祉援助技術の中心であるケースワーク，グループワーク，コミュニティワークはまったく別の方法として発展し，それぞれの援助技術の担い手である専門職者もまったく別の人々であった。すなわち，ケースワーカー，グループワーカー，コミュニティワーカーであった。

　したがって，ソーシャルワークの源流をたどる時，われわれは個々の援助技術を別々にみていくことになる。

2　ケースワークの発展

(1)　ケースワークの源流

　ケースワークの源流が1869年に英国で設置された慈善組織化協会（Charity

Organization Society＝COS）の活動にあることは広く認められていることである。ところで，1800年代後半の英国の救貧行政は，マルサス等の経済学者の影響を受けて，自由放任主義と小さな政府が望ましいという考えのもとで行われており，劣等処遇原則が重要視され，非常に制限的な貧民救済しか行われていなかった。そのために，多くの貧困者は国家からの援助が受けられないままに放置されることになった。

このような状況を反映して，当時の英国ではさまざまな慈善活動が個人や慈善・博愛団体によって取り組まれていた。国家がしないから，民間がするという状況であった。例えば，1861年のロンドンでは640もの慈善団体があったそうである。[1]

多数の慈善団体がそれぞれ独自に活動を行った結果として，複数の団体が同じ一人の貧民を援助するといった乱救や，反対に，援助が必要であるにもかかわらず，貧民が援助を受けないままに放置されているといった漏救が発生したりした。

このような問題状況を改善するために慈善団体間の連絡調整をする組織として慈善組織化協会は設立された。すなわち，貧民救済に関する情報の交換を行い，より効果的な慈善活動を行うことが協会設立の一つの目的であった。このような点は，社会福祉援助技術のうちのコミュニティ・オーガニゼーションとも深くかかわる点であるが，協会がケースワークの源流と言われるのは，協会のもう一つの活動である「友愛訪問」(friendly visiting)とのかかわりにおいてである。協会は慈善の効果をあげるために，貧民の家庭を訪問し，調査し，「施しよりも，友人に」という原則のもとで，友愛訪問員による道徳的な感化によって，貧民の立ち直りを期待した。協会は，無原則に金銭を与えることはかえって貧民を堕落させると考え，貧民への個別的な接触による援助を行ったのである。このような個別援助を重視したところから慈善組織化協会の活動がケースワークの源流とされるのであるが，道徳的な感化といったあまり科学的ではない方法を重視したことや，貧民を救済に値する人と値しない人に区別して，値する人，すなわち，立ち直る可能性の高い人のみを救済した点などにおいて，限界があった。

(2) リッチモンドの貢献

　慈善組織化協会の活動は，その後，アメリカに渡り，1877年にはバッファローに慈善組織化協会が設立されたのを端緒にしてアメリカ各地にも設立されることとなった。アメリカの慈善組織化協会活動の特色のひとつは，友愛訪問員を有給で雇用したことであり，1898年にはニューヨークの慈善組織化協会で6週間の夏期講習会が開催されたことにもみられるように，その訓練にも力が入れられたことである。

　ところで，このような時期に，後に，「ケースワークの母」とも称されるようになったメアリー・リッチモンドが登場する。リッチモンドは，1889年に，最初は会計係としてボルチモアの慈善組織化協会に就職したが，友愛訪問に取り組んだり，ケース会議に出席したりして援助活動にもかかわりをもっていった。彼女は，慈善組織化協会活動に取り組みつつ，指導的な講演を行ったり，援助活動に関する論文をまとめて，慈善組織化協会のあり方等について提言も行った。

　1900年にはフィラデルフィアの慈善組織化協会に移り，1907年にはラッセル・セージ財団の慈善組織部の責任者となった。この後，リッチモンドはケースワークに関する研究や指導を中心とした仕事に取り組むこととなった。

　リッチモンドが「ケースワークの母」と称される所以は彼女がケースワークを初めて体系化した著書といわれている『社会診断論』（*Social Diagnosis*）をまとめ上げたからである。これは1917年のことである。

　『社会診断論』は約500ページにわたる大著であり，全体が3部構成になっている。すなわち，第1部 社会的証拠，第2部 診断に至る過程，第3部 診断に至る過程の多様性である。

　リッチモンドのケースワークは社会学的な段階のケースワークとも称されているように，クライエントをめぐる社会的な環境に関する情報，すなわち，社会的証拠の収集を重要視し，それに基づいて問題の診断を行うことが特徴である。例えば，情報源として身寄りの人，医療機関，学校，雇用者等をあげ，情報収集の方法や注意点の指摘を行っている。

　また，リッチモンドは1922年には『ソーシャル・ケースワークとは何か』

(*What is Social Case Work ?*) を著した。こちらは社会診断論とは異なり、コンパクトな本であり、有名なケースワークの定義、「ソーシャル・ケースワークとは、人間とその社会環境との間を、個々に応じて、意識的に調整することによって、パーソナリティの発展をはかろうとするさまざまな過程からなるものである」という定義も行われている。

さらに、リッチモンドはこの著書のなかで、ケースワークの処遇を、クライエントに直接働きかける直接的な処遇と、社会資源の動員や調整によって環境の修正をはかる間接的な処遇を区別して整理した。この後、ケースワークは前者への傾斜を強めていくが、今日ではケアマネジメントへの着目とともに後者の重要性も見直されており、両方のバランスのとれた処遇を主張したリッチモンドの考え方は注目に値する。

(3) ケースワークの心理学的段階

1922年のリッチモンドのケースワークの定義においても「パーソナリティの発展」という言葉が使われており、リッチモンドでさえも心理学の影響を受けていたことがわかる。1920年代以降のケースワークは心理学、特に精神分析へ強く傾斜していったことが特徴である。

このような動向の背景にはアメリカの第1次世界大戦への参戦が大きくかかわっている。すなわち、戦争が人々にもたらした家族の問題や心の問題といった貧困とは別の問題にケースワーカーが取り組むこととなったのである。このような問題に取り組むには、心理学、特に当時アメリカで積極的に取り入れられていた精神分析理論が特に役に立った。その結果、ケースワークは理論においても、実践においても精神分析に依拠するようになり、環境を個人の適合させるのではなく、個人を環境に適合させる傾向が強くなっていった。

さらに、アメリカでは1929年に世界恐慌があり、1935年には社会保障法の成立へと進んでいくが、この過程で貧困問題はもはや民間の慈善団体の手には負えないほど大規模化したし、それに対応して公的な救済制度が進展してきた。もはやかつてのような金銭給付を行う慈善団体は不必要になったのである。それにともなって、ケースワーカーも金銭給付以外の仕事を行うこと

が必要となった。このような社会情勢もあってケースワークの心理学的偏向がさらに強化された。

　また，この段階のケースワークの動向のひとつは専門職志向を強めたことである。それを象徴する出来事として専門職団体が次々と結成された。例えば，1916年にはアメリカ病院ソーシャルワーカー協会，1919年には全国学校ソーシャルワーカー協会，1921年には全米ソーシャルワーカー協会，1926年には全米精神医学ソーシャルワーカー協会が結成された。

　リッチモンドに始まり，精神分析の影響を受けたケースワークは「診断主義派」のケースワークと呼ばれるようになった。診断を行うために収集する情報はクライエントを取り巻く環境から集める社会的な情報中心から，クライエント自身に重点を置いて集めるクライエントの成育歴や家族関係中心へと変化し，また処遇も間接的な環境調整中心からクライエント自身への心理的援助が中心というように変化したにもかかわらず，ケースワーカーが問題を診断し，処遇の方針をたてるという援助方法は維持された。すなわち，診断主義派はケースワークのプロセスを，調査→診断→処遇というように考えた。また，問題の診断には精神分析理論の発達理論や心的構造論が用いられた。以後，第2次世界大戦を経て，1960年代まで診断主義派がケースワークの主流の地位を維持し続ける。なお，診断主義のケースワークの代表的な研究者としては，1951年に『ケースワークの理論と実際』を著したハミルトン（Gordon Hamilton）や1964年に『ケースワーク――心理・社会療法』を著したホリス（Florence Hollis）が著名である。

　一方，この間にケースワークには診断主義とは別の動きもあった。すなわち，それは，1930年代の機能主義ケースワークの出現であった。これはランク（Otto Rank）の意志心理学を基盤とするものであり，クライエントは自己の中に成長する力を備えており，ケースワークとはクライエントがその力を発揮できるような場面を構成することであると考え，診断主義派とは異なった立場からアプローチを行った。

　機能主義ケースワークの著書がわが国に翻訳・紹介されることはあまりなかったが，1946年に『家族ケースワークとしてのカウンセリングと保護的サ

ービス——機能主義アプローチ』を著したタフト（Jessie Taft）や1967年に『ソーシャルワーク実践のための理論』を著したスモーリー（Ruth E. Smalley）が著名である。

　しかし，機能主義派のケースワークもやはり心理学的な枠組の中での取り組みであり，時代の制約を免れるものではなかった。

　第2次世界大戦後のケースワークは基本的にはこの両派の対立と発展という形で展開されるが，両者を統合しようとする動きも出現してきた。機能主義派の立場から両者を統合しようとしたのがアプテカー（Herbert H. Aptekar）であった。アプテカーは1955年に『ケースワークとカウンセリングの力動性』を著した。この著書は，後の1964年に『ケースワークとカウンセリング』という題名でわが国にも翻訳・紹介されている。

　また，診断主義派の立場から両者を統合しようとしたのは，パールマン（Helen H. Perlman）であった。パールマンは1957年に『ソーシャル・ケースワーク——問題解決の過程』を著した。本書も1966年にわが国に翻訳・紹介されている。パールマンのケースワーク論はその定義とともに有名である。すなわち，「ソーシャル・ケースワークは，人びとが社会的に機能するあいだにおこる問題をより効果的に解決することを助けるために福祉機関によって用いられるある過程である」（松本武子の訳）。また，パールマンは同書のなかで，ケースワークの構成要素として4つのPのあることを指摘した。すなわち，Person（人），Problem（問題），Place（場），Process（過程）である。このような考え方からパールマンのケースワークは「問題解決モデル」として独自の立場をもつこととなった。

(4)　1970年代以降のケースワーク

　1970年代のケースワークはその援助技術としての有効性が問われた時代であった。パールマンの「ケースワークは死んだ」はその象徴的な言葉であったし，援助効果の測定も行われたりした。その結果，ケースワークは2つの道をたどることとなった。すなわち，ひとつはケースワークの援助技術の基盤を精神分析以外に求めることであった。もうひとつは，個別援助のみへとらわれるのではなく，他のグループワークやコミュニティ・オーガニゼーシ

ョンとの統合のもとで，ソーシャルワークとしての援助活動のあり方を探ろうというものであった。後者については，次節で言及するので，ここでは前者についてふれておく。

1970年代のケースワークは人間の行動理解に関係するさまざまな心理学や社会科学を取り入れて，多様な援助モデルを作り出したことが特色である。これは援助効果の有効性を問われたケースワークが何とか問題を抱えている人々に役立つ援助活動を行いたいとの願いを込めた取り組みの結果であった。例えば，1970年にアメリカで出版された『ソーシャル・ケースワークの諸理論』は，ケースワークの理論やモデルとして，診断主義の別名でもある「心理社会的アプローチ」，「機能主義アプローチ」の他に，「問題解決モデル」，学習理論に依拠した「行動修正」，家族の全体を視野に入れた「家族療法」，危機理論を基盤にすえた「危機介入」，さらには「社会化理論」を取り上げている。この他にも，実存主義的なアプローチ，短期間の処遇を行う課題中心アプローチ等が取り入れられ，ケースワークの多様化が進行した。

3　グループワークの発達

(1) イギリスにおける起源

ケースワークと同じようにグループワークの芽生えもやはり19世紀後半のイギリスに求められるのが普通である。しかし，グループワークがケースワークと異なるのは，その起源は社会福祉の分野だけではなく，青少年の健全育成を目的とする社会教育活動にもあるということである。まず，前者の社会福祉分野でのグループワークの起源はセツルメント活動である。セツルメント活動とはスラム街のような地域に住み込んで，教育や各種のクラブ活動，趣味活動を行うことによって地域の人々が自立し，貧困状態から抜け出せるように援助しようとする活動である。このような活動に最初に取り組んだのがバーネット夫妻（Samuel and Henrrietta Barnett）であった。バーネット夫妻はオックスフォード大学やケンブリッジ大学の学生に呼びかけてロンドンのイーストエンド地区にセツルメントハウス，「トインビーホール」を設立した。1884年のことであった。なお，トインビーホールは3つの目的をもって

いた。すなわち，①貧民の教育と教養の向上，②貧民の状態と社会改革の緊急の必要性に関する学生とレジデントに対する情報提供，③社会問題，保健問題と福祉立法に関する一般の人々の関心の高揚，であった。[3]

この3つの目的のうち，①を行うためにグループが活用された。そのために，セツルメント活動がグループワークの起源とされるのである。

グループワークのもうひとつの起源は青少年の社会教育の分野である。このような取り組みの最初のものは，1844年にウィリアムス（G. Williams）がロンドンに設立したYMCA（Young Men Christian Association）であった。YMCAは厳しい労働で疲れ果て，道徳的な退廃の危機に晒されている青少年たちに，キリスト教精神に基づいてレクリエーションやクラブ活動の機会を提供することによって充実した余暇を過ごさせようとしたのであった。また，1855年になると，YWCA（Young Women Christian Association）が同じ主旨のもとで設立された。

また，20世紀に入って，1907年にベーデン-パウエル（Robert Baden-Powell）によって始められたボーイスカウトの活動もグループワークの起源のひとつと考えられている。ベーデン-パウエルはイギリス軍隊の弱体化や青少年の道徳的・身体的な悪化を憂えて，ボーイスカウト活動を始めた。その目的は，青少年を精神的・身体的に鍛え上げることであり，軍隊的な方法が取り入れられたりもした。

このように，グループワークもケースワークと同様にイギリスでその取り組みが始まったが，専門職として発展するのはアメリカにおいてであった。

(2) **アメリカにおける起源**

アメリカにおけるグループワークの起源としては，①セツルメント活動，②青少年団体運動，③成人教育運動，④公共レクリエーション運動があげられている。[4]

まず，セツルメントに関しては，ニューヨーク市のイーストエンド地区に1886年にコイト（S. Coit）によって設立されたネイバーフッド・ギルドがアメリカでの最初のものである。1889年には世界的に有名なハルハウスがアダムス（Jane Addams）によってシカゴ市に設立された。

リード（K. E. Reid）によると，イギリスのセツルメントとアメリカのセツルメントにはいくつかの相違点が見られるということである。そのひとつは，イギリスのセツルメントが青年を中心としたセツラーに社会的な学習の場を提供することに力点をおいたのに対して，アメリカではより近隣の利益が重視されたことである。第2は，アメリカのセツルメント活動には女性の参加が多かったことである。

また，1920年代には，イギリスと同様に青少年を対象とした余暇活動の機会の提供や指導も盛んに実施された。それは民主主義的な考え方をもち，身体的にも精神的にも健康な青少年を育成することがアメリカ社会の発展に不可欠だと考えられたからであった。

このような目的をもつ青少年活動団体としては，YMCA（1851年），ボーイズ・クラブ（1860年），ボーイズ・ブリゲード（1894年），全米 YWCA（1906年），全米ボーイスカウト（1910年），キャンプ・ファイアー・ガールズ（1912年），4－Hクラブ（1914年）等があった。

(3) 専門職としての発展

このようにしてグループ活動はアメリカ全土に普及していくが，グループの指導や援助が職業として認知されるのにはしばらくの時間が必要であった。というのは，活動は主としてボランティアがその担い手であったからであるが，有給のスタッフを雇用する団体も徐々に増加していった。

ところで，グループワーカーの教育・訓練は1923年にウエスタン・リザーブ大学ソーシャルワーク大学院にグループワーク・コースが設置されたことによって始まった。これはグループワークとは言いながらも，教育分野のレクリエーションワーカーのためのコースであった。これ以降は大学においてグループワークが教えられることとなったが，一般にはグループワークは大学で教える価値はないものと思われていた。その理由は，ケースワークのみがソーシャルワークと考えられていたことやレクリエーション活動は日常的な活動と考えられていたことであった。また，グループワークがそれを教えるほどには体系化されず，未熟な状態に停まっていたこともその一因であった。

233

しかし，グループワークは1929年の世界恐慌以降に専門職として飛躍的な発展をとげた。それは，グループワークが「荒廃した社会から未来を担う青少年をよき市民に健全育成させる方法として脚光を浴びるようになった」からである。[7]

1935年には全国社会事業会議（NCSW）に初めてグループワーク部門が設けられた。翌，1936年には全国グループワーク研究協会（NASGW）が発足した。1939年にはこの協会の名称がアメリカ・グループワーク研究協会（AASGW）と改められた。

このように，グループワークの研究も急速に進展し，1935年の全国社会事業会議ではグループワークの公式の定義がニューステッター（W. Newstetter）によって定められた。すなわち，

「グループワークとは自発的なグループ参加を通して，個人の成長と社会的適応をはかる過程であり，そのグループを社会的に望ましい諸目標までおしすすめる手段として活用することである。」[8]

しかし，この頃のグループワークがかかえていた問題のひとつは，それが社会教育の技術なのか，それともソーシャルワークの技術なのかという問題であった。この問題に明確な解答が出されたのは1946年の全国社会事業会議であった。この会議で，コイルはグループワークがソーシャルワークのひとつの方法であることを報告したのである。

同じく，1946年には AASGW が改組され，専門職団体であるアメリカ・グループワーカー協会（AAGW）が設立された。また，AAGW は1955年には全米ソーシャルワーカー協会（NASW）の一員となった。

なお，1940年代後半から1950年代のグループワークは児童の情緒障害や成人の精神科疾患の治療方法のなかに採用されたことがひとつの新しい動向であった。ここから治療的なグループワークが出現してきたのである。

(4) **1960年代以降の動向**

1960年代のアメリカを特徴づけるのは，ベトナム戦争，黒人暴動，公民権運動，貧困戦争等の動向に現れている社会不安や既成秩序の動揺であった。このような社会的背景のなかでソーシャルワーカーに対する国民的な期待が

大きく高まった。

　グループワークも1960年代の社会状況に対応して多様な展開が進められた。その動向は，さまざまな実践モデルが提唱されたことにみられる。それらのモデルは以下の5つにまとめることができる。(9)

　①社会的諸目標モデル　②治療モデル　③相互（交互）作用モデル
　④ヒューマニズム的モデル　⑤社会的学習モデル

　それぞれのモデルの内容は参考文献に譲るとして，要するにグループワークは，その知識基盤の拡大と共に，グループのもつさまざまな有用性が認められて，生活援助や教育・レクリエーションだけではなく，活用領域が拡大して，精神医学的な治療やカウンセリング，さらには自己開発にまで活用されるようになったのである。

4　コミュニティワーク（コミュニティ・オーガニゼーション）の発展

(1)　萌芽期

　ケースワークやグループワークと同様にコミュニティワークもその起源をイギリスの慈善組織化協会やセツルメント活動に求めるのが普通である。

　と言うのは，すでに述べたように，慈善組織化協会の目的のひとつが乱救や漏救を防止することであったし，そのためには慈善団体間の連絡体制の確立や貧民に関する情報のやりとりと共有が必要であった。今日の連絡協議会やネットワークの萌芽がもうこの頃からみられるのである。また，セツルメント活動は貧困地域に住み込んで貧民を援助することが特徴であるが，地域に関心をもったという意味でコミュニティワークの萌芽のひとつとされる。

　いずれにしてもソーシャルワークの援助技術の萌芽が同じ活動に求められるにもかかわらず，それぞれに専門職として別々の発展をしていったことは興味のわくところである。

(2)　アメリカにおけるコミュニティ・オーガニゼーションの発展

　日本のコミュニティワークが主にアメリカから学んだこともあって，この援助技術の発展についてはアメリカの方がイギリスよりもより整理されて紹介されている。ところで，コミュニティ・オーガニゼーションの発展は3つ

の段階に区分できる。[10]

　すなわち，第1段階は19世紀末から1910年代までで，萌芽期である。この時期の前半は慈善組織化協会やセツルメントの活動が中心であったが，1910年代になると，施設間の連絡調整，地域のニーズ調査，広報活動等が課題となってきた。また，1913年に慈善活動のための資金確保対策としてコミュニティチェスト（共同募金）が設立されたこともコミュニティ・オーガニゼーションの注目すべき動きであった。

　第2段階は1930年代から1950年代である。この時期になるとコミュニティ・オーガニゼーションの考え方もかなり整理されてくるし，ソーシャルワーク専門職としての位置づけもかなり進んでくる。

　アメリカの1930年代は世界恐慌後の混乱とニューディール政策による社会計画化が進展した時期である。このような時代を背景として1939年には『レイン報告』がまとめられた。これは実際の地域活動を背景にした報告書で，「ニーズ・資源調整説」と呼ばれているコミュニティ・オーガニゼーションの理論を打ち立てた。すなわち，レイン報告ではコミュニティ・オーガニゼーションの課題を援助を必要としている人々のニーズに対応して，必要な社会資源を動員・調整することと定義づけたのである。そのためにはニーズを発見するための社会調査やその活動への住民参加や組織化をすすめたり，また，社会資源を活用したり，新たに発見したりする手法が必要となり，調査技術や組織化技術が発展したとされている。

　1947年にはニューステッターが，"*The Social InterGroup Work*"を著し，いわゆるインターグループワーク論を主張した。この説によると，地域社会はさまざまな集団＝団体から構成されており，それらの間の調整がうまくいっていることによって地域社会は安定したものとなる。このような視点にたって，コミュニティ・オーガニゼーションはそれらの集団＝団体がお互いに協力しあって，共通の課題に取り組めるように協議の場を設ける方法と考えられた。

　また，わが国の社会福祉協議会活動の重要な原則のひとつである「住民主体の原則」の形成にも多大な影響を与えたロス（Murray G. Ross）の『コミュ

ニティ・オーガニゼーション』が出版されたのもこの時期である。ロスはコミュニティ・オーガニゼーションを次のように定義づけた。すなわち,

「共同社会がみずから，その必要性と目標を発見し，それらに順位をつけて分類する。そしてそれを達成する確信と意志を開発し，必要な資源を内部外部に求めて，実際行動を起こす。このようにして，共同社会が団結協力して，実行する態度を養い育てる過程が，共同社会組織化事業^{コミュニティ・オーガニゼーション}である。」[11]

ロスの考え方は，住民参加による地域問題への取り組みを通じて地域としての組織化をすすめること，すなわち組織化のプロセスを重視するものであった。また，ロスの理論は地域組織化説とも名づけられている。

第3段階は1960年代以降である。この段階におけるコミュニティ・オーガニゼーションの特徴は多様な展開ということである。まず第1にアリンスキー（Saul D. Alinsky）らに代表される闘争的・変革的なアプローチの出現である。それまではコミュニティの共同性や合意の形成が重視されたのに対し，このアプローチは闘争による変革，あるいはソーシャルアクションが重視された。第2は社会計画的アプローチの台頭である。このアプローチでは地域住民が計画化の過程に参加することよりも，計画の専門家が必要な情報を収集，分析し，専門的な計画を作成する，すなわち，結果を重視することが特徴である。

1962年には全米ソーシャルワーカー協会が「コミュニティ・オーガニゼーション実践の作業定義」を発表した。1968年にはロスマン（Jack Rothman）がコミュニティ・オーガニゼーションの3つのモデル，すなわち，地域開発モデル，社会計画モデル，ソーシャルアクションモデルを提唱した。

このようにして，コミュニティ・オーガニゼーションはその時代を背景にして時代的な課題に取り組んできたと考えられる。また，それぞれに生み出されてきた理論や方法はすたれてしまうことなく，今日でも地域福祉の取り組みのなかに生かされていることも忘れてはならないであろう。

なお，今日ではコミュニティワークという用語がコミュニティ・オーガニゼーションに取って代わっているが，前者は主としてイギリスで使われてい

る用語であり，それがわが国に移入されたものであるが，ほぼ同じ地域活動を指し示す言葉と考えてもさしつかえない。

2　援助技術の統合化

1　統合化の背景

　これまで述べてきたように，ソーシャルワークはその援助技術の焦点が個人か，集団か，地域かによってそれぞれ別々の道筋をとおって発展してきた。そして，それぞれに専門職としての基盤も確立してきた。しかし，その一方で，最も専門職として確立し，また理論的な体系化も進められたケースワークを中心としてそのあり方に疑問も提出された。

　例えば，早くも，1929年の会議において，ゼネリックとスペシフィックの議論がなされていた。1955年にはソーシャルワーカーの単一の専門職団体として全米ソーシャルワーカー協会が設立された。また，すでに述べたように，1960年代になると，ケースワークの効果が疑問視されたりする事態も発生してきた。ケースワークはあまりに心理学的に偏向してしまったために，専門職としては確立できたかもしれないが，社会問題の解決にはあまりに無力な援助技術と化していた。また，それを多くのソーシャルワーカーが自覚するようになった。このようなところからケースワークにおけるソーシャルな側面へ再び注目が集まり，他の援助技術との連携や統合が図られるようになってきた。

2　統合化の方向

　ソーシャルワークの統合化の方向といっても，それには3つの方法があると言われている。[12] すなわち，まず第1がコンビネーション・アプローチと言われているものである。これは各援助技術の分化を前提にして，ケースワーク援助を行っている場合であっても，問題の状況と必要性に応じてグループワークを行ったり，コミュニティワークを組み合わせたりして援助するという考え方である。ソーシャルワーカーは専門の技術をもちつつ，他の技術も

併用して援助を行うのである。

　第2の方法はマルチメソッド・アプローチと呼ばれているものである。これは第1のアプローチと同じ認識に立つものであるが，ソーシャルワークに共通する原理や原則を明らかにし，必要に応じてそれぞれの方法を組み合わせて援助しようとするアプローチである。

　第3の方法はユニタリー・アプローチ，ゼネリック・アプローチ，ゼネラリスト・アプローチと呼ばれているものである。このアプローチは「まず専門職としての社会福祉実践を包括的・統一的にとらえていくための共通基盤を確立しながら，総体としての方法を特色づける視点と枠組みを確定し，その上にたって方法の再構成をはかっていく」方法である。[13]

　第1と第2の方法は既存の方法の組み合わせにとどまり，理論的にはやや物足りない面もあるが，実践的で，容易に適用可能ではある。第3の方法は，ソーシャルワーク実践を分析する枠組みとしては有用であるが，やや難解であり，それを実践に結びつけていく面では困難性が伴っている。

3　日本における援助技術の変遷

1　戦前の活動

　わが国で国家的な救貧制度がはじめて作られたのは1874（明治7）年の恤救規則である。しかし，この制度は人民相互の情宜を重視し，法律による救済は非常に制限的であったため積極的な救済は行われなかった。その一方で，民間篤志家による慈善事業は活発に行われた。例えば，児童養護施設を作った石井十次，教護施設をつくった留岡幸助，精神薄弱児施設をつくった石井亮一らが有名である。ソーシャルワークの立場からいうと，このような慈善家たちが1903（明治36）年に設立した日本慈善同盟会（後の，中央慈善協会，中央社会事業協会）がコミュニティ・オーガニゼーション活動のはしりと言えるであろう。

　個別援助であるケースワークがわが国にはじめて紹介されたのは雑誌『社会と救済』の1920（大正9）年の9月号というから，リッチモンドの『社会診

断論』の刊行が1917年ということを考えると，ずいぶん早くから紹介はされていたものである。しかし，ケースワークという名称は使われなかったとしても貧困者に対する個別的な援助活動はもう少し早くから行われていた。すなわち，1917（大正6）年に岡山県で始められた「済世顧問制度」や大阪で始められた「方面委員制度」である。これらの委員はケースワークというには程遠いかもしれないが，貧民の生活に関する調査を行い，必要な救済を個別的に行ったのであった。

なお，リッチモンドの『社会診断論』は1922年には雑誌に紹介されたし，1929年にはその一部が邦訳もされている。海野幸徳はケースワークの採用を主張したし，小沢一はケースワーク実践に取り組み，その導入に取り組んだ。三好豊太郎は本格的にケースワークを研究し，社会事業の体系のなかに位置づけた。戦後になっても社会事業の専門技術の研究を継続している竹内愛二は1938年に『ケースウォークの理論と実際』を著している。

このように，わが国においても個別援助的な実践はもとより，アメリカのケースワーク理論の紹介もかなり早くから行われていたが，それらが社会事業実践の中に十分に根付くところまでには至らなかった。

ところで，グループワーク実践の萌芽として紹介したセツルメント活動もかなり早く導入が行われている。1896（明治29）年にはアメリカ人の宣教師，アダムスが「岡山博愛会」を設立したし，翌年の1897（明治30）年には片山潜が東京の神田三崎町に「キングスレー館」を設立した。これらのセツルメント活動は大正時代のデモクラシーとも結びついて公的な隣保館の設立へとつながっていった。

また，グループワークのもうひとつの起源である青少年の余暇活動においても，YMCAは1880（明治13）年に設立されているし，YWCAは1905（明治38）年に設立されている。

2　戦後のソーシャルワーク

戦後の日本は社会福祉の制度としては「揺りかごから墓場まで」をスローガンにしたイギリスの福祉国家をモデルにした。一方，援助技術に関しては

第12章　ソーシャルワークの生成と発展

アメリカ占領軍の指導もあってソーシャルワークの専門技術が積極的に取り入れられた。

　ソーシャルワークのなかでもケースワークに最も関心が集まり，さまざまな取り組みや著作が公刊されたのはアメリカと同じであった。例えば，竹内愛二は1950年に『ケース・ウォークの技術』を，1959年には大著，『専門社会事業研究』を著した。また，谷川貞夫は1949年に『ケース・ウォーク要論』を出版した。医療社会事業の実践と研究に取り組んだ浅賀ふさも1951年に『ソーシャルケースワーク』を出版した。1960年代になると，大塚達雄や仲村優一がケースワークの概論書を出したし，柏木昭は精神分析的，心理学的色彩の濃厚な『ケースワーク入門』を著した。また，アメリカの著書も多く翻訳された。例えば，シャルロット・トールの'Common Human Needs'が『公的扶助ケースワークの理論と実際』という書名で出版された。リッチモンドの'What is Social Case Work'は『人間の発見と形成』という書名で翻訳，紹介された(1963年)。その他に，ハミルトンの『ケースワークの理論と実際』，アプテカーの『ケースワークとカウンセリング』，パールマンの『ソーシャルケースワーク――問題解決の過程』，ホリスの『ケースワーク――心理社会療法』等の重要文献も紹介された。今日でもソーシャルワーク実践の基本原則として必ず引用されるバイスティック(Felix P. Biestek)の'The Case Work Relationship'が『ケースワークの原則』として訳出されたのは1965年であった。

　このように戦後から1960年代に援助技術としてのケースワークを日本の社会福祉現場に取り入れるための学問的なレベルでの努力が急速に押し進められたのである。実践面においても，児童相談所や福祉事務所のような公的な福祉機関はもとより，養護施設や障害者施設，老人ホーム等の社会福祉施設，また医療社会事業として一般病院や精神科病院にもその導入が進められた。

　しかし，その一方で，このようなケースワーク技術は日本社会には根づきにくいという指摘も常になされてきた。それはケースワークにはアメリカの個人主義的な文化が基底にあるために，日本の集団的な文化にはなじみにくいことが理由とされていた。

また，当時の社会を反映して，社会福祉を社会構造との関係で理解しようとする立場の勢力がかなり強くて，どちらかと言えば，個人を社会に適応させようとするケースワークには風当たりが強かったこともその一因であった。

1970年代になると，日本独自のケースワークを確立しようとする取り組みも一部で行われたが，あまり成功はしなかった。そして，その後もアメリカを中心としたケースワークの新しい理論やモデルの紹介が継続された。例えば，課題中心ケースワーク，危機理論，行動療法等が紹介されたが，それらが現場実践に取り入れられるまでにはかなりの時間が必要であった。

戦後の日本にグループワークが体系的に紹介され，以後導入されるきっかけとなったのは，1949年に，アメリカのサリヴァンが指導した厚生省主催のグループワーク講習会だとされている。以後，YMCA等の青少年団体がグループワークをその活動に積極的に導入したし，グループワークの手引書や翻訳書も出版した。例えば，1957年には，日本YMCA同盟がトレッカー（Harleigh B. Trecker）の『ソーシャル・グループワーク』を訳出した。これ以前にも，谷川貞夫や竹内愛二がグループワークの概論書を書き，その紹介を行っている。

このように，グループワークは青少年活動の分野には積極的に導入され，戦後早期にその概要は紹介されていたにもかかわらず，ケースワーク以上に社会福祉の現場に根づくことは困難であった。それは例えば，日本人がグループの中で他のメンバーと対等に自己の意見を述べるといった体験の不足や技術の基盤となる文化の問題や教育・余暇活動的色彩の強さのような問題があったためである。

しかし，1970年代になると，援助技術としてのグループワークの有効性に関心が集まるようになり，養護施設や老人ホームでも取り入れられるようになってきた。また，武田建や小関康之らによってグループワークのテキストも出版された。また，グループワークは社会福祉領域だけではなく，精神医療の分野の集団精神療法にも取り入れられるようになり，活動の領域も拡大した。

戦後のコミュニティワーク（コミュニティ・オーガニゼーション）は社会福祉協

議会の活動とともに発展した。また，社会福祉の焦点が施設中心から在宅・地域中心へとシフトしたこととも連動してコミュニティワークが発展した。

社会福祉協議会がわが国に設置されたのは1951年のことであった。まず全国組織が作られ，その後地方組織が，都道府県，市町村の順に，いわば上から組織されていった。この頃の社会福祉協議会は当然のこととしてその基盤を地域に置いていることはなく，社会福祉の各種団体や施設の協議会にすぎず，いわば連絡調整組織として存在していた。1950年代後半から60年代に入ってくると，地方，地域の社会福祉協議会の組織化もかなり進展し，連絡調整のみの活動を抜け出す基盤ができ上がりつつあった。1957年には「市町村社協当面の活動方針」ができ上がり，保健福祉地区活動への参加も進展し，社協活動の方向が地域に向かうようになった。

1962年には「社会福祉協議会基本要項」が作成され，住民主体の原則が打ちだされた。この要項によって，社会福祉協議会活動の構成員が社会福祉団体・施設だけではなく，地域住民も構成員であることが確認された。また，地域住民の抱える福祉問題の解決が社会福祉協議会活動の目的であること，そして，この問題解決に当たっては住民自らが主体となって取り組むことの重要性も確認がされたのである。また，この時期は社会運動が活発な時期で，社会福祉協議会もその影響を受け，「運動体社協」という言葉が使われたりもした。

社会福祉協議会が住民主体の組織化活動に取り組むようになった背景としては，高度成長に伴うコミュニティの喪失とその復権の必要性とともに，アメリカのコミュニティ・オーガニゼーション理論，特にニーズ・資源調整説やロスの地域組織化説の紹介が大きな影響を与えたと考えられる。例えば，岡村重夫は1968年にロスの『コミュニティ・オーガニゼーション』を訳出している。

1970年代後半以降は福祉見直しの時代に入る。コミュニティワークは地域福祉という枠組みの中で，地域および組織化の技術として位置づけられるようになった。1979年に全国社会福祉協議会は『在宅福祉サービスの戦略』を発刊し，社会福祉協議会は組織化への取り組みのみから在宅福祉サービス供

給の役割にも取り組むこととなった。

4 ソーシャルワーク理論の国際的動向と課題

1 システム理論と生態学の導入

　ソーシャルワークのなかでもケースワークを中心として単一の援助技術では効果的な援助が期待できないことが明らかになって援助の基盤となる新しい理論とモデルが求められた。そのような動向のなかで取り入れられたもののひとつがシステム理論であった。システム理論はソーシャルワーク実践のなかから生み出されたものではなく，もともとは物理学，後には社会学に導入され，社会の構造の理解に適用された理論である。これをソーシャルワークに導入したのは，ハーン（Gordon Hearn）が最初で，その後，ピンカス（Allen Pincus）とミナハン（Anne Minahan），ゴールドシュタイン（Howard Goldstein）によって展開された。システム理論はかなり難解であるが，要するに個人と社会を相互に影響を与えあう全体的なシステムととらえて，その枠組みで援助活動を行おうとしているのである。このような理論が注目された背景には，ケースワークがもっぱら個人に着目し，社会は無視するのに対し，コミュニティワークはもっぱら社会に着目するという分断傾向があり，両者を同時にターゲットにできる理論が求められていたことと，ケースワークの中には「状況の中の人」の概念にもみられるように，人をその環境との関係で理解しようとする初歩的なシステム理論的視点も持っていたからである。なお，ピンカスとミナハンがソーシャルワークの４つの基本システムを想定し，理解を進めようとしたことは有名である。

　ジャーメイン（Carel B. Germain）は生態学の視点をソーシャルワークに取り入れ，「生活モデル」と呼ばれる新しいモデルを構築した。このモデルは「人と環境の交互作用」に焦点を当てる。つまり，生態学的視点も個人と社会を同時にとらえて，援助的介入を行おうとするのである。最近では，クライエントとその環境を視覚的に把握するための「エコマップ」が紹介されて注目を浴びている。

いずれにしても，これらの理論はソーシャルワークにおけるミクロな視点，すなわち，今，困っている人を援助することと，マクロな視点，すなわち問題を引き起こす社会の仕組みを改革しようとする視点を同時に満たそうとする取り組みということができる。

2　サポート・ネットワークとケアマネジメント

　1970年代の後半頃から精神障害者や老人のように，短期的な介入では問題が解決できず，長期的な援助が必要な人々の増大に対応して，ソーシャルワーカーやケアワーカーのような専門家の援助だけでは十分な援助を確保することが困難な問題が社会的な課題となってきた。このような状況に対応して，家族や地域社会で行われてきた自然発生的な援助活動が再び注目を浴びるようになった。専門家による援助活動＝フォーマルな援助に加えて，このようなインフォーマルな援助も加えて支援のネットワークを形成しようとする取り組みをソーシャル・サポート・ネットワーク・アプローチと呼ぶ。

　このようなアプローチに注目が集まったのは，普遍化する福祉ニーズに比べて社会資源が不足しているという事情もあるが，社会福祉サービスのフォーマル化の進展にもかかわらず，家族や地域社会のインフォーマルな活動が社会福祉ニーズの解決の支えとなっていることが認識されたことにもよる。

　フローランド（Charles Froland）らによると，ソーシャル・サポート・ネットワークの方法には，①個人ネットワーク法，②ボランティア連結法，③相互援助ネットワーク法，④近隣地区援助者ネットワーク法，⑤地域強化法がある。このようなサポート・ネットワーク法は実践に移行しやすいために，わが国では社会福祉協議会を中心とした地域福祉活動に積極的に取り入れられ，「小地域ネットワーク活動」という名称のもとで取り組まれている。この活動は，援助を必要とする要援護老人等を地域で支えるために公的機関はもとより，地域の民生委員や住民，ボランティアが結びついたネットワークを作りあげる取り組みである。また，特定のクライエントを支えるのではなく，地域の福祉システムのあり方を検討するためのネットワークも作られている。

　このようなネットワークとも関連する新しい援助技術として注目されてい

るのがケアマネジメント（ケースマネジメント）である。これは，長期的な身体的・精神的なケアを必要とする人たちを対象にして，その在宅生活を支えるために，アセスメントに基づいて，専門分化し，供給主体が多元化した在宅ケアサービスをケアパッケージ化して提供し，継続的にモニターしていく方法である。この援助方法は，わが国でも介護の社会化の進展に伴ってますます重要なものとなってきている。

3 ソーシャルワーク機能の拡大

社会の変化とともに人々のかかえる問題も変化し，社会福祉やソーシャルワークに対する期待も変化してきた。例えば，社会福祉ニーズの多くはお金を提供するだけでは解決できず，具体的なケアサービスの提供が必要なものとなってきたし，また，そのようなサービスを必要とする人々が低所得階層の人々だけには限定されずに，普遍化・一般化したことにより，今まで以上にサービスの質が問われることにもなってきた。

このような状況に対応して，ソーシャルワークがその使命を果たしていくためには，その機能を治療的な機能に限定していることはできなくなった。その結果，ソーシャルワークは知識の基盤を拡大し，また機能を拡大してきた。現在のソーシャルワークは次のような機能を果たしている。[15]

①仲介的機能，②調停的機能，③代弁（弁護）的機能，④資源動員的機能，⑤連繋的機能，⑥助力的機能，⑦保護的機能，⑧出向的機能，⑨協働的機能，⑩促進的機能，⑪組織化機能，⑫革新的機能，⑬教育的機能，⑭指導的機能，⑮治療的機能

このようにしてソーシャルワークは人々のニーズと期待にこたえるためにますます幅の広い活動に取り組んでいる。このことはソーシャルワークの専門性にも大きな影響を与えており，知識と技術の習得を困難なものにしつつある。

4 今後の課題

高齢社会の進展とともに専門職としてのソーシャルワークを取り巻く状況

第12章　ソーシャルワークの生成と発展

も変化してきた。これらの変化のうち，重要なもののひとつは保健・医療の専門職者との連携や協力の機会が増加してきたことであろう。これまでも医療ソーシャルワークのように医療の領域で働く機会もあったが，これからの連携はそれらの専門職者と対等の，横の関係で協力をしていくことである。そのようななかで，ソーシャルワークが他の専門職者には果たせないどのような独自の貢献ができるのかを明確にすることが今求められている。

また，1987年には「社会福祉士及び介護福祉士法」が制定され，ソーシャルワーカーの国家資格が創設され，今では5,000名以上の有資格者も誕生している。この資格はソーシャルワーク資格であるにもかかわらず，医療ソーシャルワーカーは排除されているといった問題もあるが，国家資格であり，その発展は重要課題であり，期待も大きい。この資格保持者がさらに増加することによってソーシャルワーカーの水準が向上し，利用者はより高い水準のサービスが利用できるようになることが期待される。

●注
(1) 大塚達雄・井垣章二・沢田健次郎・山辺朗子編著『ソーシャル・ケースワーク論』ミネルヴァ書房，1994年，55ページ。
(2) 杉本一義の訳。大塚達雄・沢田健次郎・小田兼三編『社会福祉の方法と実際』ミネルヴァ書房，1982年，18ページ。
(3) W. A. Friedlander and R. Z. Apte, *Introduction to Social Welfare*, 4th ed., Prentice-Hall, 1974, p. 36.
(4) 川田誉音編『グループワーク』海声社，1990年，11ページ。
(5) K. E. Reid, 大利一雄訳『グループワークの歴史』勁草書房，1992年，54ページ。
(6) 川田誉音編，前掲書，12ページ。
(7) 大塚達雄・硯川眞旬・黒木保博編著『グループワーク論』ミネルヴァ書房，1986年，23ページ。
(8) 同上，24ページ。
(9) 北川清一著『グループワークの基礎理論』海声社，1991年，38ページ。
(10) 右田紀久恵・牧里毎治編『地域福祉講座6・組織化活動の方法』中央法規出版，1985年，12—15ページ。
(11) M. G. ロス著，岡村重夫訳『コミュニティ・オーガニゼーション』全国社会福祉協議会，1968年，42ページ。
(12) 小松源助著『ソーシャルワーク理論の歴史と展開』川島書店，1993年，159ページ。
(13) 同上，160ページ。

⑭　同上，182ページ。
⑮　岡本民夫編『社会福祉援助技術総論』川島書店，1990年，28―29ページ。

●引用・参考文献────────
①　福祉士養成講座編集委員会編『社会福祉援助技術総論』中央法規出版，1992年。
②　高森敬久・高田真治・加納恵子・定藤丈弘著『コミュニティ・ワーク』海声社，1989年。

〔杉本　敏夫〕

第13章❖社会福祉の思想と援助技術の共通原理

　本章においては，社会福祉援助技術が社会福祉の思想と実践の発達の中でどのようにして生まれてきたか，援助技術の特質・共通原理とは何か，また援助技術はどのような目的を持ち，どのような場で使われるのかとともに現代における社会福祉思想の動向と社会福祉援助活動の理論的課題等について述べていきたい。

1　社会福祉の思想と援助技術

　中世においては，貧困は地縁や血縁といった共同体内の相互扶助によって解決し，基本的に社会的問題となることはなかった。その場合，集団内で対応できない問題は教会などによる慈善事業として取り組まれた。当然ながら，その取り組みは，哀れみを与える単なる自己満足に終わることが多かった。
　資本主義社会に移行する16世紀，イギリスでは，ヨーロッパの羊毛需要に対応するため，農地を羊牧場に変えるなどして，小作人が浮浪者になって街にあふれ，教会などの慈善事業では対応できなくなった。その結果，国家的な対策として，1601年に「エリザベス救貧法」が制定された。この法令は，貧困者を①健康で労働可能なもの，②労働不可能なもの，および③児童，に分類し，健康で労働可能なものは矯正院に収容し，労働を強いられた。労働不可能なものは救貧院に収容した。また児童は親方に徒弟として出された。このように，貧困や浮浪に対する対応は，相互扶助，慈善事業から国家的救貧対策へと変化してきたが，貧困や浮浪に対する見方は変わることなく，犯罪と同じように，個人的な問題としてとらえていた。
　19世紀に入り資本主義社会が確立するにつれ，多くの貧困労働者を生むこ

ととなり，家族の崩壊，犯罪，疾病，孤児が多くなり，社会問題となっていた。しかしこれら貧困に対する見方は，個人の問題として考えていた。このような個人の問題に救貧法を適用することへの反対および救貧費の増加によって，救貧法改正が余儀なくされ，1834年，次の方針にそって救貧法が改正された。

① 貧救者 (pauper) の救済は，自ら努力して生活しているものの最低生活以下でなければならない。これを劣等処遇 (less eligibility) と言う。

② 18世紀以来救貧事業の労役場 (work house) を強化して，貧窮者を収容した。この労役は怠惰な貧窮者の訓練場であり，刑務所と変わらないと言われ，年齢によって分類され家族関係は無視され，「救貧法のバスチーユ」と言われた。

③ 旧救貧法では救貧区単位で財源を調達し，治安判事のもとで救貧事業を行っていたので，救貧の内容は救貧区によって異なっていたが，この改正救貧法では全国一律とし，そのために中央政府に救貧局 (central board) を設置した。[1]

この改正によって，財政面では改善を見たが，貧救者を減らすことはできなかった。

この間，フランスを中心とした人権思想が広がりを見せ，イギリスでは人道主義運動として展開された。人権思想，人道主義運動の高揚によって資本家をはじめとする慈善事業が大規模に展開されるようになる。しかし，これらの慈善事業は個々それぞれに行われ，組織化されることはなく，貧救者の数は増えることはあれ減ることはなかった。このような状況に対応すべく，個々の慈善事業の組織化が行われることとなった。それが，慈善組織化 (Charity Organization Society, 以下 COS) 運動である。

ドイツのエルバフェルト制度を参考に1869年ロンドン慈善組織協会が組織された。慈善組織協会は，それぞれの救貧法地区に地区委員会を設置し，地区内のクライエントを登録し，状況を調査し，適切な慈善機関に送致した。各地区委員会は中央事務所によって統括された。この地区委員会での活動がケースワークの始まりと言われている。地区委員会は救済に値するものであ

るかどうか，すなわち自助努力の意思を持っているかどうかを，面接，家庭訪問，近隣の風評などによって調査し，決定した。その対象となったものが援助を受けることとなる。そこではクライエントを人間として暖かく援助する対象とされ，クライエントの自助と相互扶助を目的とした定期的な友情訪問，援助が続けられた。

　この方法はチャルマーズ（Thomas Chalmers）の考えを受け入れたもので，ケースワークと呼んだ。

　対象とならなかった救済に値しないもの，すなわち，自助努力の見られないものは救貧法の対象とされた。ここにおいてもまだ，貧困は個人の問題であるという考えが横たわっている。しかし，実際には貧困の原因が個人の責任ではなく社会的原因を持つと言える例が見出されるようになってきている。

　その後，慈善組織協会の活動はアメリカでの活動を生み，ケースワークの技術が発達していくことになる。ケースワークの技術が発達する要因は，基本的には，援助活動の中で生まれてきた貧困に対する見方，理解の変化がある。すなわち，貧困は個人の性格の欠陥などの問題であるという見方，理解から，社会環境によるものであるという見方，理解への変化である。

　また，慈善組織協会の活動では各種慈善団体の効果的な連絡，調整も行われた。これがやがて地域社会の調整，組織化などをめざすコミュニティワークとなっていく。

　ＣＯＳ運動が始まったころ，バーネット（Samuel Augustas Barnett）のセツルメント運動が始まる。この運動は貧困地区と富裕地区との相互理解によって社会を良くすることができるという考えのもと，富裕な人が貧困地区のセツルメントハウスに住み，貧困者の友となり，貧困者を理解し，教化し，貧困者が精神的に豊かな生活が送れるよう努力することを援助することであった。この活動から後のグループワークや社会調査などの援助技術が発展していくことになる。

　この運動に参加した学生にトインビー（Arnold Toynbee）がいた。トインビーは卒業後，オックスフォード大学で教鞭をとるかたわら，学生のリーダーとしてバーネットの活動を支援したが，31歳の若さで亡くなった。彼の業績を

記念して，1884年，セツルメント館としてのトインビー・ホールが建てられ，その後の活動の拠点となった。後に，アメリカのシカゴで1889年にハル・ハウスを開設したアダムス（Jane Addams）もトインビー・ホールの実践から多くを学んでいる。

このように19世紀後半からの社会変化，それにともなう上述したような運動，実践を通して，貧困に対する理解，人間理解の変化が生まれ，その中で社会福祉の援助技術は生まれ発展してきた。すなわち，社会福祉の援助技術は社会福祉の思想と実践の発達の中で必然的に生まれ発達してきたと言える。

2 援助技術と共通原理

援助技術は歴史的経過からも明らかなように，援助者のクライエントに対する人間理解を基礎にして初めて人間援助のための有効な道具となる。また高橋重宏が述べている専門性を支える条件では，人権思想，人間尊重などの倫理性が援助技術の基礎に横たわっている。人間であることにかけがえのない価値を置き，社会の一員として尊重するということである。したがって，援助者が人間理解を欠いて，援助技術を行使することは，クライエントに対する人権侵害を生むことにつながる。

1 援助技術とは何か

そもそも援助技術とは何か。また技術とは何か。技術論について造詣が深い中村静治は産業技術と比較しながら，医療技術や看護技術の特質を論じている。この論議は人間を対象とする技術という意味では，社会福祉援助技術を考える上で，大いに参考になる。しばらく，中村の見解を紹介しよう。彼は「技術は生産の技術としてはじまっています。そして，その本質的な内容は道具や機械・装置などが目的に応じて組み合わされたシステムということでありますが，人間は生産にたずさわるだけでなく，スポーツもやるし音楽の演奏もいたします。そしてこういう活動も，道具，手段の助けをかりるならば，素手でおこなうよりも愉快なことができるし，よい音色を出すことが

第13章　社会福祉の思想と援助技術の共通原理

できるということで，音楽（演奏）技術，スポーツ技術というように技術という言葉がいろいろな分野の人間活動についてもアナロギッシュに用いられるようになり，管理技術，経営技術，販売技術はまだしも，教育技術，政治技術はては恋愛技術，求愛技術にいたった，というのが私の見解です」という技術に対する理解，すなわち「技術とは労働手段の体系である」という労働手段体系説に基づいて技術論を展開している。また技術に対するもう一つの見解として武谷三男の「技術とは人間実践（生産的実践）における客観的法則性の意識的適用である」という考えがある。これについては，中村は武谷の見解を公害の例をあげたり，技術と労働を混同することを指摘しながら，労働手段体系説の重要性を述べている。

では労働手段とは何か。労働手段とは「道具や機械，装置のように直接対象にふれて，これを変形，変質させるもの，あるいは信号や物質を移動，伝達する作業機（機械，装置）とこれらに動力を送って動かす原動機だけではありません。そのほかおよそ労働がおこなわれるために必要な物質的条件，たとえば工場，病院等の土地，建物，その他の施設さらには道路，運河までも含んでいます。そして，これらがバラバラになっているのではなく，全体として，またそれぞれの部門や労働過程においておのおのの目的に応じて系統的に組み合わされて存在している」と述べている。また医療技術とのかかわりで「技術はあくまでも人間の活動，労働の手段としてあるもので技術がどれほど進んでも終極的にそれを制御するものは人間であることを忘れてはならないことです。」さらに「労働手段体系説は，じつに技術の手段性を浮きたたせ，そこに限定することによって，たとえば，医療技術やその進歩が医師と患者の人間関係を破壊するのではなく，その反対でなければならないこと，技術がどんなに進んでも，人間の労働，医師の診断活動の重要性は変わることはないということを教えています」と述べている。

生産技術と人間を対象とする医療技術との関係はどうなっているのか。人間を対象とする医療技術の場合は物材的要素の他に手段とされるものがある。このことについては，「たとえば，今日の外科手術の進歩は非常なもので，それは手術器具，麻酔器や輸液，輸血などの診療手段の発達に支えられている

が，なおそれだけでは律しきれない高い水準のものが現代の外科手術のなかに蓄積されていて，しかもそれが医師の個人的な知能，熟練に解消されないものがあるとすれば，それはいったい何か。長い経験のなかで積み上げられて客観的に存在するそれぞれの手術についての規範，典範，規則，『術式』として対象化されたものでありましょうか。[8]」また「心理学や精神医学の全所産が手段の役割を担っているのでしょうか[9]」と述べている。ここにおいて重要なことは，人間を対象とする労働においては物的手段のみならず個人的な知能や，熟練に解消できない客観的存在が手段となることが考えられることである。

　人間が技術を行使する場合，どのような形で行われるのであろうか。ここに技能の問題がかかわってくる。「われわれが労働力または労働能力というのは，人間の身体すなわち，生きた人間的存在のうちに実存していて，彼がなんらかに使用価値を生産するたびに運用する肉体的および精神的な諸能力の総体である。そして，この労働能力は労働のなかで鍛えられることによって増大するので，固定的なものではない。このような労働能力が生産（医療）において発現したものが労働（医療労働）である。それゆえ，技能は労働者が労働手段を駆使して獲得した労働能力，力量の増大として『総体』のなかにふくまれ追加され，生産において発現するものととらえられなければならないだろう[10]」と述べている。技能は労働手段を使って活動するなかで獲得され高められていくものである。

　最後に，あらためて技術を労働の手段の体系に限定することの意味を次のように述べている。「医療技術は医師や看護の労働と区別できるように，なるべく狭く限定し，『医療活動のための手段の体系』とでも規定しておいたほうが，医療問題の分析には効力を発揮するように考えるものです。そうしておいたほうが，診療手段の機械化がどこまで進もうと，それは本来よりよき診療のための手段であって，それをどう使うかは医師と看護婦の知識と能力，見識であるという当然のことが，『技術』という言葉にからんで，こんがらかされることもなくなると思います[11]」。

　長々と中村の見解を医療技術との関係で紹介してきた。社会福祉労働，社

会福祉援助活動において技術を考える場合も，医療活動と同じように人間を対象とする活動であることから，倫理，見識，主体性などを技術に含めるのではなく，狭く限定して論を進めたほうが，援助技術，倫理，知識，技能などの関係も明確になるのではないだろうか。社会福祉援助技術を「社会福祉援助活動のための手段の体系」と規定するならば，医療技術よりもさらに物質的要素は少なくなり，社会福祉援助活動のなかで積み上げられてきた規範，典範，規則や形式などの客観的に存在するものとして対象化されたものが多くなろう。

そして，社会福祉援助活動のなかで培われてきた手段の体系としての援助技術は，どのような援助者が，どのような援助対象に対して，どのような立場で，どのように援助対象の問題を認識し，どのような技能をもって，どのように援助活動するのか，という関係のなかで明確に位置づけられる必要があろう。

あくまでも，援助技術をどう使い，発展させるかは，援助者の知識，技能や見識によるということである。

2　援助技術と共通原理

援助技術は社会福祉援助活動（ソーシャルワーク）という一定の目的をもつ活動のプロセスのなかで使われる。したがって，そこに共通するものとしては，①援助対象を把握・評価するための技術，②把握・評価に基づいて援助目標を計画化する技術，③計画に基づいて実施する技術，④実施した結果に基づいて援助活動を終了する技術が考えられよう。また援助技術は援助目的の遂行具合によってフィードバックしたり，円環的に使われながら，技術としての内容を豊かにしたり，援助者の技能を高めたりする。

3　援助の場を構成する要件

「社会福祉援助は，援助対象（個人，家族などの小集団，地域住民など）と社会資源の相互関係に焦点をあてる。援助対象である個人や家族に社会生活上での問題が生じた場合，その援助対象とそれを支えるべき社会資源の間での相

互関係がうまく機能していない結果として捉え、社会福祉援助は両者の相互関係を逆機能から正機能に変化させることにある」[12]。

したがって援助の場は、どのような援助者が、どのような援助対象に対して、どのような立場で、どのように援助対象の問題を認識し、どのような援助技術を、どのような技能をもって、どのように援助活動するのかによって構成される。

すなわち、援助者、援助対象、援助目的、援助場面、援助時間、援助内容、援助技術が援助の場を構成する要件としてあげられよう。援助者は第14章で詳述しているように、援助対象の理解、倫理性、知識を持ち、そして援助目的や援助場面、援助内容、援助技術を援助対象の問題状況にあわせて柔軟に適切に行う援助主体である。

援助対象は、個人なのか、家族などの小集団なのか、地域住民なのかなどが考えられる。援助対象を把握するには、その生活構造というかなり広い視点から理解することが大切である。個人、家族などの小集団、地域住民の問題として現れている原因が主に、個人なのか、対人関係なのか、経済的問題なのか、地域社会なのか、などによって援助目的、援助技術が異なってくる。

援助目的は、その把握の仕方によって、目的は異なってくる。個人の問題の解決を目的にするのか、対人関係の問題改善を目的とするのか、経済的な問題を含めた諸制度の利用による問題改善を目的とするのか、地域社会の援助システムの組織化や構築を目的とするのかなどである。

援助場面は、特に援助対象の問題状況、援助目的、援助内容、援助時間によって異なってくる。相談機関なのか、施設なのか、地域なのか、家庭なのかなどである。

援助時間は、援助が行われる時間帯はいつか、必要とされる時間はどの位かなどであり、特に援助内容、援助対象、援助場面によって異なる。

援助内容は、特に援助目的に左右される。援助目的が、自己の内面的な問題の解決する場合、対人関係の問題改善を目的とする場合、経済的な問題を含めた諸制度の利用による問題改善を目的とする場合、地域社会の援助システムの組織化や構築を目的とする場合、具体的に何をするかということであ

り，どの援助技術をどう使うかということである。

どの援助技術を用いるかは，援助目的，援助内容によって左右される。そして援助技術を用いて援助目的が達成されるのか否かは特に技能に左右される。この技能は援助技術を駆使して援助活動をするなかで獲得され，高められていくものである。したがって，援助者の倫理性，知識，主体性に依存する。

このように，それぞれの要素は相互関連し合っているので，援助活動の際には，援助活動そのものを分析評価する立場から，それぞれの関係を明確にしながら進めることが大切であろう。

4 援助技術適用上の留意点

援助技術が「手段の体系」であることから，援助活動の目的や枠組みとは関係なく独立して存在しうることも理解しておく必要がある。したがって最も留意しなければならないことは，援助技術を使う援助者自身の問題である。援助技術の十分な理解と，倫理性に支えられてそれを使用し，発展させようとする援助者自身の主体性である。倫理性に支えられ主体性をもって取り組むことなしには，目的は達成されないし，結果として技能の獲得や発展は考えられない。

3 社会福祉援助思想の国際的動向と社会福祉援助活動の理論的課題

今日，社会福祉思想はどのような動向にあり，社会福祉援助活動はどのような理論的課題を持っているのであろうか。

社会福祉思想の大きな流れとして，まず第一に人権思想の普及があげられよう。国連における「子どもの権利条約」（1989年）の採択および各国の批准，「国際家族年」（1994年），「国際寛容年」（1995年）の取り組みなどから明らかなように，人間を「ウェルビーイング」（人権の尊重，自己実現を意味する）な存在としてとらえること，そして人間が「ウェルビーイング」な存在として豊か

な人生を保障するための自然的,物理的,社会的環境を整備,保障していくことが求められている。

　第二に,人権思想に根差しているノーマライゼーション思想の普及があげられよう。どのような身体的,心理的,社会的障害を持っていようと,一般の人々と同様の権利,義務,その他あらゆる諸条件が保障されることであり,障害者を健常者にするということではなく,障害そのものを一人ひとりの個人的特性して理解し,一般の人々と同様の社会生活を営むことができるように生活条件を整備することである。

　以上のことは人間であることにかけがえのない価値を置き,社会の一員であり自己実現の主体として尊重すること,そしてかけがえのない価値を持つ人間として豊かな人生を送れるように自然的,物理的,社会的環境条件を整備,保障していくことの重要性を意味している。

　このような社会福祉思想の流れの中で,社会福祉援助活動も変化を求められている。すなわち援助対象となる個々の人間や集団の問題に焦点をあてながらも,その環境に目を向け,より広い視点(人間に影響を及ぼす要因を包括的に明らかにしようとする視点)からその問題を把握し援助活動を行っていくことである。社会構造的視点から問題を把握し,治療や援助を行っていく考え方は以前からあり,社会学では副田義也らの生活構造論[13],精神医学ではジョーンズ[14](Maxwell Jones)の地域精神医学,臨床心理では,フォン・ベルタランフィ[15](Ludwig von Bertalanffy)の一般システム理論と結びついた家族療法や地域精神衛生活動,コンサルテーション活動などがあげられる。社会福祉援助活動でもコミュニティワークなどの間接援助技術を用いた援助活動がなされている。そして現在,近接領域での研究・実践活動の成果に学びながら,より適切な援助活動を行うために社会支援ネットワーク・アプローチやエコロジカル―システム論的アプローチなど,「社会問題に対する全体的アプローチあるいは総合的なアプローチに立脚した探索がなされている。」[16]

　これらの個人や集団を環境との関係で理解し援助活動を行おうとするアプローチはまだ「援助活動の視点」としての意味合いが強い。今後多くの実践活動を通して,体系づけられた援助技術となることが期待されている。

第13章　社会福祉の思想と援助技術の共通原理

　そのためには，いままで培われてきた援助技術の内容を技術として，より明確にすることであり，援助目的にそって各援助技術を有機的に統合することであろう。

　そして，これらの援助活動は最終的に援助対象の人権，自己表現，主体性を尊重し，援助対象が「ウェルビーイング」な存在になることにつながるものでなければならない。

●注
(1)　柴田善守著『社会福祉の史的発展』光生館，1985年，56ページ。
(2)　高橋重宏「社会福祉専門教育と研修に求められるもの」(『社会福祉研究』第41号，1987年) 50ページ。
(3)　中村静治著『現代技術論の課題』青木書店，1978年，176ページ。
(4)　武谷三男著『弁証法の諸問題』勁草書房，1968年，259ページ。
(5)　中村静治著，前掲書，170ページ。
(6)　同上，164ページ。
(7)　同上，175ページ。
(8)　同上，178ページ。
(9)　同上，178ページ。
(10)　同上，195ページ。
(11)　同上，182ページ。
(12)　岡本民夫・小田兼三編著『社会福祉援助技術総論』ミネルヴァ書房，1990年，30ページ。
(13)　副田義也・松原治郎・青井和夫編『生活構造の理論』有斐閣，1971年。
(14)　マックスウェル・ジョーンズ著，鈴木純一訳『治療共同体を越えて』岩崎学術出版社，1976年。
(15)　フォン・ベルタランフィ著，長野敬・太田邦昌訳『一般システム理論』みすず書房，1973年。
(16)　ハンス・ヨハン・ブラウンズ，デービット・レーマー編著，古瀬徹・京極高宣監訳『欧米社会福祉専門職の開発』全国社会福祉協議会，1987年，25ページ。

●引用・参考文献
①　柴田善守著『社会福祉の史的発展』光生館，1985年。
②　仲村優一・小松源助編『社会福祉実践の方法と技術（講座社会福祉5）』有斐閣，1984年。
③　仲村優一監修『社会福祉方法論講座Ⅰ』誠信書房，1981年。
④　岡本民夫・小田兼三編著『社会福祉援助技術総論』ミネルヴァ書房，1990年。
⑤　飯田賢一著『技術』三省堂，1995年。

⑥　小松源助著『ソーシャルワーク理論の歴史と展開』川島書店，1993年。
⑦　太田義弘著『ソーシャルワーク実践とエコシステム』誠信書房，1992年。

〔安田　勉〕

第14章❖社会福祉の方法と専門職

「福祉は人なり」と言われるように,援助活動担当者の資質はきわめて重要である。

専門職である援助活動担当者は,「方法」が用いられる媒体である。担当者は,科学的方法を用いて専門的に介入し,利用者(援助対象)の自己実現を助ける。

援助活動担当者には,豊かな人間性と温かい心,そして総合的な科学の裏づけをもった専門的な能力(知恵,思慮分別,方法など)が常に問われているのである。

この章では,これまで学習をしてきた方法・技術と社会福祉の専門性との関係について理解し,そのうえで,社会福祉の専門職制度や,専門職の職種・資格要件,養成・教育・研修,専門職としての倫理などについて学習したい。

1 社会福祉の専門性

「専門性」という概念は多義的である。評価的な意味合いをもっているほか,活動のレベルを意味していたり,技術性の高さや科学性の程度を表す語でもある。あるいは,職としての専従性・威信性・倫理性・自律性・独立性・社会的声価など専門(職)化の度合(特殊化)を示す概念であったりする。さらには,専門的な性格をおびるに至りつつある過程の度合の尺度として役にたち,教育・訓練の課題を形成する。

1 方法と専門性

専門性の三大要件は,①専門職としての倫理,②科学的な知識,③専門的

な方法・技術である。そこで、もう少し詳しく考えてみよう（図1参照）。

① 倫理——専門職は、倫理的な諸基準に基づいて実践されるものであり、公共的な奉仕性をもった職務であり、そうした責任性をもっている。
② 知識——福祉問題の正しい分析のためには、科学的知識（理論）による裏付けとその統合力が問われる。要解決問題の分析力と分析方法は、専門性の要件の大切な一つである。
③ 技術——社会福祉援助活動におけるクリティカルで道具的な問題解決能力と解決の技術を所持することが専門的な実践になりうるかどうかを左右する。

諸外国とも、どちらかと言えば③の技術的要素の強調をもって専門性の向

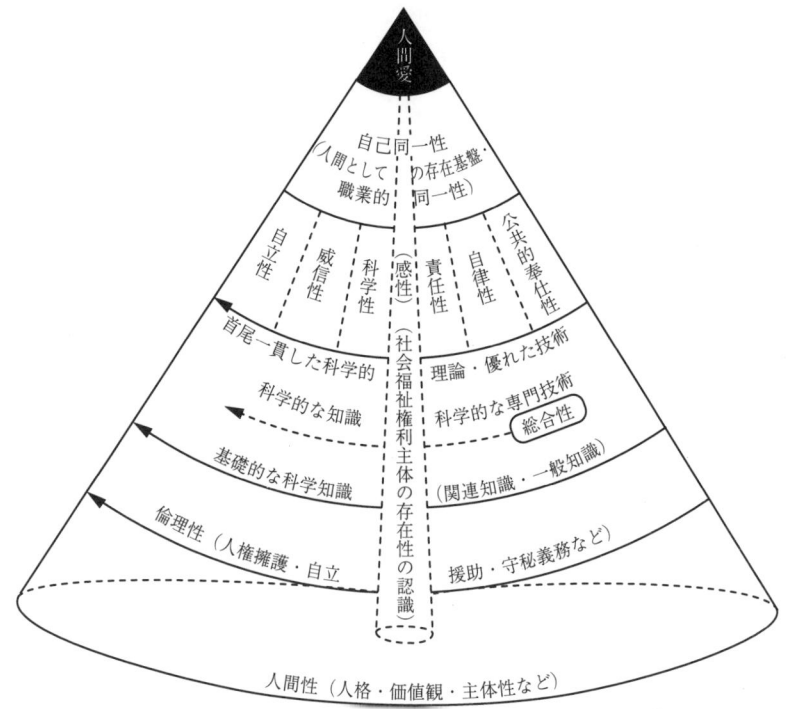

図1　社会福祉の専門性の構造

（人間愛）

自己同一性
（人間としての存在基盤・職業的同一性）

自立性　威信性　科学性　（感性）　責任性　自律性　公共的奉仕性

首尾一貫した科学的科学的な知識　（社会福祉権利主体の存在性の認識）　理論・優れた技術　科学的な専門技術　総合性

基礎的な科学知識　（関連知識・一般知識）

倫理性（人権擁護・自立　援助・守秘義務など）

人間性（人格・価値観・主体性など）

出所：硯川眞旬著『現代社会福祉方法体系論の研究』八千代出版、1995年、311ページ。

上をはかってきた経過がある。言うまでもなく，技術性の要素だけでは専門性の総体は語れない。

すなわち，③の技術的要素だけを中心にして専門性をおしはかるのではなく，この技術的要素を規定している前提（職務倫理・実体的理論）に立脚しておしはかるのでなければ，砂上の楼閣のようなものである。したがって，②の実体的理論に根ざした技術的要素を，①の倫理に基づいて駆使するところに，専門的な「方法」が確立するのである。

したがって，「方法」のよしあしは専門性の3要件の充足の程度とこれらの総合のあり方次第で決まってくると言ってもよかろう。

2 専門職と援助活動

専門性は，専門職としての実態を測る尺度でもある。したがって，例えば前近代的な慈善事業は，活動が恣意的・観念的なものであり，その哲学的基礎も実践の態度においても科学的であるとは言えない。そのため，専門性は話題としてのぼってこない。一方，現代における社会福祉援助活動にあっては，専門職により展開される民主的な実践として科学的方法を駆使してすすめられる。それゆえに，問題解決への有効な援助が可能となるのである。

そこで，科学的方法を駆使する専門職と援助活動との関係についてまず考察しておく。

「専門職」についてであるが，専門職とは熟達したサービスやアドバイスを一定の費用・給料と引換えに，他者に提供することを目的とする職務であり，専門的な科学的研究・教育訓練による専門性に基礎づけられている。このように専門性は，専門職と非専門職とを区別する概念でもある。

専門職としての成立の要件は，次の5要素が考えられる。

① 体系的な理論と科学的な技術をもっているかどうか。
② 体系的な養成・教育課程をもち，かつ現任訓練・教育の体制を整えているかどうか。
③ 専門職集団としての組織があるかどうか。
④ 専門職集団として社会に宣言した倫理綱領をもっているかどうか。

⑤　専門職としての社会的認定を，試験・学歴等により行い得る体制を備えているかどうか。

　以上の5要素が整わないと，「確立した専門職」としての社会的承認を得ることはできない。

　さて，専門職の「職」とは，英語では「プロフェッション」（専門技術や非営利的性格の要素からなる特別の意味をもっている）であるが，中国語では「よくながめて耳を傾けて聴き，布の糸を織るがごとく物事の筋道を立てて分類し判断していくこと」である。また，フランス語では「人々の方向へ向かって発言する」という意味合いをもっている。

　それから，職業とは「個性発揮，連帯の実現，及び生計の継続をめざす人間の継続的なる行為様式」であり，天職など非営利的な「職」と生業を意味する営利的な「業」の合成概念である。したがって，社会福祉援助活動については，「業」と言うより「職」として位置づけたほうが適切だとおもわれる。

　ところで，この職・業としての専門化は，まず専門的な高まりがみられ，専門分化し，特定の職・業として専門職（業）化するという経路をたどるのが普通であるが，その程度からみて，①確立した専門職と，②半専門職とに区分できよう。①②の違いは，専門性が社会的に明確になっているか否かといった専門化の度合や，人々の信任・信託に応え得る社会的地位・権威の程度などの違いである。

　日本において，①としては医師，弁護士など，②としては教諭，司書などがあり，社会福祉援助活動担当者はただ今のところは②に該当する段階であろう。なお，①と②とでは，人々からの「畏敬」の程度も異なる。

　また，これらの専門職者（プロフェッション）に近い存在として，「専門家」がいる。専門家は，「スペシャリスト」と呼ばれるものであり「確立した専門職」ではない。

　ところが，両者はしばしば混同されていることが多い。両者の違いは科学的「方法」として専門技術を駆使するものであるかどうかという点において異なる。つまり，スペシャリストは「技能」的熟練に基づく業務者であり，

プロフェッションの専門的態度と比較し，この面において異なる。

　そこで，参考までにプロフェッションとスペシャリストの違いをみておく。

　プロフェッション――プロフェッションもスペシャリストである。しかし，単なるスペシャリストではなく，「体系的な理論」に支えられた専門技術，言い換えると科学的な方法により職務をすすめる専門職である。また，専門的権威が地域的規模で承認されている職務をさして言う。そして，筋肉労働というより知的・精神的労働という性質をもつ。あるいはまた，ここでの技術は，腕慣れや技能の段階のものではなく，さらに発展した「科学労働」というような性格のものとして位置づけられよう。

　スペシャリスト――スペシャリストはプロフェッションであるとは限らない。スペシャリストは，通常，1つの部門に経験を積み，優れている人で，その部門の活動を集中して行う専門家をさす。自然の法則を利用した「熟練」による性質のものであり，「体系的な理論」に支えられるように発展してはじめてプロフェッションに転化する。

　もちろん，以上は「職」についてのことであり，「業」についても，専門業や半専門業，非専門業などが存在するのは言うまでもない。しかし，今日では職も業も，あるいは「半」も「非」も見分けがつかないほどに入り込んでいるのが現状である。

　いずれにせよ，日本における「専門職・業」は，このような意味合いをもっている。

2　日本の専門職制度

　次に，専門職に関する日本の制度についてみておく。

　現代の日本においては，福祉問題が多様化するとともに，量的にも増大している。これらに対応して福祉政策は拡大していく現状にある。また，それに応じて，援助活動も専門分化・高度化し，専門職化や人的拡大の必要が喫緊の課題となり，職務基盤の確定が必要となってきた。それは，主観的な発想によったり，素人や物知り程度では到底対応できないという「専門性」の

考え方に立脚している。

1　日本の専門職制度の現状

これまでみてきたように，社会福祉援助活動担当者が「福祉」実現のため有効な援助をしていくためには，より高度な専門性が発揮できるような専門職制度の確立が不可欠である。

専門職制度に関するこれまでの諸努力について，その主な点をあげておく。

① 1950（昭和25）年　「社会福祉主事」任用資格制の法制化
② 1953（昭和28）年　日本医療社会事業協会の設立
③ 1960（昭和35）年　日本ソーシャルワーカー協会の結成，身分法の運動展開
④ 1964（昭和39）年　日本精神医学ソーシャルワーカー協会の結成
⑤ 1967（昭和42）年　東京都社会福祉審議会の「東京都における社会福祉専門職制度のあり方に関する中間答申」の公表
⑥ 1971（昭和46）年　中央社会福祉審議会の「社会福祉士法制定試案」の起草
⑦ 1976（昭和51）年　「社会福祉士法制定試案」の白紙還元
⑧ 1980（昭和55）年　中央社会福祉審議会懇談会の「現行の教育・養成に関するメモ」の提起
⑨ 1981（昭和56）年　厚生省社会局長の「現行の教育・養成に関する通知」の提示
⑩ 1983（昭和58）年　日本ソーシャルワーカー協会の再建
⑪ 1987（昭和62）年　「社会福祉士及び介護福祉士法」の制定
⑫ 1993（平成5）年　日本社会福祉士会設立
⑬ 1994（平成6）年　日本介護福祉士会設立
⑭ 1997（平成9）年　「精神保健福祉士法」の制定

さて，資格法として制定された⑪の「社会福祉士及び介護福祉士法」は，「社会福祉士及び介護福祉士の資格を定めて，その業務の適正を図り，もって社会福祉の増進に寄与する」ことを目的としている。この法は，人口の高齢

化等による介護需要の増大への対応と，民間サービス事業へのしかるべき対応の必要性を契機に法制化されたものであると言ってよかろう。

　この資格法を起点にして総合的な専門職制度の確立へと発展していくことが要請されているところである。

　なお，「社会福祉士」および「介護福祉士」は資格名称であり職種の名称ではない。つまり，両福祉士の資格は「名称独占」であって，「業務独占」ではない。したがって，この資格をもっていなくても社会福祉援助活動に携わることはできる。ただし，これら資格名を無資格者が名乗ってはいけないということである。またこのことは精神保健業務に従事する「精神保健福祉士」についても同様である。

　ところで，専門職制度や資格法について論じようとする場合，その前提となるのが「専門性」である。専門性に裏打ちされることによってはじめて，専門化が進行し，専門職化へと至っていく。そして，この専門職化が資格法を拡充させ，専門職制度の確立をすすめる。したがって，専門職制度の確立はまず専門化からはじまり，その結果専門性を人々に保障するための形態として確立されると言ってよい（詳細は図2を参照）。

　なお，各国の社会福祉専門職制度について大まかに分類してみてみると，①国家資格としてのヨーロッパ型（英国の資格認定型，仏国・西独国・スウェーデン国の国家公認型等）と，②民間資格としての米国型（民間団体認定型）とがある。

　もう少し詳述すると，英国の社会福祉専門職制度の特色は，政府機関である中央ソーシャルワーク教育研修協議会（CCETSW）が設立されており，その公認のソーシャルワーク資格免許（CQSW）制度によって，地方自治体現業ソーシャルワーカーと保健医療ソーシャルワーカーの専門資格からなっている。さらに，別にケアワーカーの資格（CSS）がある。

　また，米国の社会福祉専門職制度の特色は，民間組織である全米ソーシャルワーカー協会（NASW）が試験を実施し，ソーシャルワーク教育委員会（CSWE）がソーシャルワーカー資格（大学院卒業者の資格「MSW」と，学部卒業者の資格「BSW」）を付与している。この有資格者の職務は，医療，精神保健，

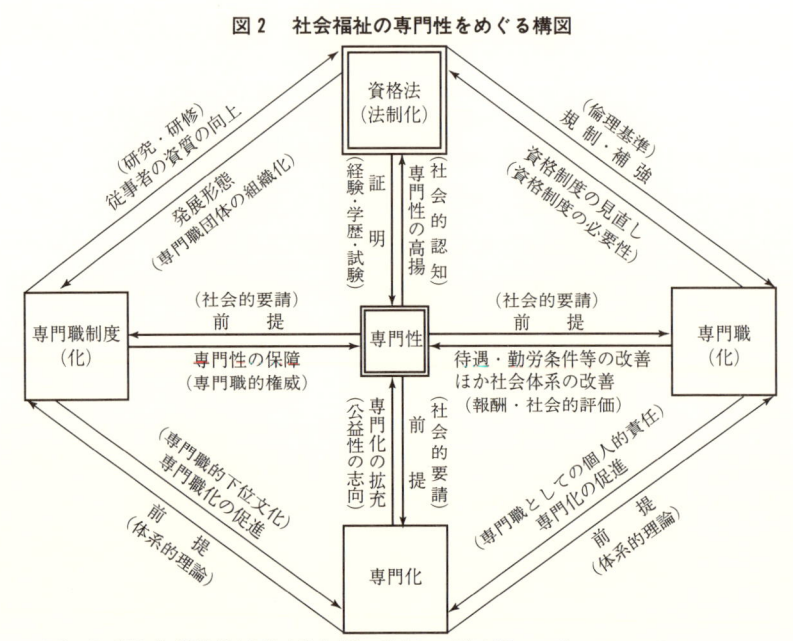

図2　社会福祉の専門性をめぐる構図

出所：硯川眞旬著『現代社会福祉方法体系論の研究』八千代出版，1995年，326ページ。

学校，社会福祉等多岐にわたっている。なお，ケアワーカーの資格化については立ち遅れがみられる。

2　援助活動担当者の職種

前で詳しくみたように，専門職としての倫理啓発，知的・技術的向上の度合が，援助活動担当者の専門性の濃淡・高低を左右する。

したがって，援助活動を担当するすべての職種において，より高い専門性の保障がなされなければならない。資格要件の充足をはじめ，専門性向上のための努力と研修の保障が不可欠である。

そこで，まず援助活動を担当する職種についてみておく。

現在，各分野に従事する援助活動担当者の職種は，福祉ニーズの多様化・拡大化・高度化にともなって，多種多様なものになっている。

① 福祉事務所——所長，査察指導員，身体障害者福祉司，知的障害者福

祉司，老人福祉指導主事，家庭児童福祉主事，現業員，面接相談員，家庭相談員などの社会福祉援助活動担当者のほか，嘱託医，事務職員など
② 各種相談所——所長，児童福祉司，相談員，児童指導員，保育士，ケースワーカーなどの社会福祉援助活動担当者のほか，心理判定員，職能判定員，医師，保健師，看護師，事務職員など
③ 各種社会福祉施設——施設長，生活指導員，児童指導員，寮母，保育士，児童自立支援専門員，児童生活支援員などの社会福祉援助活動担当者のほか，職業指導員，心理判定員，職能判定員，医師，保健師，助産師，看護師，理学療法士，作業療法士，栄養士，調理員，事務職員など
④ 社会福祉協議会——企画指導員(全国社協)，福祉活動指導員(都道府県・指定都市社協)，福祉活動専門員(市町村社協)などの社会福祉援助活動担当者のほか，事務職員など
⑤ その他——身体障害者相談員，婦人相談員，知的障害者相談員，母子相談員，心身障害児ホームヘルパー，老人ホームヘルパーなど

このように，いろいろな職種が不明確な資格要件のまま，あるいはまた法的根拠も不備なままつくられてきたことを見逃してはならないであろう。
さて，社会福祉士及び介護福祉士法による「社会福祉士」および「介護福祉士」が行う職務の範囲・内容について法では，次のように規定されている。
社会福祉士——身体上若しくは精神上の障害があること又は環境上の理由により日常生活を営むのに支障がある者の福祉に関する相談に応じ，助言，指導その他の援助を行うことを業とする者をいう。(法第2条1項)
介護福祉士——身体上又は精神上の障害があることにより日常生活を営むのに支障がある者につき入浴，排せつ，食事その他の介護を行い，並びにその者及び介護者に対して介護に関する指導を行うことを業とする者をいう。(ここで言う「介護」とは，日常生活動作・家事，健康管理，社会活動等への援助や身辺介助を意味している。)(法第2条2項)

3　援助活動担当者の資格要件

　こうした職種を担当する従事者のうち,資格を必要とするのは地方の福祉行政機関の現業職(社会福祉主事)と,保育所をはじめとする児童福祉施設において直接指導にあたる保育士職だけであり,それ以外の職種については特に問われていない。

　社会福祉主事の職務に就くことのできる資格は,地方福祉行政機関へ従事する共通の基礎資格である「社会福祉主事任用資格」をもつことである。

　この社会福祉主事任用資格の要件としては,次のとおりである。

① 　新制大学または旧制の大学・高校・専門学校で厚生労働大臣が指定した3科目を履修したもの——大学卒業者であれば概ねその要件を満たす。いわゆる「3科目主事」と呼ばれるのはそのためである。

② 　厚生労働大臣指定の養成機関または講習会を修了したもの——地方自治体における配置換転後の簡便な取得方法として定着している。いわゆる「認定講習主事」と呼ばれるのはそのためである。

③ 　厚生労働大臣指定「社会福祉事業従事者試験」に合格したもの——この試験が,これまでに実施されたことはない。

④ 　社会福祉行政の分野での2か年以上の従事経験があるもの——あくまで,①②③に付加された条件ではあるが,2か年程度の経験で専門性が評価されるという,大変貧弱なものとなっている。

　次に保育士の資格は,①厚生労働大臣指定の保育士養成施設を卒業するか,②保育士試験に合格するかである。

　それから,施設長の資格要件についてみると,その資格基準は,①社会福祉主事の資格を有するもの,②社会福祉の職務に2年以上従事したもの,③これと同等以上の能力を有するもののいずれかであればよい(児童福祉施設,障害福祉施設の一部を除く)とされているだけである。

　なお,いずれの場合も学力としては「高校卒業」を要求するに止まっている。

4　援助活動担当者の養成・教育・研修

　援助活動担当者の養成・教育は,人々の期待に応え得る体制づくりと,専

門性の向上に不可欠なことである。

養成・教育については，これまで社会福祉系大学等において，文部省「社会事業学校設置基準」(1947年)や，日本学術会議「社会福祉研究・教育体制等について」(1974年)，大学基準協会「社会福祉学校教育基準」「社会福祉学教育に関する実施方法について」(1978年)，その他社会事業学校連盟や各種国際会議における検討結果などを参考にして，養成・教育主体の教育理念や独自の建学精神に基づいた養成・教育として実施されてきた。

その後，社会福祉士及び介護福祉士法制定後にあっては，全国の社会福祉系短期大学・介護福祉専門学校のほとんどが，この法の規定にならったカリキュラムを編成し，養成・教育にあたっている。社会福祉系大学においても，カリキュラムの独自性が若干薄らぎ，法の規定に従ったカリキュラムに変わりつつある。

一方，保育士については，現在保育士養成施設（大学，短期大学，専門学校など）において，保育士と幼稚園教諭の二元的な養成カリキュラムにより教育されているところが多い。

さて，以上の専門職の資質向上のための研修についてであるが，卒業後教育・研修や現任訓練を受けることは，援助活動担当者の妥当な要求であり，専門性向上のための研修は確実に保障されなければならない。また，一人ひとりの援助活動担当者には，専門性向上のための学習の義務がある。

なお，専門職としての自己同一性（アイデンティティ）の確立は，こうした研修の保障をはじめ職務条件の整備とも関連深い。

以上みてきたように，あるべき，ふさわしい専門性の設定と，総合的な専門職制度の確立が一日も早くまたれる。

5　専門職としての倫理と倫理綱領

社会福祉援助活動は，民主主義と人間尊厳を理念とした実践であり，援助活動担当者には専門職として自己を規制する「倫理」が不可欠である。

援助活動担当者は，専門性の維持・向上のために自己を積極的に磨くとともに，排他的・独善的になったり，利己主義に陥ったりすることがないよう

に厳しい自己規制を課さなければならない。このように,「倫理」は専門性の大きな要件である。

社会福祉の倫理としては,①基本的人権の尊重・擁護,②自己実現・自立への援助,③守秘義務等があげられよう。

例えば③の守秘義務について考えてみると,職務上知り得た利用者(援助対象)に関する情報の守秘である。このプライバシー保護の倫理は,援助活動担当者の内面的倫理としてだけではなく,人権の尊重・保障,社会的公平の確保という社会的な意味をもっており,①②の倫理・福祉観につながっている。

そこで,専門職集団として組織的に「倫理綱領」を宣言し,守りあうことが不可欠である。言わば,倫理綱領は専門職としての成立の大切な要件である。綱領は,各援助活動担当者が志向する自我像,自己の責務,行動準則などをあげて,自己規制の基準を提示したものである。したがって,倫理綱領の機能としては,①社会福祉の目的・価値の志向,②相互の教育・啓発,③管理,④制裁などをあげることができよう。

例えば,1975年に英国ソーシャルワーカー協会が「すべての人間の価値と尊厳」の強調を含んだ「倫理綱領」を発表した。さらに,1976年に国際ソーシャルワーカー連盟総会で「専門職としてのソーシャルワーク倫理綱領」を採択,そして1979年には米国ソーシャルワーカー協会が「倫理綱領」を発表し,ソーシャルワークのなかに民主主義と人間尊重の理念を明確に位置づけた。

日本では,1961(昭和36)年に日本医療社会事業協会が「医療ソーシャルワーカー倫理綱領」を発表した。また,1986(昭和61)年に日本ソーシャルワーカー協会が「倫理綱領」を宣言した。この綱領では,前文,原則,利用者(クライエント)との関係,機関との関係,行政・社会との関係,専門職としての責務などが宣言されている。なお,本書巻末には,日本ソーシャルワーカー協会の「倫理綱領」の全文を掲げておいた。

さらに,1988年には日本精神医学ソーシャルワーカー協会と日本シルバーサービス振興会が「倫理綱領」を発表している。

以上みたように,「倫理綱領」は社会福祉援助活動を展開するうえで,援助

第14章　社会福祉の方法と専門職

活動担当者の良心とあるべき心構えについて具体的，かつ実践的に体系化し明示されたものであることを特記しておきたい。

●引用・参考文献
① 京極高宣著『福祉専門職の展望』全国社会福祉協議会，1987年。
② 京極高宣著『日本の福祉士制度』中央法規出版，1992年。
③ 奥田いさよ著『社会福祉専門職性の研究』川島書店，1992年。
④ 一番ヶ瀬康子・小川利夫・大橋謙策編『社会福祉専門教育』光生館，1990年。
⑤ 板山賢治・高極高宣著『社会・介護福祉士への道』エイデル研究所，1988年。
⑥ 社会福祉専門職問題研究会『社会福祉士介護福祉士になるために』誠信書房，1988年。
⑦ 硯川眞旬著『現代社会福祉方法体系論の研究』八千代出版，1995年。

〔硯川　眞旬〕

《資料1》社会福祉関係資格

　社会福祉の専門資格の概要を簡潔に整理する。その詳しい取得方法については関係参考書が幾種類か出ているのでそれらを参考にされたい。

(1) 社会福祉士
　福祉サービスを必要とする人に，専門的知識や技術により相談・助言・指導を行うための国家資格である。各種福祉施設の生活指導員や福祉事務所のケースワーカー，社会福祉協議会の福祉活動専門員などの相談業務にあたる職員が取得することが望まれている。
【資格の取り方】
　国家試験受験資格をもっている者が，国が実施する社会福祉士試験に合格することにより得ることができる。受験資格を得る方法については細かな規定がある。また介護福祉士と違い，厚生労働大臣の指定養成施設を卒業するだけでは資格を取得できない。

(2) 介護福祉士
　社会福祉士と同様，福祉サービスを必要とする人に，専門的な知識や技術により入浴・排泄・食事などの介護や介護者への指導を行うための国家資格である。各種福祉施設の介護職員やホームヘルパーなどが取得することが望まれている。
【資格の取り方】
　介護福祉士の資格を取得する方法は，国家試験受験資格をもっている者が国が実施する介護福祉士試験に合格するか，もしくは厚生労働大臣の指定養成施設を卒業することが基本である。
　受験資格は，老人および障害者福祉関係の施設などで3年以上の介護業務に従事することにより通常得られるが，それ以外に認められる業務の範囲には細かな規定があり注意を要する。またNHK学園の通信教育「高等学校専攻科社会福祉コース」の修了によっても受験資格が得られる。

(3) 精神保健福祉士
　精神科病院などの医療施設で精神障害の医療を受けていたり，精神障害者の社会復帰施設を利用している人に，専門的知識や技術により日常生活の適応に必要な訓練や助言・指導を行うための国家資格である。精神障害者の社会復帰に関する相談援助などにあたる医療・保健・福祉関係者が取得することが望まれている。
【資格の取り方】
　国家試験受験資格をもっている者が，国が実施する精神保健福祉士試験に合格することにより得ることができる。受験資格を得る方法は，保健福祉系大学で指定科目を修めて卒業することが基本で，その他については細かな規定がある。ただし現在，その指定科目に対応している保健福祉系大学は一部であるので注意が必要である。

(4) 社会福祉主事任用資格

社会福祉法に定められた任用資格で，福祉事務所や児童相談所の指導主事などの職員の基礎的な資格になる。この他に社会福祉協議会の福祉活動専門員や社会福祉施設の指導員も資格取得が望ましいとされる。

【資格の取り方】

1．社会福祉主事の任用資格を取得するには，大学などにおいて以下の厚生労働大臣の指定科目を3科目以上修めて卒業することが基本である。

- ・社会福祉概論
- ・社会福祉事業史
- ・社会福祉援助技術論
- ・社会福祉調査論
- ・社会福祉施設経営論
- ・社会福祉行政論
- ・社会保障論
- ・公的扶助論
- ・児童福祉論

- ・家庭福祉論
- ・保育理論
- ・身体障害者福祉論
- ・知的障害者福祉論
- ・精神障害者保健福祉論
- ・老人福祉論
- ・医療社会事業論
- ・地域福祉論
- ・法　　学

- ・民　　法
- ・行　政　法
- ・経　済　学
- ・社　会　政　策
- ・経　済　政　策
- ・心　理　学
- ・社　会　学
- ・教　育　学
- ・倫　理　学

- ・公衆衛生学
- ・医学一般
- ・リハビリテーション論
- ・看　護　学
- ・介　護　概　論
- ・栄　養　学
- ・家　政　学

2．上記に該当しない場合は，厚生労働大臣の指定養成機関もしくは講習会の課程を修了する方法がある。詳しくは各都道府県社会福祉協議会に問い合わせるとよい。

(5) 保育士

保育所の保育士は保護者に代わって乳幼児を養育し，児童福祉法に基づく児童福祉施設の保育士は，子どもの生活全般の介護・援助・指導をする専門職である。1998年の児童福祉法施行令の改正により，それまでの「保母」の名称から変更された。さらに2001年の児童福祉法の改正により，保育士は名称独占の国家資格となった。

【資格の取り方】

厚生労働大臣の指定する保育士養成所（保育課程をもつ大学・短大・専修学校・各種学校など）で所定の単位を取って卒業するか，保育士試験の受験資格を持っている者が各都道府県で実施している保育士試験に合格することにより得ることができる。

保育士試験の受験資格は，①大学に2年以上在学して，62単位以上修得した者，②高等学校を卒業した者で，児童福祉施設で2年以上児童の保護に従事した者，③児童福祉施設で5年以上児童の保護に従事した者，が該当する。

(6) 手話通訳士

手話技術修得の社会的要請に応え，手話の知識と技能を社会的に公認するため，1989年より制度化された専門資格である。20歳以上で手話通訳経験が3年以上ある者が，厚生労働大臣公認試験に合格することにより得ることができる。

（文責　瓦井昇）

《資料2》社会福祉関係職種

　社会福祉関係の職種のうち，ここでは高度な専門性を要するため，国が指定する養成機関を卒業した後，国家試験に合格することによって勤務が可能になったり，特定の学校を卒業したりすることが要件となるものを取り上げる。
　そうした職種の詳細についても関係参考書が出ているのでそれを参考にするか，もしくは各都道府県社会福祉協議会に属する福祉人材センターなどに問い合わせるとよい。

(1) **理学療法士**（Physical Therapist：PT）
　理学療法士は，身体障害のある人々に対し，リハビリテーションの療法を行い，基本的動作の回復を図ったり，義肢や装具の適応訓練などを指導する者である。
　理学療法士になるには，全国各地にある指定養成機関を卒業して受験資格を得，厚生労働省が年1回実施する理学療法士試験に合格することによってその免許が授与される。

(2) **作業療法士**（Occupational Therapist：OT）
　作業療法士は，身体または精神に障害のある人々に対し，医師の指示の下に手芸，陶芸，木工などの作業療法を行い，その応用的動作能力や社会適応能力の回復の援助指導を図る者である。
　作業療法士になるには，理学療法士と同様の過程を経なければならない。

(3) **言語聴覚士**（Speech Therapist）
　言語聴覚士は，音声機能・言語機能や聴覚に障害のある人々に対し，言語訓練や必要な検査などを行い，その機能の維持向上のための指導をする者である。
　言語聴覚士になるためには，理学療法士と同様の過程を経なければならない。

(4) **医療ソーシャルワーカー**（Medical Social Worker：MSW）
　医療ソーシャルワーカーは，社会福祉の立場から療養生活を送っている患者とその家族に対し，医療費の支払いなどの経済的な相談，社会保障制度や福祉制度などの活用方法の助言，学校や職場への社会復帰についての相談など経済的・心理的な方面から多岐にわたった援助指導を図る者である。
　現在，公的資格の認定がされていないため，医療ソーシャルワーカーになるには，4年制大学の心理学・福祉系学部などにおいて学ぶことが前提となる。

（文責　瓦井昇）

《資料3》日本ソーシャルワーカー協会の倫理綱領　2005年5月21日承認

前　文
　われわれソーシャルワーカーは，すべての人が人間としての尊厳を有し，価値ある存在であり，平等であることを深く認識する。われわれは平和を擁護し，人権と社会正義の原理に則り，サービス利用者本位の質の高い福祉サービスの開発と提供に努めることによって，社会福祉の推進とサービス利用者の自己実現をめざす専門職であることを言明する。

　われわれは，社会の進展に伴う社会変動が，ともすれば環境破壊及び人間疎外をもたらすことに着目する時，この専門職がこれからの福祉社会にとって不可欠の制度であることを自覚するとともに，専門職ソーシャルワーカーの職責についての一般社会及び市民の理解を深め，その啓発に努める。

　われわれは，われわれの加盟する国際ソーシャルワーカー連盟が採択した，次の「ソーシャルワークの定義」（2000年7月）を，ソーシャルワーク実践に適用され得るものとして認識し，その実践の拠り所とする。

ソーシャルワークの定義
　ソーシャルワークの専門職は，人間の福利（ウェルビーイング）の増進を目指して，社会の変革を進め，人間関係における問題解決を図り，人々のエンパワーメントと解放を促していく。

　ソーシャルワークは，人間の行動と社会システムに関する理論を利用して，人びとがその環境と相互に影響し合う接点に介入する。

　人権と社会正義の原理は，ソーシャルワークの拠り所とする基盤である。（IFSW；2000.7.）

　われわれは，ソーシャルワークの知識，技術の専門性と倫理性の維持，向上が専門職の職責であるだけでなく，サービス利用者は勿論，社会全体の利益に密接に関連していることを認識し，本綱領を制定してこれを遵守することを誓約する者により，専門職団体を組織する。

価値と原則
Ⅰ　（人間の尊厳）　ソーシャルワーカーは，すべての人間を，出自，人種，性別，年齢，身体的精神的状況，宗教的文化的背景，社会的地位，経済状況等の違いにかかわらず，かけがえのない存在として尊重する。

Ⅱ　（社会正義）　ソーシャルワーカーは，差別，貧困，抑圧，排除，暴力，環境破壊などの無い，自由，平等，共生に基づく社会正義の実現をめざす。

Ⅲ　（貢　献）　ソーシャルワーカーは，人間の尊厳の尊重と社会正義の実現に貢献する。

Ⅳ　（誠　実）　ソーシャルワーカーは，本倫理綱領に対して常に誠実である。

Ⅴ　（専門的力量）　ソーシャルワーカーは，専門的力量を発揮し，その専門性を高める。

倫理基準
Ⅰ．利用者に対する倫理責任

1．（利用者との関係）　ソーシャルワーカーは，利用者との専門的援助関係を最も大切にし，それを自己の利益のために利用しない。

2．（利用者の利益の最優先）　ソーシャルワーカーは，業務の遂行に際して，利用者の利益を最優先に考える。
3．（受　容）　ソーシャルワーカーは，自らの先入観や偏見を排し，利用者をあるがままに受容する。
4．（説明責任）　ソーシャルワーカーは，利用者に必要な情報を適切な方法・わかりやすい表現を用いて提供し，利用者の意思を確認する。
5．（利用者の自己決定の尊重）　ソーシャルワーカーは，利用者の自己決定を尊重し，利用者がその権利を十分に理解し，活用していけるように援助する。
6．（利用者の意思決定能力への対応）　ソーシャルワーカーは，意思決定能力の不十分な利用者に対して，常に最善の方法を用いて利益と権利を擁護する。
7．（プライバシーの尊重）　ソーシャルワーカーは，利用者のプライバシーを最大限に尊重し，関係者から情報を得る場合，その利用者から同意を得る。
8．（秘密の保持）　ソーシャルワーカーは，利用者や関係者から情報を得る場合，業務上必要な範囲にとどめ，その秘密を保持する。秘密の保持は，業務を退いた後も同様とする。
9．（記録の開示）　ソーシャルワーカーは，利用者から記録の開示の要求があった場合，本人に記録を開示する。
10．（情報の共有）　ソーシャルワーカーは，利用者の援助のために利用者に関する情報を関係機関・関係職員と共有する場合，その秘密を保持するよう最善の方策を用いる。
11．（性的差別，虐待の禁止）　ソーシャルワーカーは，利用者に対して，性別，性的指向等の違いから派生する差別やセクシュアル・ハラスメント，虐待をしない。
12．（権利侵害の防止）　ソーシャルワーカーは，利用者を擁護し，あらゆる権利侵害の発生を防止する。

II．実践現場における倫理責任

1．（最良の実践を行う責務）　ソーシャルワーカーは，実践現場において，最良の業務を遂行するために，自らの専門的知識・技術を惜しみなく発揮する。
2．（他の専門職等との連携・協働）　ソーシャルワーカーは，相互の専門性を尊重し，他の専門職等と連携・協働する。
3．（実践現場と綱領の遵守）　ソーシャルワーカーは，実践現場との間で倫理上のジレンマが生じるような場合，実践現場が本綱領の原則を尊重し，その基本精神を遵守するよう働きかける。
4．（業務改善の推進）　ソーシャルワーカーは，常に業務を点検し評価を行い，業務改善を推進する。

III．社会に対する倫理責任

1．（ソーシャル・インクルージョン）　ソーシャルワーカーは，人々をあらゆる差別，貧困，抑圧，排除，暴力，環境破壊などから守り，包含的な社会を目指すよう努める。
2．（社会への働きかけ）　ソーシャルワーカーは，社会に見られる不正義の改善と利用者の問題解決のため，利用者や他の専門職等と連帯し，効果的な方法により社会に働きかける。
3．（国際社会への働きかけ）　ソーシャルワーカーは，人権と社会正義に関する国際的問

題を解決するため，全世界のソーシャルワーカーと連帯し，国際社会に働きかける。

IV．専門職としての倫理責任
1．（専門職の啓発）　ソーシャルワーカーは，利用者・他の専門職・市民に専門職としての実践を伝え社会的信用を高める。
2．（信用失墜行為の禁止）　ソーシャルワーカーは，その立場を利用した信用失墜行為を行わない。
3．（社会的信用の保持）　ソーシャルワーカーは，他のソーシャルワーカーが専門職業の社会的信用を損なうような場合，本人にその事実を知らせ，必要な対応を促す。
4．（専門職の擁護）　ソーシャルワーカーは，不当な批判を受けることがあれば，専門職として連帯し，その立場を擁護する。
5．（専門性の向上）　ソーシャルワーカーは，最良の実践を行うために，スーパービジョン，教育・研修に参加し，援助方法の改善と専門性の向上を図る。
6．（教育・訓練・管理における責務）　ソーシャルワーカーは教育・訓練・管理に携わる場合，相手の人権を尊重し，専門職としてのよりよい成長を促す。
7．（調査・研究）　ソーシャルワーカーは，すべての調査・研究過程で利用者の人権を尊重し，倫理性を確保する。

人名索引

あ 行

秋山智久……………………13, 27, 89
浅賀ふさ……………………241
アダムス, J.…………………232, 252
アプテカー, H.H.……………70, 230, 241
アリンスキー, S.D.…………237
井岡勉………………………13
伊東博………………………70
岩田泰夫……………………91
インスレイ, V.………………217
ウィリアムス, G.……………232
ヴィンター, R.D.……………101
ウィパーディック, S.………105
ヴェーバー, M.………………160
内山喜久雄…………………70
太田義弘……………………13
大塚達雄……………………13, 241
大友義勝……………………133
岡田藤太郎…………………13
岡村重夫……………………13, 243
岡本民夫……………………13
小沢一………………………240
小田兼三……………………13
小野哲郎……………………13
オーム, J.……………………203

か 行

ガーヴィン, C.………………100, 102
柏木昭………………………241
カテス, L.……………………103
加藤薗子……………………198
カプラン, G.…………………217
カプラン, K.O.………………204
川田誉音……………………100
木内正一……………………13
北川清一……………………88
キンケイド, J.………………167
グラスマン, U.………………103
グリーン, M.R.………………73
グリーンウッド, E.…………27
グリンネル, R.M.……………142
黒川昭登……………………216, 217
黒木保博……………………93
コイト, S.……………………232
コイル, G.……………………81
ゴールドシュタイン, H.……244
コーレイ, M.S.&G.…………92, 94
國分康孝……………………70
小関康之……………………242
コノプカ, G.…………………81, 87, 88, 109
小松源助……………………13

さ 行

定藤丈弘……………………13
佐藤豊道……………………13
サリー, R.C.…………………158
サリヴァン, H.S.……………74, 242
沢田健次郎…………………13
ジェンドリン, E.T.…………74
重田信一……………………13
ジャーメイン, C.B.…………244
シュワルツ, W.………………87, 88, 89
ジョーンズ, M.………………258
シンガー, E.…………………74
杉渓一言……………………70
硯川眞旬……………………13, 88, 89, 162
スモーリー, R.E.……………230
ソーン, F.C.…………………72

た 行

タウバー, E.S.………………73
高田真治……………………13
高橋重宏……………………13, 252
竹内愛二……………………82, 240, 241, 242
武田建………………………242
武谷三男……………………253
谷川貞夫……………………241, 242

280

人名索引

タフト, J. ……………………230	福田垂穂 ………………………83
ダンハイム, A. …………129, 130	船曳宏保 ………………………13
チャルマーズ, T. ………………251	ブラウン, A. ………217, 218, 219
ティトマス, R.M. ………168, 169	フレックスナー, A. ……………27
テイラー, F. ……………………160	フロイト, S. ………………60, 72
デューイ, J. ……………………81	フローランド, C. ……………245
トインビー, A. …………………251	ベーデン-パウエル, R. ………232
トール, C. ……………………241	ホリス, F. ………………229, 241
ドニソン, D.V. ………………168	
トレッカー, H.B. ……82, 87, 242	ま 行

な 行

長橋栄一 ………………………186	マーシャル, T.H. ……………168
中村静治 …………………252, 254	牧里毎治 …………………132, 181
仲村優一 ……………………13, 241	マッキーヴァー, R.M. ………120
ニューステッター, W.I …81, 82, 117, 234, 236	松原一郎 ………………………132
野坂勉 ……………………………13	三重野卓 ………………………191
	ミナハン, A. …………………244

は 行

	宮崎俊策 …………………………13
パーソンズ, T. …………………158	三好豊太郎 ……………………240
バーネット, S.&H. ………231, 251	メイヨー, E. …………………160
バームラー, J.A. ………………105	
パールマン, H.H. ……40, 41, 45, 230, 241	ら 行
ハーン, G. ……………………244	ラウントリー, S.B. …………142
バーンサイド, I. ………………105	ランク, O. ……………………229
バイスティック, F.P. …41, 42, 241	リード, K.E. …………………233
ハミルトン, G. …………229, 241	リッチモンド, M.E.
ハワード, J. …………………141	………39, 41, 225, 227, 228, 229, 239, 240, 241
平山尚 …………………………100	ル・プレイ, F. ………………141
ピンカス, A. …………………244	レイン, R.P. …………………116
ブース, C. ……………………141	ロジャーズ, C.R. ………70, 74, 75
フォン・ベルタランフィ, L. ……258	ロス, M.G. ……116, 117, 118, 236, 237, 243
	ロスマン, J. ……100, 119, 120, 128, 237

281

事項索引

あ 行

アイデンティティ……………………6, 13, 271
アセスメント……………………48, 160, 280
アドミニストレーション……………………158
アプリカント……………………47
アメリカ・グループワーカー協会……………234
アメリカ・グループワーク研究協会………234
アメリカ病院ソーシャルワーカー協会……229
医療ソーシャルワーカー(MSW)……………276
医療扶助(Medicaid)……………………152
インターグループワーク説………………117
インテーク……………………46
ウェルビーイング……………………14, 257
エコマップ……………………244
エリザベス救貧法……………………249
援助……………………4
援助技術……………………252
エンゼルプラン(新——)……………………23
エンパワーメント……………………215
オンブズマン……………………130

か 行

介護福祉士……………………267, 269, 274
介入(インターベンション)……………3, 50, 143
カウンセリング(心理援助技術)……………9, 69
　——の援助過程……………………70
学習理論……………………72
学部卒業者の資格(BSW)……………………267
仮説……………………145, 150
過程記録(プロセスレコード)………………54
家庭裁判所……………………35, 37
観察型コンサルテーション…………………219
間接処遇……………………51
機関委任事務……………………25
技術……………………262
基本的人権の尊重・擁護……………257, 271
帰無仮説……………………150
QOL(生活の質)……………………20, 191, 210

共感的理解……………………57
業務独占……………………267
キングスレー館……………………240
草の根からの福祉……………………187, 193
グループ・スーパービジョン…………171, 220
グループワーカーの役割と機能……………88
グループワーク……………………9, 80, 83
　——の援助過程……………………94
　——の援助媒体……………………88
　——の記録……………………92
　——の原則……………………86
　——の歴史……………………231
ケアプラン……………………209, 210
ケアマネジメント(社会福祉援助調整法)
　……………………10, 12, 202, 246
　——の技術過程……………………206
　——の機能……………………212
ケアワーカー資格(CSS)……………………267
KJ法……………………194
傾聴……………………57
ケースマネジメント……………202, 246
ケースワーク……………………9, 39
　——関係……………………45
　——の援助過程……………………45
　——の原則……………………41
　——の構成要素……………………41
　——の面接……………………55
　——の歴史……………………225
言語療法士(ST)……………………276
憲法第25条……………………17, 24, 32
行動療法理論……………………72
広報活動……………………123
コーディネーション……………………159, 160
ゴールドプラン(新——, ——21)……………22
個人スーパービジョン……………………171
個別援助技術(ケースワーク)………………9, 39
個別化の原則……………………31
個別指導型コンサルテーション……………220
コミュニティ・オーガニゼーション…115, 127

282

事項索引

――の歴史 …………………116, 127, 235
コミュニティケア ………………133, 182
コミュニティチェスト（共同募金）………236
コミュニティ・ディベロップメント…124, 139
コミュニティ・リレーションズ ……………124
コミュニティワーカー ………………128, 129
コミュニティワーク …………………………115
　　――の援助過程 …………………120, 126
　　――の記録と評価 ……………………125
　　――の歴史 ……………………………235
「今後の社会福祉のあり方」………………21
コンサルテーション（助言提供法）11, 202, 216
　　――の技法 ……………………………219
コンビネーション・アプローチ …………238

さ 行

サービス・パッケージ ……………………210
再アセスメント ……………………………211
サイコセラピー ……………………………70
罪障感 ………………………………………77
済世顧問制度 ……………………………240
作業療法士（OT）…………………………276
参加型コンサルテーション ………………219
自己覚知 …………………………………170
自己決定の原則 ……………………28, 31, 44
自己実現・自立への援助 ……………30, 271
自己表明性 …………………………………74
支持 …………………………………………57
慈善組織化協会（COS）…………225, 226, 250
慈善博愛事業 ……………………………224
実践 …………………………………………4
実践としての社会福祉 ……………………30
質問紙 ……………………………………146
児童相談所 …………………………………33, 268
社会活動法（ソーシャルアクション）…10, 181
社会計画モデル …………………………119
社会サービス ………………………………19
社会事業 …………………………………224
社会資源 …………………………………91
社会治療 …………………………………50
社会的学習モデル ………………………235
社会的機能の強化 ………………………31
社会的諸目標モデル ……………………235
社会的自立 ………………………………20
社会福祉 ……………………………………1
社会福祉運営法（ソーシャルウェルフェア・
　アドミニストレーション）…………10, 158
社会福祉運動 ……………………………182
社会福祉援助活動（ソーシャルワーク）
　　…………………1, 2, 4, 14, 16, 18, 19, 27, 29
　　――の基本原則 ………………………31
　　――の体系 ……………………………8
　　――の場 ……………………………255
　　――の分野 ……………………………35
　　――の領域 ……………………………32
社会福祉援助技術 ……………………8, 255
社会福祉援助技術総論 ……………………7, 8
社会福祉協議会 ……………………35, 136, 269
社会福祉協議会基本要項 ………………241
社会福祉計画法（ソーシャルウェルフェア・
　プランニング）………………………10, 191
　　――の技術過程 ……………………192
社会福祉サービス ………………………16
社会福祉士 ………………………267, 269, 274
社会福祉士及び介護福祉士法 …21, 27, 247, 266
社会福祉事業 ……………………………17
社会福祉事業従事者試験 ……………270
社会福祉施設 ……………………………269
社会福祉実践 …………………………18, 29
社会福祉士法制定試案 …………………266
社会福祉主事 ……………………………266
社会福祉主事任用資格 ……………270, 275
社会福祉調査法（ソーシャルワーク・リサー
　チ）…………………………………10, 141
　　――の技術過程 ……………………144
社会福祉の概念 …………………………14
社会福祉の社会的責任性 …………………4
社会福祉の主体 …………………………24
社会福祉の対象 …………………………18
社会福祉の方法 …………………………1, 2
　　――・援助技術の統合 ……11, 61, 238
社会福祉法 ……………………………17, 25, 26
社会福祉方法原論 ………………………6, 7
社会保障 …………………………………16
社会目標モデル …………………………100
集団援助技術（グループワーク）………9, 80
住民サイドの福祉 ………………………187
住民集会 …………………………………125

283

主体性への援助	4, 5	
手段	254	
恤救規則	239	
受容の原則	31, 43	
手話通訳士	275	
ジョイント・ワーク	220	
障害者基本法	201	
障害者プラン	23	
障害をもつアメリカ人法（ADA）	188, 197	
小集団	80	
小地域開発モデル	119	
情報収集	48	
処遇	3, 50	
処遇計画	49, 160	
自立	1, 31	
自立生活運動	28, 188	
事例調査法	143, 146	
診断主義派	40	
スーパーバイザー	170, 211	
スーパーバイジー	170	
スーパービジョン（指導監督法）	11, 54, 159, 169, 217	
――の技術過程	171	
スペシャリスト	264, 265	
生活の全体性	4, 5	
生活場面面接	56	
精神保健福祉士	64, 65, 274	
制度としての社会福祉	30	
セツルメント運動	233, 251	
ゼネラリスト・アプローチ	239	
ゼネリック・アプローチ	239	
セルフ・ヘルプ・グループ	103, 181	
全国学校ソーシャルワーカー協会	229	
全数調査	144	
全米精神医学ソーシャルワーカー協会	229	
全米ソーシャルワーカー協会（NASW）	229, 234, 267	
選別主義サービス	19	
専門職	263, 265	
専門職業的援助関係	31, 45	
専門職としての倫理	271	
専門性の三大要件	261	
相互（交互）作用モデル	101, 235	
ソーシャルアクション	10, 181	

――の展開過程	183
――モデル	120
ソーシャルウェルフェア・アドミニストレーション	10, 158, 161
――の技術過程	161, 163
ソーシャルウェルフェア・プランニング	10, 191
――の技術過程	192
ソーシャル・サポート・ネットワーク	245
ソーシャルプランニング（社会計画）	191
ソーシャルワーク	2, 4, 18
――の歴史	224
ソーシャルワーク教育委員会（CSWE）	267
ソーシャルワーク資格免許（CQSW）	267
措置	3

た　行

第一種・第二種社会福祉事業	25
大学院卒業者の資格	267
大学基準協会「社会福祉学校教育基準」「社会福祉学教育に関する実施方法について」	270, 271
代弁的機能（アドボカシー）	130, 182
タスク・ゴール	127
単一事例実験計画法	52
団体委任事務	25
地域援助技術（コミュニティワーク）	9, 115
地域生活の尊重	4, 5
地域組織化	123
知識	262
中央慈善協会	239
中央社会事業協会	239
中央ソーシャルワーク教育研修協議会（CCETSW）	267
仲介	159
調査（スタディ）	48
直接処遇	50
治療モデル	101, 235
沈黙	59
抵抗	59
デイケアセンター	104
転移・逆転移	60, 72
伝統的ソーシャルワーク	11
トインビーホール	231, 252
統計検定	149

統計調査法……………………143,146
トラウマ………………………………172

な 行

ニーズ・資源調整説………………………116
21世紀福祉ビジョン…………………………23
日本医療社会事業協会……………………266
日本介護福祉士会……………………………266
日本学術会議「社会福祉研究・教育体制等
　について」…………………………………270
日本社会福祉士会……………………………266
日本精神医学ソーシャルワーカー協会……266
日本ソーシャルワーカー協会………………266
　　――倫理綱領……………………………277
人間尊重…………………………………1,4
認定講習主事…………………………………270
ネイバーフッド・ギルド……………………232
ネットワーキング(社会福祉援助網展開法)
　……………………………………10,131,132
　　――の技術過程…………………………133
ノーマライゼーション…………23,193,196,258

は 行

パーソナリティ………………………………69
バーンアウト…………………………………172
ピア・グループ・コンサルテーション……220
比較文化的スーパービジョン………………173
非参加型コンサルテーション………………219
秘密保持の原則………………………31,44,271
ヒューマニスティック・アプローチ………103
ヒューマニズム的モデル……………………235
標本調査(一部調査)…………………………144
ファシリテイター……………………………220
フェイスシート………………………………47,54
福祉公社…………………………………………26
福祉コミュニティ………………………133,134
福祉事務所………………………32,34,35,62,268
福祉生協…………………………………………26
福祉組織化……………………………………124
福祉のまちづくり………………………196,197
福祉八法改正………………………20,21,22,25,26
普遍主義サービス……………………………19
プライバシーの保護…………………………48

プログラム……………………………………90
プロセス・ゴール……………………………127
プロフェッション………………………264,265
並列的ピア・ペア・コンサルテーション…220
保育士資格……………………………………275
方法………………………………………………1
方法論……………………………………………7
方面委員制度…………………………………240
訪問面接…………………………………………56
ボーイスカウト……………………………232,233
保健所……………………………………………35
保護………………………………………………3

ま 行

マルチメソッド・アプローチ………………239
無作為抽出法…………………………………146
メンバーの相互作用……………………………89
モニタリング………………………………51,211
文部省「社会事業学校設置基準」…………270

や 行

友愛訪問………………………………………226
有意選択法……………………………………146
ユニタリー・アプローチ……………………239
要扶養児童家庭援助(AFDC)………………152
ヨーク調査……………………………………141
4つのP…………………………………………41
予備調査(プリ・テスト)……………………144

ら 行

ラポール……………………………………45,59
理学療法士(PT)……………………………276
リブ・コンサルテーション…………………220
リレーションシップ・ゴール………………127
倫理……………………………………………262
倫理綱領…………………………271,272,277
劣等処遇………………………………………250
ロンドン調査…………………………………141

わ 行

ワーカビリティ…………………………………47
YMCA,YWCA……………………232,233,240

《編著者紹介》

硯 川 眞 旬（すずりかわ・しんしゅん）

1945年生まれ。
堀川病院ソーシャルワーカー，熊本大学教育学部・同大学院教育学研究科教授等を経て，現在，浄土宗報恩寺住職。
日本社会福祉学会理事，日本看護福祉学会理事，日本仏教福祉学会理事，㈶青少年野外活動総合センター理事，ほかを歴任。
著書：『福祉教育を考える』（共著・勁草書房）1994年，『現代社会福祉方法体系論の研究』（八千代出版）1995年，『ハンディキャップ教育・福祉辞典』（共著・福村出版）1995年，『新高齢者ソーシャルワークのすすめ方』（編著・川島書店）1996年，『福祉教科教育法』（編著・ミネルヴァ書房）2002年，『介護福祉施設ソーシャルワーカーガイドブック』（監訳・中央法規出版）2003年，『国民福祉辞典』（監修・金芳堂）2003年，ほか多数。

新 社会福祉方法原論
——21世紀福祉メソッドの展開——
［改訂版］

1996年6月30日 初版第1刷発行	〈検印省略〉
2000年3月10日 初版第6刷発行	
2001年3月20日 改訂版1刷発行	定価はカバーに
2011年3月30日 改訂版7刷発行	表示しています

編 著 者　　硯　川　眞　旬
発 行 者　　杉　田　啓　三
印 刷 者　　田　中　雅　博

発 行 所　株式会社　ミネルヴァ書房
607-8494 京都市山科区日ノ岡堤谷町1
電　話　(075)581-5191(代)
振替口座 01020-0-8076

©硯川眞旬ほか，2001　　創栄図書印刷・新生製本

ISBN 978-4-623-03416-1
Printed in Japan

≪社会福祉基本図書≫

大塚達雄・硯川眞旬・黒木保博編著
①グループワーク論　　　　　　2200円
　　──ソーシャルワーク実践のために

平岡蕃・宮川数君・黒木保博・松本恵美子著
③対人援助　ソーシャルワークの　　2200円
　　　　　　基礎と演習

岡本栄一・岡本民夫・高田真治編著
⑦新版　社会福祉原論　　　　　2400円

岡本民夫・小田兼三編著
⑧社会福祉援助技術総論　　　　2400円

大塚達雄・井垣章二・沢田健次郎・山辺朗子編著
⑩ソーシャル・ケースワーク論　　2800円
　　──社会福祉実践の基礎

高島進著
⑪社会福祉の歴史　　　　　　　2800円
　　──慈善事業・救貧法から現代まで

──────ミネルヴァ書房刊──────
http://www.minervashobo.co.jp/

（②④⑤⑥⑨は品切れ）

資料

社会福祉の増進のための社会福祉事業法等の一部を改正する等の法律の概要

　平成12年6月7日,社会福祉事業法を「社会福祉法」に改正するなどの法律「社会福祉の増進のための社会福祉事業法等の一部を改正する等の法律」(平成12年法律第111号)が公布・施行されました。この法改正の概要を,厚生省発表の資料により収録します。

(ミネルヴァ書房,2001年4月,非売品)

ミネルヴァ書房

社会福祉の増進のための社会福祉事業法等の一部を改正する等の法律の概要

(平成12年6月，厚生省)

I 趣 旨

○ 本改革は，昭和26年の社会福祉事業法制定以来大きな改正の行われていない社会福祉事業，社会福祉法人，措置制度など社会福祉の共通基盤制度について，今後増大・多様化が見込まれる国民の福祉への要求に対応するため，見直しを行うものである。

○ この見直しは，平成12年4月から施行されている介護保険制度の円滑な実施や成年後見制度の補完，地方分権の推進，社会福祉法人による不詳事の防止などに資するものである。

II 制度改正の概要

1 改正等の対象となる法律（8本）
- 社会福祉事業法（「社会福祉法」に題名改正。）
- 身体障害者福祉法，知的障害者福祉法，児童福祉法，民生委員法，社会福祉施設職員等退職手当共済法，生活保護法の一部改正。
- 公益質屋法の廃止。

2 改正の内容

(1) 利用者の立場に立った社会福祉制度の構築

①福祉サービスの利用制度化　　　　　　　　　　　　　　　　　　　　　　　　　[別紙1]

【身体障害者福祉法，知的障害者福祉法，児童福祉法】

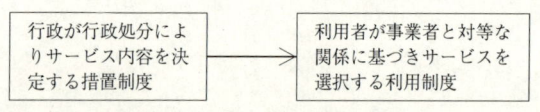

行政が行政処分によりサービス内容を決定する措置制度　→　利用者が事業者と対等な関係に基づきサービスを選択する利用制度

※1 公費助成については，現行の水準を維持
※2 要保護児童に関する制度などについては，措置制度を存続

②利用者保護のための制度の創設　　　　　　　　　　　　　　　　　　　　【社会福祉法】

ア）地域福祉権利擁護制度（福祉サービス利用援助事業）　　　　　　　　　　　　[別紙2]
　○痴呆性高齢者など自己決定能力の低下した者の福祉サービス利用を支援するため，民法の成年後見制度を補完する仕組みとして制度化
　○都道府県社会福祉協議会等において実施

イ）苦情解決の仕組みの導入　　　　　　　　　　　　　　　　　　　　　　　　[別紙3]
　○福祉サービスに対する利用者の苦情や意見を幅広く汲み上げ，サービスの改善を図る観点から，
　　- 社会福祉事業経営者の苦情解決の責務を明確化
　　- 第三者が加わった施設内における苦情解決の仕組みの整備
　　- 上記方法での解決が困難な事例に備え，都道府県社会福祉協議会に，苦情解決のための委員会（運営適正化委員会）を設置
　　※運営適正化委員会は，地域福祉権利擁護制度の運営にも関与

ウ）利用契約についての説明・書面交付義務付け

(2) サービスの質の向上

① 事業者によるサービスの質の自己評価などによる質の向上　　　　　　【社会福祉法】
  【運用事項】
  - 福祉専門職について，保健医療との連携，介護保険への対応，全体の資質向上などの観点から教育課程の見直し
  - サービスの質を評価する第三者機関の育成
② 事業運営の透明性の確保，サービス利用者の選択に資するため，
  - 事業者によるサービス内容に関する情報の提供
  - 財務諸表及び事業報告書の開示を社会福祉法人に対して義務付け
  - 国，地方公共団体による情報提供体制の整備　　　　　　　　　　　【社会福祉法】

(3) 社会福祉事業の充実・活性化

① 社会福祉事業の範囲の拡充　　　　　　　　　　　　　　　　　　　【社会福祉法】
  ○社会福祉に対する需要の多様化に対応し，権利擁護のための相談援助事業，手話通訳事業，知的障害者デイサービス事業等9事業を追加　　　　　　　　　　　　　　[別紙4]
② 社会福祉法人の設立要件の緩和
  ○地域におけるきめ細かな福祉活動を推進するため，
  - 障害者の通所授産施設の規模要件の引き下げ　　　　　　　　　　【社会福祉法】
    （20人以上→10人以上）
  【運用事項】
  - 小規模通所授産施設又はホームヘルプ事業を行う社会福祉法人の設立のための資産要件（1億円）を大幅引き下げ（1千万円を軸に検討中）。
③ 社会福祉法人の運営の弾力化
  【運用事項】
  - 施設ごとの会計区分を弾力化し，法人単位の経営を確立すること。
  - 利用制度化した事業については，利用料収入を施設整備費の償還に充てることを認めること。
  - 行政監査の重点化・効率化を図ること。

(4) 地域福祉の推進

① 市町村地域福祉計画及び都道府県地域福祉支援計画　　　　　　　　【社会福祉法】
② 知的障害者福祉等に関する事務の市町村への委譲　　【知的障害者福祉法，児童福祉法】
③ 社会福祉協議会，共同募金，民生委員・児童委員の活性化
　　　　　　　　　　　　　　　　　　　　【社会福祉法，民生委員法，児童福祉法】
  ○市町村社会福祉協議会を地域福祉の推進役として明確に位置づけるとともに，二以上の市町村を区域として設立することができること。都道府県社会福祉協議会の役割として社会福祉事業従事者の養成研修，社会福祉事業の経営指導を行うことを明確にすること。
  ○県内配分を原則とする共同募金について，大規模災害に対応した広域配分を可能にするとともに，配分の透明性確保のための配分委員会設置の義務付けや，「過半数配分の原則」の撤廃を行うこと。
  ○住民の立場に立った活動を行う民生委員・児童委員の職務内容を明確にすること。

(5) その他の改正

社会福祉施設職員等退職手当共済法の見直し，公益質屋法の廃止　等

3 成立日
平成12年5月29日

4 公布日及び施行日
平成12年6月7日公布,施行。ただし,
- 身体障害者生活訓練等事業,盲導犬訓練施設の社会福祉事業への追加,助産施設及び母子生活支援施設の入所方式の見直し,社会福祉施設職員等退職手当共済法の見直しについては,平成13年4月1日施行
- 措置制度の利用制度への変更,地域福祉計画の策定,知的障害者福祉等に関する事務の市町村への委譲に関する規定については,平成15年4月1日施行

[別紙1]

障害者福祉サービスの利用制度化
[支援費支給制度の概要]
(身体障害者福祉法,知的障害者福祉法,児童福祉法(障害児関係))

1. 基本的な仕組み
(1) 障害者福祉サービスの利用について支援費支給を希望する者は,都道府県知事の指定した指定事業者・施設に直接に利用の申込みを行うとともに,市町村に支給の申請を行う。
(2) 市町村は,支給を行うことが適切であると認めるときは,支給決定を行う。
(3) 本人が決定の範囲内で障害者福祉サービスを利用したときは,利用料の全体額から,本人及び扶養義務者の負担能力に応じて定めた利用者負担額を控除した額を支給する。(ただし,当該助成を指定事業者・施設が代理受領する方式をとる。)
(4) 本人及び扶養義務者は,指定事業者・施設に対し,障害者福祉サービスの利用に要する費用のうち自己負担分を支払う。

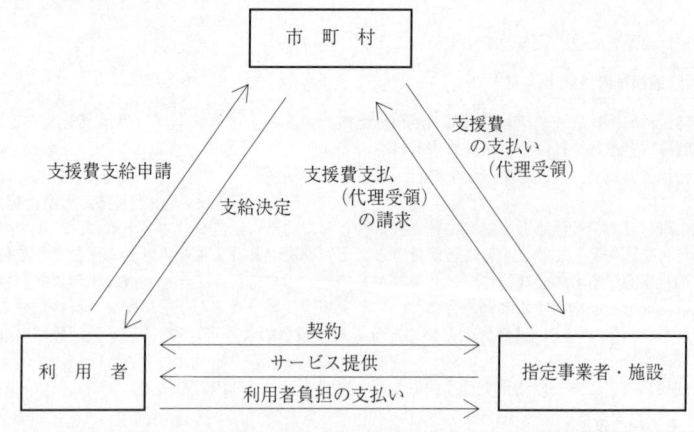

```
                        市 町 村
              ↗ ↙              ↖ ↘
     支援費支給申請                    支援費
                    支援費支払        の支払い
         支給決定    (代理受領)      (代理受領)
                      の請求
              ↙                        ↘
                        契約
        利 用 者  ←――――――――→  指定事業者・施設
                     サービス提供
                    利用者負担の支払い
```

(5) やむを得ない事由により上記の方式の適用が困難な場合には,市町村が措置によりサービスの提供や施設へ入所を決定。

[別紙2]

地域福祉権利擁護事業の実施方法の例
(社会福祉協議会が実施する場合)

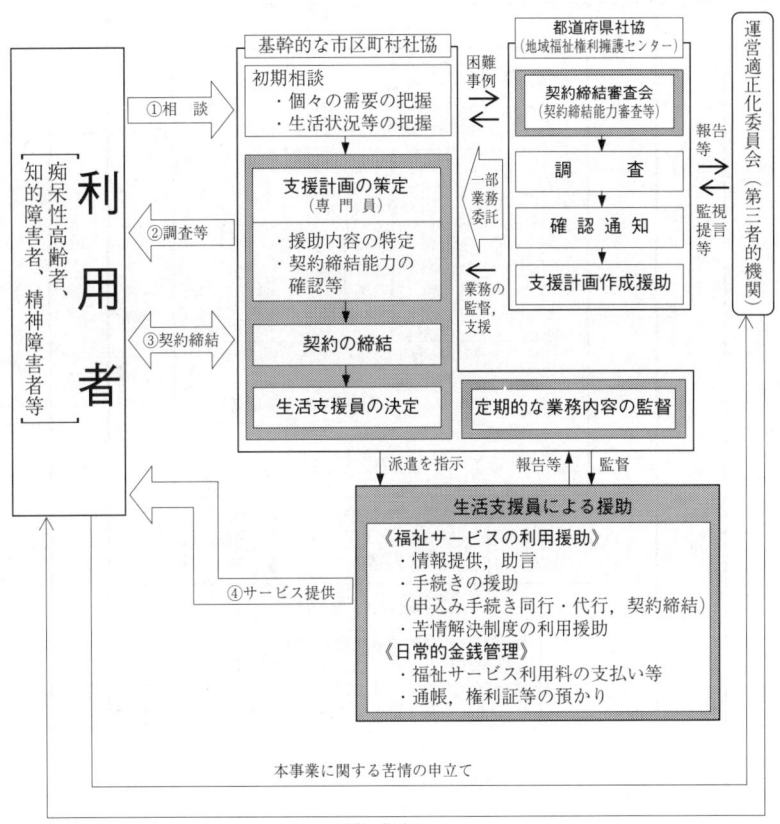

```
                    ┌─────────────────────┐  ┌─────────────────────┐  ┌──────┐
                    │ 基幹的な市区町村社協 │  │    都道府県社協     │  │ 運営 │
                    │                     │  │(地域福祉権利擁護    │  │ 適正 │
┌──────┐           │  初期相談           │  │  センター)          │  │ 化委 │
│      │           │  ・個々の需要の把握 │困│ ┌─────────────────┐ │  │ 員会 │
│ 利  │ ①相談      │  ・生活状況等の把握 │難│ │  契約締結審査会 │ │  │      │
│      │ ⇒         │                     │事│ │ (契約締結能力審査等)│ │  │(第三 │
│ 用  │           │                     │例│ └────────┬────────┘ │報│ 者的 │
│      │           │  支援計画の策定     │⇆ │         ↓          │告│ 機関)│
│ 者  │           │    (専門員)         │一│ ┌─────────────────┐ │等│      │
│      │ ②調査等   │                     │部│ │   調   査       │ │⇒ │      │
│⟨痴呆│ ⇐         │  ・援助内容の特定   │業│ └────────┬────────┘ │視│      │
│ 性高│           │  ・契約締結能力の   │務│         ↓          │提│      │
│ 齢者│           │    確認等           │委│ ┌─────────────────┐ │言│      │
│ 、知│           │                     │託│ │   確 認 通 知   │ │等│      │
│ 的障│ ③契約締結 │  契約の締結         │  │ └────────┬────────┘ │  │      │
│ 害者│ ⇔         │                     │← │         ↓          │  │      │
│ 、精│           │                     │業│ │  支援計画作成援助│ │  │      │
│ 神障│           │  生活支援員の決定   │務│ └─────────────────┘ │  │      │
│ 害者│           │                     │の│                     │  │      │
│ 等⟩ │           │                     │監│ 定期的な業務内容の監督│  │      │
│      │           └─────────────────────┘督│                     │  │      │
│      │                    │派遣を指示  │支│  報告等    監督    │  │      │
│      │                    ↓            │援│ ↑              ↓  │  │      │
│      │ ④サービス提供                                              │      │
│      │ ⇐         ┌──────────────────────────────────────────┐     │      │
│      │           │          生活支援員による援助            │     │      │
│      │           │                                          │     │      │
│      │           │  《福祉サービスの利用援助》               │     │      │
│      │           │   ・情報提供,助言                         │     │      │
│      │           │   ・手続きの援助                          │     │      │
│      │           │    (申込み手続き同行・代行,契約締結)      │     │      │
│      │           │   ・苦情解決制度の利用援助                │     │      │
│      │           │  《日常的金銭管理》                       │     │      │
│      │           │   ・福祉サービス利用料の支払い等          │     │      │
│      │           │   ・通帳,権利証等の預かり                 │     │      │
│      │           └──────────────────────────────────────────┘     │      │
│      │                                                              │      │
│      │     本事業に関する苦情の申立て                                │      │
│      │ ──────────────────────────────────────────────────────────→ │      │
└──────┘                                                              └──────┘
                          調査・解決
```

[別紙3]

福祉サービスに関する苦情解決の仕組みの概要図

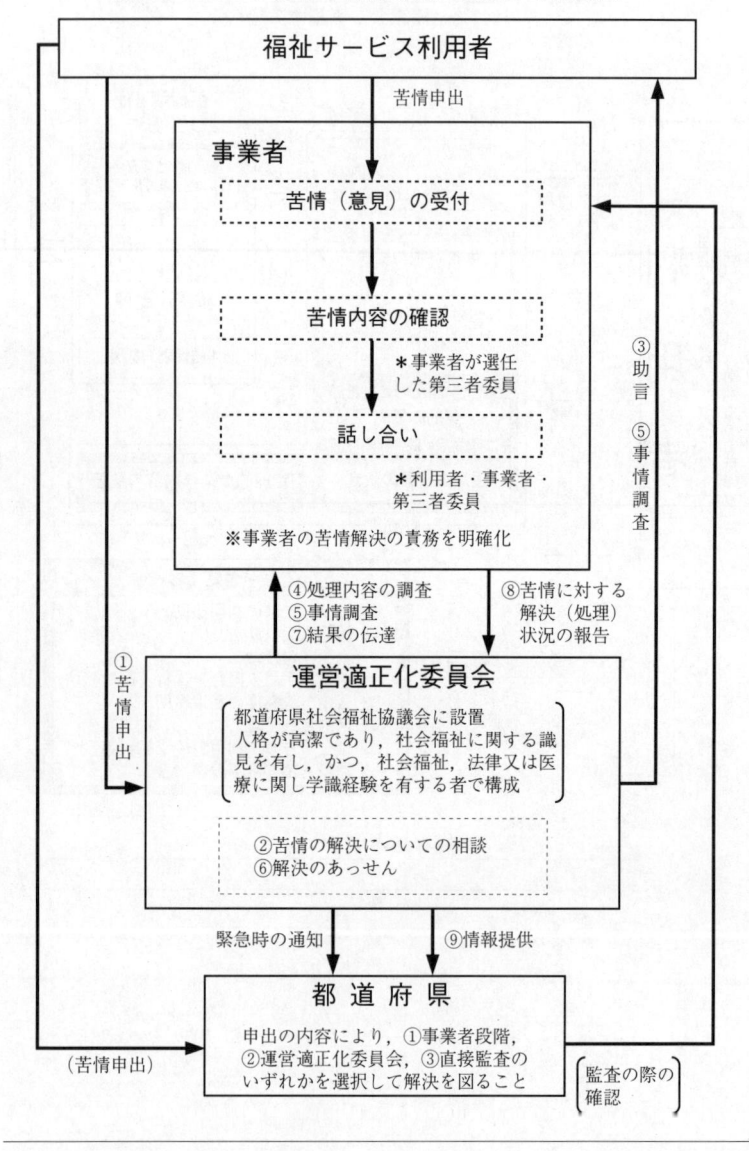

福祉サービス利用者

↓ 苦情申出

事業者
- 苦情（意見）の受付
- 苦情内容の確認
  ＊事業者が選任した第三者委員
- 話し合い
  ＊利用者・事業者・第三者委員

※事業者の苦情解決の責務を明確化

④処理内容の調査
⑤事情調査
⑦結果の伝達

⑧苦情に対する解決（処理）状況の報告

運営適正化委員会
（都道府県社会福祉協議会に設置
人格が高潔であり，社会福祉に関する識見を有し，かつ，社会福祉，法律又は医療に関し学識経験を有する者で構成）

②苦情の解決についての相談
⑥解決のあっせん

③助言
⑤事情調査

①苦情申出

緊急時の通知　⑨情報提供

都道府県
申出の内容により，①事業者段階，②運営適正化委員会，③直接監査のいずれかを選択して解決を図ること

（苦情申出）　｛監査の際の確認｝

[別紙4]

新たに社会福祉事業として法定される事業（9事業）

事業名	事業の内容	現　状
福祉サービス利用援助事業(注1)	痴呆高齢者，知的障害者，精神障害者等に対し，福祉サービス利用の相談・助言，手続き等の支援を行う事業	47都道府県社会福祉協議会（平成11年10月より実施）
身体障害者相談支援事業(注2)	それぞれ身体障害者，知的障害者，障害児に対し，福祉に関する相談・指導，関係機関との連絡調整等の支援を行う事業	全国で200カ所（平成12年度予算）
知的障害者相談支援事業(注3)		全国で420カ所（平成12年度予算）
障害児相談支援事業(注3)		
身体障害者生活訓練等事業（平成13年4月施行）	点字や手話の訓練等，身体障害者が日常生活・社会生活を営むために必要な訓練等の援助を行う事業	「障害者の明るいくらし促進事業」（都道府県事業）及び「市町村障害者社会参加促進事業」（市町村事業）のメニューとして全国で実施。
手話通訳事業	聴覚，言語，音声機能障害者に対し，手話通訳の便宜の供与を行う事業	
盲導犬訓練施設（平成13年4月施行）	盲導犬の訓練を行うとともに，視覚障害者に対し，盲導犬の利用に必要な訓練を行う施設	全国で8カ所約850頭の盲導犬が稼動
知的障害者デイサービス事業	知的障害者又は介護者に対し，手芸や工作等の創造的活動，社会適応訓練，介護方法の指導等を行う事業	全国で120カ所（平成12年度予算）
知的障害者デイサービスセンター	知的障害者デイサービス事業に係る便宜の供与を目的とする施設	

（注1）　現在，「地域福祉権利擁護事業」として実施。
（注2）　現在，「市町村障害者生活支援事業」として実施。
（注3）　現在，知的障害者と障害児とを併せ，「障害児(者)地域療育等支援事業」として実施。